Ellen Jacobi

Ohne RENTNER geht hier nichts

Roman

lübbe

Dieser Titel ist auch als E-Book erschienen.

MIX
Papier aus verantwortungsvollen Quellen
FSC® C014496

Originalausgabe

Dieses Werk wurde vermittelt durch die
Michael Meller Literary Agency GmbH, München

Lektorat: Dr. Stefanie Heinen
Titelillustration: © Ommo Wille
Umschlaggestaltung: Thomas Krämer
Satz: Dörlemann Satz, Lemförde
Gesetzt aus der Goudy
Druck und Verarbeitung: GGP Media GmbH, Pößneck
Printed in Germany
ISBN 978-3-404-18430-9

2 4 5 3 1

Sie finden uns im Internet unter luebbe.de
Bitte beachten Sie auch: lesejury.de

Für Harry G. in liebevollster Erinnerung

Der Jugend scheint es immer höchst merkwürdig,
dass die Älteren auch einmal jung waren.
von unbekannt

Jeder trägt die Keime zu allen menschlichen Eigenschaften in sich, von denen mitunter die einen und mitunter die anderen stärker in Erscheinung treten und den betreffenden Menschen, der doch ein und derselbe geblieben ist, kaum wiedererkennen lassen.
Lew N. Graf Tolstoi »Auferstehung«

1.

Dr. Klaus Kantereit lenkt seinen Mercedes auf vier Ulmen am Ende einer menschenleeren Villenstraße zu. Unwillkürlich drosselt er die Geschwindigkeit. Der Anblick der penibel gepflegten Baumkronen weckt in ihm Unbehagen und den Wunsch umzukehren.

Das majestätische Ulmenquartett zählt zu den vielen über hundert Jahre alten Bäumen, die die noblen Alleen des Viertels säumen. Nur wenige stehen allerdings derart stramm, sind in so präziser Staffelung gepflanzt. Motto: Hier tanzt niemand aus der Reihe.

Nun, er schon. Von Kindesbeinen an.

Kantereits Miene wird grimmig. Zum Henker! *Selbst Bäumen hat man vor meinem Elternhaus nie freie Selbstentfaltung gestattet*, erregt er sich stumm, während er den Ulmen näher kommt. Mittlerweile im Schritttempo. Seine vermaledeite Schwägerin Ariane hält an der Tradition eisern fest. Natur scheint ihr verhasst.

Unter dem Regime der schwarzen Witwe werden die Ulmen noch energischer zurechtgestutzt. Die gezähmten Kronen dürfen sich erst in beträchtlicher Höhe entfalten. *Kein vorwitziger Ast hat die Chance auf Wildwuchs, aneinanderliegende oder sich kreuzende Zweige werden radikal herausgeschnitten, Gabelungen und Wurzel- oder Seitentriebe unterbunden*, denkt er sich in Rage. Ginge es allein nach Ariane, würde sie die Bäume womöglich in kubistische Kunstobjekte verwandeln und die Kronen in Würfelform schneiden lassen.

Wie auch immer: In natura sieht so keine Ulme aus. Wer den astfreien Stamm eines der getrimmten Baumriesen erklimmen wollte, fände keinen Halt, bräuchte Steigeisen und Sicherungsseile, kurz: die Ausrüstung eines Baumkletterers – oder die eines Profi-Einbrechers.

Vor über sechzig Jahren hat er als Junge nächtens oft versucht, diese Ulmen zu erklimmen, um nach verbotenen Ausflügen in die Villa Kantereit – eine Kaserne der kalten Herzen – zurückzukehren. Angetrieben von der rasenden Angst vor drastischen Strafen. Stets ist er gescheitert.

Selbst Indianer-Harry, Spitzname Chingachgook, sein bester Freund und verwegener Blutsbruder aus dem benachbarten Professorenviertel und wie er Fan von Coopers *Lederstrumpf*-Romanen, hat sie nie bezwungen. Junge, der konnte klettern wie ein Eichhörnchen! Oder, besser gesagt, er konnte klettern wie ein Puma, sein selbst gewähltes, sprungkräftiges Totemtier.

Gelernt hat Harry das Klettern und Kraxeln im Schwarzwald, in den Sommerferien, die er stets bei seinem kernigen Großonkel verbrachte. Wie heiß hat Kantereit seinen Freund um den beneidet! Muss ein knorriger Sonderling gewesen sein, der seinem Neffen ungeheuer interessante Dinge wie Wildschweinzähne, Hasenpfoten und sogar ein selbstgenähtes Hirschlederhemd mit Hornknöpfen zu schenken pflegte. Zu solcher Verwandtschaft konnte man Harry nur beglückwünschen, erst recht als neunjähriger Indianerfan.

Zurück zum eigentlichen Thema, seiner heutigen Mission in der Villa seiner Eltern, die zuletzt sein verstorbener Bruder Josef bewohnt hat und nun dessen Witwe Ariane. Kantereit reckt angriffslustig das Kinn. Heute wird er keine aussichtslosen Umwege über die Bäume nehmen, um hineinzugelangen. Heute wird er durch das geflügelte Haupttor ins Haus gehen. Müssen.

Sein Kampfgeist knickt leicht ein.

Oh, wie sehr Ariane es genießen wird, ihn als Bittsteller zu empfangen! Kantereit stoppt den Wagen unter der Ulme am Rand des Bürgersteigs, der hier Trottoir heißen sollte, so stinkend vornehm ist die Gegend.

Was seine junge Beifahrerin wohl von dieser Straße und von ganz Marienburg, Kölns exklusivster und mutmaßlich teuerster Wohnadresse, hält? Verstohlen streift Kantereits Blick Fenja Frankowiaks Profil, registriert durch ihren Haarvorhang aus perlenklimpernden Flechtzöpfen, dass sie Stirn, Nase und die beringten Augenbrauen voll Missmut runzelt. Kein Wunder. Zwischen Marienburg und ihrem Kölner Heimatviertel auf der anderen Rheinseite, einem sogenannten sozialen Brennpunkt, liegen Welten.

Die er nichtsdestotrotz heute zusammenbringen will. Ein Vorhaben, das nicht scheitern darf. Und Fenja ist nur der Anfang des Unternehmens. Es gibt da noch zwei, drei andere Ex-Patienten, denen er mit Hilfe von Ariane wieder in den Sattel helfen will. Fenja steht aus persönlichen, sehr persönlichen Gründen ganz oben auf seiner Liste. Noch einmal streifen Kantereits Augen die junge Frau. Na prima, sie wirkt regelrecht angewidert.

Lediglich von dem ihr unbekannten Villendistrikt? Von ihm? Oder von seiner Idee, ihr einen Job zu vermitteln, den er bislang lediglich vage umreißen durfte? Er kann nur raten. Fenjas abweisender Gesichtsausdruck ist seit ihrer Abfahrt in Köln-Kalk auf der anderen, der »falschen« Rheinseite – oder der »Schäl Sick« wie es in Köln abwertend heißt – unmissverständlich.

Sprich mich ja nicht an, du mieser Verräter!, sagt ihre Miene. Sie trägt diese Miene ihm gegenüber bereits seit einem halben Jahr zur Schau. Wird das Mädchen ihm denn nie verzeihen?

Stumm seufzend dreht Kantereit den Schlüssel im Zündschloss, sein betagter Mercedes dieselt gemächlich aus. Er zupft die Manschetten seines Maßhemdes zurecht, streicht die Aufschläge seines Jacketts glatt, ordnet sein eisgraues Haar, das er halblang und exakt geschnitten trägt. Optisch muss zumindest bei ihm alles stimmen.

Das tut es auch, tut es immer, denn er legt Wert auf ein gepflegtes Erscheinungsbild, hat dem Parker- oder Hippiestil der 68er-Generation – seiner Generation – nie etwas abgewinnen können. Eine Herkunft wie die seine bleibt halt nicht in den Kleidern hängen – oder, nun ja, eben doch. Immerhin dürfen die halblangen Haare als Zeichen seines wahren, seines rebellischen Charakters durchgehen.

Durch das offene Fahrerfenster wehen Mailuft und Vogelgesang ins Wageninnere und dazu herrliche, fast vollkommene Stille. Keine feindselige Stille wie im Wageninneren.

Und jetzt? Muss er abwarten.

Genau, er wird Fenja ein wenig Zeit geben, sich an die Umgebung zu gewöhnen, in der sie für eine Weile leben, wohnen und arbeiten soll. Kantereit riskiert einen Blick auf die Armbanduhr. Zwanzig Minuten haben sie noch bis zu ihrem Vorstellungstermin bei Ariane. Jemine, er kann Fenjas Widerwillen gegen diese Aktion ja nachvollziehen. Schließlich ist auch ihm Marienburg aus tiefstem Herzen zuwider.

Natürlich nicht der malträtierten Ulmen wegen, ruft er sich zur Vernunft. Das wäre hochgradig albern. Auch die hochherrschaftliche Gründerzeitbebauung zu beiden Seiten der Allee ist – soweit hinter hohen Mauern und Zäunen überhaupt sichtbar – architektonisch betrachtet eine Augenweide. Unzählige Häuser stehen unter Denkmalschutz. Zu Recht.

Viel mehr Menschen sollten so leben können. Umgeben von friedlichem Grün, in luftiger Weite und in ansprechenden Häusern. Ginge es nach ihm – alle.

Eigentlich müsste dieses einzigartige Bauensemble Fenjas Interesse wecken, schließlich hat sie mehrere Semester Architektur absolviert, nebenher Vorlesungen in Kunstgeschichte gehört, zählte zu den Jahrgangsbesten. Alles lief gut, bis sie das Studium vor Kurzem sang- und klanglos abgebrochen hat, alles hingeworfen, was sie sich mühsam errungen, was sie begeistert hatte.

»Und wenn ich später nur eine einzige Garage planen und bauen darf, bin ich glücklich«, hat Fenja zuvor immer behauptet. Von diesem Enthusiasmus ist wenig geblieben. Ihr Wissensdurst scheint verdunstet, ihr Bildungshunger gestillt und am allerschlimmsten: Jeder Funken Fröhlichkeit ist verflogen.

Fenja war – allem Unbill in ihrer bescheidenen Kindheit und den heiklen Jugendjahren zum Trotz – zumeist ein fröhliches, blitzgescheites, willensstarkes Mädchen. Und so voller Leidenschaft. Wenn sie sich etwas in den Kopf gesetzt hatte, dann zog sie das durch. Voller Entdeckergeist und Experimentierfreude. Zuweilen mit etwas zu viel Experimentierfreude und Willenskraft.

Alles vorbei.

Nicht zuletzt meinetwegen, schlägt Kantereit das Gewissen. Dumme Geschichte, saudumme Geschichte. Ja, er ist schuldig im Sinne ihrer Anklagen. Er hat Fenja belogen oder – nein, das stimmt nicht, er hat ihr lediglich in einem entscheidenden Punkt die unschöne Wahrheit vorenthalten. Aus gutem Grund und wegen eines Versprechens gegenüber Fenjas Mutter. Eines für ihn heiligen Versprechens, das er freiwillig nie gebrochen hätte.

Davon mal ganz abgesehen müsste Fenja anerkennen, dass die Villen ringsum von baulicher Meisterschaft und echtem Kunstsinn zeugen. Genau wie der nahe, denkmalgeschützte Park mit alten Fichtenbeständen, einer anmutigen Pantherskulptur, geschwungenen Wegen und lauschigen Bänken, die ihn selbst an erste – ebenfalls verbotene, weil unpassende und umso aufregendere – Rendezvous erinnern. Die kecken Mädchen von der Waggonfabrik waren einfach unwiderstehlich. So lebendig, so fröhlich, so wagemutig.

Für Sekunden ploppen magische Erinnerungen auf. An mondschwangere, sternentrunkene Nächte im Park, in denen er sich dem Himmel ganz nah fühlte. Okay, auch deshalb, weil nicht nur die Sterne und die Nächte trunken waren.

Und überhaupt, wen will er hier von den Schönheiten des Viertels überzeugen? Er kann Fenja doch verstehen, er fühlt sich auch nicht zuhause in Marienburg. Hat er nie, er ist lediglich hier aufgewachsen und geboren. Vor siebzig Jahren. Das ist und war nicht lebensbestimmend für ihn – basta.

Tja, na ja, beschleichen Kantereit sofort berechtigte Zweifel: Einer Herkunft wie der seinen entkommt man – siehe Kleidung – natürlich nie ganz. Genauso wenig wie dem Namen Kantereit, der einprägsam, weil selten und in Kölns bester Gesellschaft nicht ohne Bedeutung ist. Ein Kantereit bleibt in den Augen dieser Gesellschaft ein Kantereit, ein Gestolperter, ein schwarzes Schaf, ein unverbesserlicher Störenfried vielleicht, aber eben ein Kantereit. Gleichgültig, wie man sich selbst bemüht, ein anderer, sein eigener Mensch zu werden.

Und er hat sich bemüht. Unermüdlich. Als sozial engagierter Hausarzt in Kölner Problemvierteln, als Mensch, als Mann, als Liebender, als väterlicher Freund und als kämpferischer Beschützer so manches Patienten. Mit wechselhaftem Erfolg und schmerzlichen Patzern.

Stichwort Fenja.

Wieder stiehlt sich Kantereits Blick zu seiner Beifahrerin. Fenja sieht heute weniger denn je so aus, als wollte sie von ihm beschützt werden. Oder gar gerettet. Oder – auch das war einmal im Gespräch – von ihm adoptiert werden. Diese Zeiten sind vorbei. Diesmal endgültig, wie es scheint.

Er muss seine Schuld wiedergutmachen. Fenja darf nicht alles hinschmeißen, ihre Zukunft wegwerfen, ihren Traum aufgeben, für den sie und noch mehr ihre Mutter so hart gearbeitet haben. Ein Studium. Verdammt, Fenja ist Elenas Kind, und Elena hätte nie, niemals aufgegeben!

Das Mädchen – nun ja, genauer gesagt ist Fenja mit vierundzwanzig Jahren eine junge Frau – schweigt weiterhin. Was für ein Schlamassel! Um sich abzulenken, hält sich Kantereit mangels Gesprächsmöglichkeiten selbst die kleine Vorlesung zur Architektur- und Sozialgeschichte des Viertels, die er für die Hinfahrt und für Fenja geplant hatte.

Die um 1900 unweit des südlichen Rheinufers entstandene Gartenvorstadt Marienburg war ein Arkadien für die damalige Hautevolee. Vergleichbar mit Berlins Grunewald und Münchens Grünwald, bestehend aus pompösen Prachtvillen, zunächst im englischen, teils amerikanischen Landhausstil, von denen einige wenige noch komplett erhalten sind. Samt Remisen, umgenutzten Wirtschaftsgebäuden, imposanten Auffahrten. Meist verborgen hinter hohem Mauerwerk, schmiedeeisernen Zäunen, Efeugewucher und auf parkartigen Grundstücken gebaut.

Einige Villen stellen sich weniger diskret ummauert zur Schau: mit Jugendstilelementen, im von Goethes Weimar inspirierten Neoklassizismus samt Stuckwerk und dorischen Säulen oder im neugotischen Burgenstil komplett mit Türmchen, Erkern, Zinnen und heimattümelndem Fachwerk. Die Bauherren solcher Schaustücke – unter anderen sein Urgroßvater – waren nicht selten Pioniere, Aufsteiger und Selfmademillionäre der Gründerzeit. Zu ihnen gehörten frühe

Dampfkesselproduzenten, Großbrauer, Zuckerbarone, Kaffeeröster, erste Chemieunternehmer, Kolonialwarengroßhändler, geniale Maschinenbauer und Erfinder wie Eugen Lange, der mit dem väterlichen Vermögen die Schwebebahn entwickelte und mit den Herren Daimler und Benz erste Gasmotoren konstruierte. Andere kamen als soziale Seiteneinsteiger hinzu. So wie sein ferner Ahne Ferdinand Kantereit, der zum international agierenden Frachtgut-Spediteur aufgestiegen war.

Bescheidenheit hielt Ferdinand, der es vom Schiffsjungen auf einem Rheinfrachtdampfer zum König der grenzübergreifenden Flussschifffahrt gebracht hatte, für affektiert und reine Zeitverschwendung. Voll kindlichem Stolz huldigte er dem Motto »Seht her – hier wohnt ein reicher Mann«. Am Ende seines Lebens war er dank sozialer Stiftungen, die er vor allem zwecks Steigerung seines gesellschaftlichen Ansehens ins Leben rief, wie Kantereit argwöhnt, sogar ein Herr Kommerzienrat. Von Pestalozzis Diktum, man dürfe soziale Gerechtigkeit nie im »Mistloch der Gnade ertränken«, hat Ferdinand sicherlich nie gehört.

Noch offensichtlicheren Prunk als Ferdinand pflegten direkt am Rheinufer der einflussreiche Banken- und Geldadel und die kölschen Klüngelexperten der Epoche. Dort entstanden wahre Paläste, in denen selbst Kaiser Wilhelm und andere Reichsgrößen gern zu Gast waren und später dann diverse Adlaten und Speichellecker der Nazis. Oh ja, dieses Kapitel wurde auch in Marienburg nicht ausgelassen, und …

Neben ihm erwacht Fenja zum Leben. Räuspert sich. Na endlich!

2.

»Und das nennst du 'ne Prunkvilla?«, fragt Fenja halb verächtlich, halb vorwurfsvoll und deutet auf das hübsch geschwungene schiefergedeckte Walmdach, das rechterhand über Zaunspieße lugt. Der rote Backsteinkorpus des Gebäudes verbirgt sich hinter einer hohen – ebenfalls penibel getrimmten – Buchsbaumhecke direkt hinter dem Schmiedezaun. »Deinen Beschreibungen nach habe ich mir das Haus deiner Schwägerin als 'nen Palazzo Prozzo des schlechten Geschmacks ausgemalt.«

Kantereit muss unwillkürlich schmunzeln. *Treffer!* »Palazzo Prozzo des schlechten Geschmacks« passt haargenau zur Villa Kantereit. Das Dach, auf das Fenja deutet, gehört jedoch nicht zu den stilistischen Verirrungen seines Ururgroßvaters Ferdinand. Im Gegenteil. Das Pförtnerhäuschen ist eine rare Kostbarkeit, die nicht sein Ururgroßvater, sondern dessen Sohn und damit Kantereits Urgroßvater Carl Ferdinand hat bauen lassen, um von den optischen Schwächen der Villa abzulenken. Er hat ein komplettes Grundstück hinzugekauft und einen Park darauf anlegen lassen, um die missratene Villa zu verstecken.

»Was du von hier aus sehen kannst«, erklärt Kantereit laut, »ist lediglich das Dach vom alten Pförtnerhaus, ein Gebäude von 1908 nach Ideen von Paul Pott.« Mit anderen Worten: Die Idee war von Pott geklaut. Gut geklaut, das immerhin. Er macht eine Pause, um den Namen wirken zu lassen. Pott zählte und zählt zu den berühmtesten, auch international bekannten Architekten Kölns und der Villenkolonie. Fenja muss von ihm gehört haben. Hm, trotzdem scheint sie nicht beeindruckt. »Darin lebten bis Mitte der Sechzigerjahre Gärtner oder Chauffeure«, ergänzt Kantereit.

»Nein, wie gnädig!«, schnaubt Fenja. »Das Personal durfte also allzeit bereit und umwabert von Öl- und Benzingestank über der Garage wohnen? *Nice.*« Wieder verfällt sie in Schweigen. Vorwurfsvolles Schweigen.

Zum Teufel, jetzt schlägt das Kind mich glatt mit meinen eigenen Waffen und Sozialkritik!, ärgert sich Kantereit. Was sagt man dazu? Besser nichts oder doch.

»In der Tat lebten die Chauffeure oder Gärtner nur unter dem Dach des Baus und recht beengt, aber für damalige Verhältnisse nicht schlecht«, erklärt er. »In der Hierarchie des Personals standen sie vergleichsweise weit oben, und gemessen an den Lebens- und Arbeitsverhältnissen von damaligen Fabrikarbeitern ging es ihnen gut.«

»Pah«, macht Fenja nur und greift ihr finsteres Schweigen wieder auf.

Besser, er belässt es bei dieser kurzen Verteidigung der Lebensbedingungen des Kantereit-Personals um 1900. Wenn Fenja wüsste, wie die Küchenmädchen im dunklen Souterrain des Küchentrakts schuften mussten und untergebracht waren …

Wie auch immer. Der Hauptteil des Pförtnerhauses mit seiner meterhohen Balkendecke war selbstredend für die Kutsche und einen offenen Landauer, später für den ersten Mercedes Simplex seines Urgroßvaters Carl Ferdinand reserviert. Ein Automobil im Wert von etwa acht zeitgenössischen amerikanischen Cadillacs, die auch nicht eben billig waren. Diverse luxuriöse Nachfolger lösten den Simplex über die Jahrzehnte bis heute ab. Ariane besitzt einen Porsche Cayenne und hat überdies den neuesten Mercedes CLS ihres verstorbenen Mannes geerbt.

Oh ja, an statusträchtigen Automobilen wurde im Kantereit-Clan nie gespart. Zu seiner Schande, das muss Klaus Kantereit einräumen, hat sich das familientypische Faible für Mercedes-Modelle auf ihn überragen. Immerhin, der seine ist gebraucht, nur ein Diesel und bald ein Vierteljahrhundert alt. Dass er immer noch läuft, hat er seinem findigen türkischen KFZ-Mechaniker in Kalk zu verdanken. Ein Mann, der sich aus bescheidenen Verhältnissen hochgearbeitet hat, Mercedes-Modelle ebenfalls schätzt und selbst fährt, rechtfertigt sich Kantereit vor sich selbst.

Unvermittelt meldet sich Fenja zu Wort. »Und wo wohnt dann deine grässliche Schwägerin?«, will sie wissen. »Diese Ariadne, oder wie die heißt.«

»Sie heißt Ariane, bitte vergiss das nicht, und sprich sie nur mit ihrem Nachnamen an. Frau *van Endert*.«

»Wieso denn ›van Endert‹?«, wundert sich Fenja. »Müsste sie nicht Kantereit heißen wie dein toter Bruder?«

»Sie zieht ihren Geburtsnamen vor«, antwortet Kantereit knapp, und dankenswerterweise hakt Fenja nicht nach. Besser ist das, denn allzu viel sollte sie über seine in der Tat grässliche Schwägerin Ariane und ihren wahren Charakter nicht wissen, sonst steigt sie im Leben nicht aus dem Auto aus. Noch weniger würde Fenja einen Job plus Unterkunft bei der eingebildeten, verlogenen Witwe seines älteren Bruders annehmen.

Auf das »van Endert« legt Ariane enormen Wert – so viel Wert, dass sie den Namen Kantereit nach dem Tod ihres Mannes sofort abgelegt hat, wie sie auch die Namen ihrer zwei vorangegangenen Ehemänner nach deren Ableben gegen ihren Geburtsnamen getauscht hat. Ariane gibt das als feministisch inspirierten Akt und sich selbst als emanzipierte Frau aus. »Ich bin kein bloßes Anhängsel, sondern ein eigenständiges Wesen«, wird sie nicht müde zu betonen.

Eine ziemlich dreiste Behauptung, wenn man bedenkt, dass Ariane van Endert sich ihr komplettes Leben und ihren Reichtum erheiratet hat. Und das in Serie, nämlich gleich dreimal hintereinander.

Klaus Kantereit macht diese berechnende Aufsteigerin nichts vor. *Van* Endert soll Adel andeuten, obwohl Ariane so adlig wie ein belgisches Brauereipferd oder holländischer Käse sein dürfte. Das »van« stammt von irgendwelchen niederländischen oder belgischen Vorfahren, ist ein ortsanzeigendes Fürwort, mehr nicht. Sie ist auch mit keiner der vielen Linien einer gleichnamigen flämischen Tuchhändler-, Fabrikanten- und Künstlerdynastie verwandt.

»Muss ich einen Knicks vor der Tante machen?«, fragt Fenja aufmüpfig in seine Gedanken hinein.

Kantereit schüttelt den Kopf, und Fenja wendet ihm erstmals ihr Gesicht zu. Ein sehr hübsches Gesicht, wie Kantereit findet: breitflächig mit hohen slawischen Wangenknochen und den blitzenden haselnussbraunen, leicht schrägstehenden Augen ihrer Mutter.

Ihrer toten Mutter Elena.

Ach, Elena. Ein stechender Schmerz durchzuckt Kantereit. Auch wenn es bald zehn Jahre her ist, dass die größte, vielleicht einzig wahre Liebe seines Lebens gestorben ist, es schmerzt noch immer, wird immer höllisch schmerzen.

Elena war mit ihren fünfundvierzig Jahren um viele Jahre zu jung zum Sterben, und die zu diesem Zeitpunkt vierzehnjährige Fenja war zu jung, um ihre Mutter zu verlieren. Leider war Elena medizinisch nicht zu helfen. Quasi auf ihrem Totenbett und kurz vor ihrem letzten Atemzug haben sie noch die Ringe getauscht, waren für wenige Tage Mann und Frau, aber der Tod kannte kein Erbarmen. Sein Schmerz war unbeschreiblich. Noch größer war der von Fenja. Sie geriet damals vorübergehend heftig aus der Spur, lief einfach weg und –

»Hallo? Jemand da?«, meldet Fenja sich unvermittelt zu Wort. »Verrat mir bitte endlich, was ich in der Villa und für deine Schwägerin erledigen soll. Putzen, waschen, kochen, abstauben? Hecken schneiden? Schoßhunde Gassi führen? Unterwürfig Händchen halten?«

»Unsinn! Wo denkst du hin, Ariane hasst Hunde«, erregt sich Kantereit – diesmal ein wenig künstlich. In Wahrheit ist er überaus froh, dass Fenja endlich einen Funken von Interesse am avisierten Job zeigt. »Du wirst als eine Art persönliche Assistentin für Ariane arbeiten.«

»Aushilfstippse mit Lizenz zum Kaffeekochen, meinst du wohl?«

»Weit mehr als das. Ariane will ihre diversen Kunstobjekte katalogisieren, um Herkunft und Wert danach von einem Gutachter bestimmen zu lassen und einiges zu veräußern. Sie bietet dir also eine ausgesprochen anspruchsvolle Aufgabe. Es handelt sich um Erbstücke ihres verstorbenen zweiten Ehemanns. Wolfram Eschberg war ein renommierter Münchner Auktionator und Galerist.«

Bei dem leider auch sein Bruder Josef Kunde war. Auf der Suche nach sicheren Anlageobjekten. Gefunden hat er dabei Ariane oder besser: sie ihn. Wie auch immer. »Du musst von ihm gehört haben«, beendet er seine Ausführungen zu Eschberg.

»Nö«, sagt Fenja und beginnt wieder zu schmollen.

Hoffentlich stimmt das »Nö«, denn Eschberg war mutmaßlich ein Millionen-Betrüger, der auch mit Fälschungen und Werken zweifelhafter Provenienz gehandelt hat. Angeblich unwissentlich. Presse, Funk und Fernsehen waren über ein Jahr voll von Eschberg-Schlagzeilen. Journalisten haben sich köstlich über dessen erstaunliche Dreistigkeit und über die noch erstaunlichere Dummheit einiger Sammler und sogar Museen amüsiert. Einem gerichtlichen Verfahren ist Wolfram Eschberg nur dank eines tödlichen Schlaganfalls entgangen. Sicher zu Arianes immenser Erleichterung, die sich im Zuge der Enthüllungen von Eschberg distanziert hatte und sich als »arme, verfolgte, schutzlose Witwe« sodann Kantereits Bruder als Gatten Nummer drei sichern konnte.

Nein, darüber muss Fenja nichts wissen. Gott bewahre, gerade von kriminellen Machenschaften im Dunstkreis ihrer Arbeitgeberin sollte sie keine Ahnung haben.

Hauptsache ist, dass Fenja erst einmal eine Bleibe und ein Auskommen hat und sich nicht weiter aus Trotz und verletztem Stolz in eine soziale Absteigerrolle hineinmanövriert. Ihre Eskapade als vierzehnjährige Ausreißerin war schlimm genug, hätte sie das Leben kosten können, wenn er sie damals nicht rechtzeitig gefunden hätte. Völlig abgemagert und mit einer schweren Nierenbeckenentzündung in einem unbeheizten Bauwagen hausend. So etwas will er mit ihr nicht noch mal durchmachen.

Kantereit reißt sich mit Macht aus der Vergangenheit. »Also«, sagt er betont munter, »wollen wir?« Er tastet nach dem Türöffner auf seiner Wagenseite.

»Wir? Du hast sie ja nicht alle!«, fährt Fenja auf. »Ich gehe allein da rein, und ich entscheide allein, ob ich diesen sogenannten Job mache.« Voll Misstrauen runzelt sie die Stirn. »Ich nehme an, insgeheim bezahlst du dieses ganze Tralala mal wieder? Aufgrund deines großzügigen Herzens? Willst du noch immer meinen gütigen Ersatzpapa spielen? Oder nutzt du das Erbe meines ehrenwerten Vaters dazu?«

Womit das Thema kriminelle Machenschaften wieder auf dem Tisch wäre. Diesmal geht es nicht um internationalen Kunsthandel, sondern um den osteuropäischen KFZ-Markt. Fenjas Vater war auf diesem Geschäftsfeld zeitweise eine große Nummer – sofern er nicht gerade im Knast saß. Wovon Fenja jahrelang nichts, gar nichts gewusst hat. Ihr Vater war für sie ein Unbekannter, ein verwegen lächelnder, attraktiver junger Mann auf einem Foto, der wenige Monate nach ihrer Geburt angeblich bei einem Autounfall verstorben war und ihr nicht viel mehr als ihren Nachnamen – Frankowiak – und die Form seiner schmalen Nase hinterlassen hatte.

Seit sechs Monaten weiß Fenja es – dank ihm – besser.

»Gib zu, du hast das Drecksgeld, das mein sauberer Vater mir hinterlassen wollte, auf irgendeinem Konto für mich geparkt!«, wütet Fenja neben ihm.

Kantereit hebt abwehrend die Hände. Verdammt, er hätte ihr nie von ihm erzählen, sein Versprechen gegenüber der todkranken Elena halten sollen, diesen sogenannten Vater totzuschweigen, so wie sie es immer getan hatte. Nie hätte er Fenja sagen sollen, dass dieser keineswegs verunfallte König der Autodiebe drei Jahre nach Fenjas Geburt aus der Ferne und dem Knast einen Kiosk für Elena finanziert hat. Mit sicher fragwürdigen Einkünften und als kleine Wiedergutmachung oder um Schwarzgeld zu waschen, wer weiß das schon. Elena hat ihm den kleinen »Kredit« jedenfalls über die Jahre mit sauberem Geld und Zinsen zurückgezahlt.

Ach, hätte er nur von alldem geschwiegen.

Aber was zum Teufel blieb ihm übrig? Dieser vermaledeite Knastbruder hatte ausgerechnet ihn – als Elenas Ehemann – ungefragt als Testamentsvollstrecker bestimmt. Kurz vor seinem tatsächlichen Tod. Nicht im Knast, sondern in einer spanischen Villa. Fenja hatte selbstredend Fragen, viele Fragen, als sie vor sechs Monaten vom zweiten, diesmal echten Ableben ihres Vaters und dessen Testament erfuhr.

»Wo denkst du hin!«, verteidigt sich Kantereit jetzt. »Dein Erbe habe ich deinen Wünschen gemäß dem Weißen Ring gespendet.«

»Und das soll ich dir glauben, nachdem du und Elena mich ein Leben lang nach Strich und Faden über meinen verschwundenen Vater belogen habt«, schnaubt Fenja.

Kantereit schließt kurz und verzweifelt die Augen. Wird sie ihm – und wichtiger noch: ihrer Mutter – denn niemals verzeihen? Ja, Elena war nicht die Heilige, für die Fenja sie als Kind gehalten und als die sie sie abgöttisch geliebt hat, aber sie hat sich und ihr Kind doch lediglich ernähren und beschützen wollen, darum das Geld für den Kiosk anstelle von Unterhaltszahlungen genommen und den Deal für sich behalten. Egal, jetzt ist es nicht an der Zeit, diese elende Geschichte auszudiskutieren. Soll Fenja nur wütend sein, ihr Leben muss trotzdem in vernünftige Bahnen zurückgelenkt werden.

»Glaub mir«, sagt er energisch. »Ariane braucht wirklich Hilfe. Bezahlte Hilfe. Es gibt reichlich zu tun.« Zeit für seinen fettesten Köder. »Du wirst auch eine Menge alte Akten, Baupläne und architektonische Urkunden heraussuchen, ordnen und sichten müssen. Noch wichtiger als die Kunstobjekte ist für Ariane nämlich die zügige Vorbereitung eines wissenschaftlichen Wertgutachtens für die Villa.«

Die das gierige, gewissenlose Weibsstück genau wie ihre zweifelhaften Kunstobjekte so rasch und teuer als möglich verkaufen will, um in New York ein neues, möglichst noch luxuriöseres Leben zu beginnen – samt Wochenendhaus nahe den Hamptons, dem Mekka für US-Millionäre. Ach was, für Milliardäre oder Zilliardäre wie Calvin Klein, die Kardashians, Jennifer Lopez oder Beyoncé. Kantereit hat das im Internet recherchiert. Die Namen dieser angeblichen Superpromis waren ihm überwiegend unbekannt. Wenn man Ariane trauen kann, steht sie kurz vor einem Abschluss, gleich drei US-Milliardäre sollen sich für die Villa interessieren.

Wie auch immer. Arianes soziale Selbstüberschätzung kennt ohnehin keine Grenzen nach oben. Und ausgerechnet ein Stiefsohn aus ihrer Galeristenehe – ein überaus erfolgreicher, aber in Kantereits Augen windiger Investmentbanker an der Wallstreet – soll als Arianes Vermögensverwalter ihren finalen Aufstieg und Umzug ermöglichen. Pah! Dem Kerl würde er nicht mal so weit trauen, wie er seinen Kühlschrank werfen kann.

Nun, wahrscheinlich hat Ariane dank Wolfram Eschberg gelernt, dass Verbrechen sich auszahlt, so man es im ganz großen Stil und unter Millionären betreibt und nicht auf dem osteuropäischen KFZ-Markt. Aber darum geht's jetzt nicht.

»Ich habe Ariane von deinen Vorkenntnissen und deinem, ähm, unterbrochenen Architekturstudium erzählt.«

»Du meinst meinem *abgebrochenen* Studium«, korrigiert Fenja ihn gereizt. »Ich gehe nicht mehr an die Uni zurück.«

Klaus Kantereit übergeht ihren Protest, sagt nur: »Ariane war sehr beeindruckt.«

Zumal sie Fenjas Fleißarbeit umsonst bekommt, denn natürlich wird er für den Lohn aufkommen müssen. Seine Schwägerin ist eine Pfennigfuchserin. Sie hält es mit den goldenen Worten des Kölner Bankiers und Adenauer-Vertrauten Pferdmenges: »Wir haben unser Geld nicht vom Ausgeben, sondern vom Behalten.«

Würde Ariane die geplante Aktensichtung und die ermüdenden Vorbereitungsarbeiten direkt den Sachverständigen oder deren Praktikanten überlassen, wären äußerst saftige Honorare fällig.

»Auch von meinen Eltern?«, hakt Fenja mit provozierendem Unterton nach.

Kantereit versteht nicht. »Wie?«

»War diese Madame Ariane auch von meiner Herkunft als Tochter einer zwielichtigen Kioskbetreiberin und eines Knackis beeindruckt?«

»Ich habe deine Eltern mit keinem Sterbenswort erwähnt«, schwört Kantereit, hebt sogar die Finger. Das ist ausnahmsweise die volle Wahrheit. Er ist schließlich nicht komplett auf den Kopf gefallen. »Jetzt mach schon, steig aus. Nein sagen kannst du immer noch«, drängt er.

Widerwillig entsperrt Fenja die Beifahrertür, stößt sie auf, packt sich ihren Rucksack und steigt schwungvoll aus. Die Holzperlen ihrer Braids klappern. »Meine Reisetasche mit den Klamotten bleibt erst mal im Kofferraum«, blafft sie, schlägt mit Wucht die Tür zu und stapft auf das Einfahrtstor neben dem Pförtnerhäuschen zu.

»Sag, dass du von mir kommst, dann machen sie sofort auf!«, ruft Kantereit ihr durchs offene Wagenfenster hinterher.

Fenja würdigt ihn keiner Antwort, sucht die Gegensprechanlage und drückt eine Klingel. An der, wie in Marienburg üblich, natürlich kein Name steht. Es dauert eine halbe Ewigkeit, aber dann gleiten die hölzernen Torflügel zur Einfahrt auf. Und hinter Fenja wieder zu.

Puh, das wäre geschafft! Sie ist drin.

Steht zu hoffen, dass Fenja nicht als Erstes dem aufgeblasenen Felix in die Arme rennt. Arianes Stiefenkel aus erster Ehe mit einem Küchenhersteller. Felix ist ein selten eingebildeter, eitler und selbstverliebter Geck. Eine intellektuelle Null.

Ariane hat im Laufe ihrer Eheleben eine ganze Reihe zweifelhafter Stiefkinder angesammelt, und Felix behandelt sie auch haargenau so. Stiefmütterlich. Was ihm diesen Felix – ein verhinderter Star mit Fernsehkurzkarriere und Influencer-Ambitionen, der auf Partys und Empfängen gelegentlich Arianes Walker gibt, um auf YouTube darüber zu berichten – nicht sympathischer macht. Gruselig, diese ganzen Familiengeschichten, vor allem Arianes.

Kantereit kurbelt das Fahrerfenster weiter hinunter, er braucht mehr frische Luft, während er hier draußen im Wagen wartet. In der Hoffnung, dass Fenja ihr Gepäck abholt, um in die Villa einzuziehen.

Nun, wenn er richtig kalkuliert hat, wird Ariane Fenja faszinieren. Denn so scheußlich ihr Charakter ist, so charmant und reizvoll kann sie sein. Falls Ariane einen Vorteil für sich wittert. Wieder meldet sich Kantereits Gewissen. Schließlich ist auch er bei der Sache auf eigene Vorteile bedacht.

Ach was, eine Zusage wäre momentan zu Fenjas Bestem! Freie Kost und Logis, dazu monatlich tausend Euro schwarz auf die Hand und ein Job, der ihre Neugier, ihren Elan und ihren Ehrgeiz wieder wecken könnte. Das wäre doch was.

Darüber hinaus wäre ihm Fenja als eine Art Spion im Haus der schwarzen Witwe natürlich überaus nützlich. Von dieser ihr zugedachten Rolle weiß Fenja allerdings nichts. Sie würde ihm die Augen auskratzen, wenn sie es wüsste.

Kantereits Gewissen schlägt ein weiteres Mal an, es scheint heute hyperaktiv. Zugegeben, er hat dem Kind wieder einmal ein paar Halbwahrheiten serviert und ein paar Details verschwiegen.

Na und? Herrje, es ist in dieser erbärmlich verlogenen Welt ein aussichtsloses Unterfangen, ein hehrer und komplett aufrichtiger Mensch sein zu wollen und damit Erfolg zu haben. Ohne Tricks und etwas Betrug kommt man nicht weiter.

Mist!, merkt Kantereit selbst, ein wenig klingt er jetzt

nach Michael Eschberg junior, dem Wallstreetfuzzi in Arianes Diensten.

Wie auch immer. *Mein Vorhaben dient einem guten Zweck*, wehrt er die innere Warnung ab. *Und dieser Zweck heiligt die Mittel*. Oh ja, das tut er zweifelsohne. Wobei ihm sofort seine beiden anderen Sorgenkinder in den Sinn kommen.

Na ja, Kinder trifft es nicht.

Dagmar Pöpsel und Bert Feining sind im oder nähern sich dem Rentenalter. Beide sind einsam, unverschuldet in Not geraten, wie es so schön und verschleiernd heißt, und kurz davor, ihre Wohnstatt zu verlieren, im Falle Feinings womöglich sogar in Obdachlosigkeit abzugleiten. Dagmar droht in ihrem geerbten Häuschen hungern und frieren zu müssen. Bei der mageren Rente, die sie erwartet! Wenn sie in die Grundsicherung fällt, wird man ihr das Haus, ihr Elternhaus, in dem sie ihr gesamtes bisheriges Leben verbracht hat, vermutlich abnehmen.

In Kantereit wallt der Zorn des Gerechten auf. Das wird er zu verhindern wissen, und – sein Blick streift voll Zuneigung den Ulmenstamm zu seiner Linken – er wird es dank Harry Klettermax Chingachgook auch können. Wie unfassbar gut, dass er ihn kennt und hat!

Es ist an der Zeit, den verrückten Indianer anzurufen. Nur gut, dass sein alter Blutsbruder vor zehn Jahren endgültig nach Deutschland zurückgefunden hat, auf dem ererbten Schwarzwaldhof seines denkwürdigen Großonkels sesshaft geworden und nach wie vor sein guter Freund – ach was, der allerbeste – ist.

Zudem ein ausgesprochen listenreicher.

Ja, was verwegene und verschlungene Pläne angeht, schlägt der nur zwei Jahre ältere Chingachgook ihn noch immer um Längen.

3.

»Tatatataa! Darling, es ist Champagnertime. Ich habe es vollbracht! Deine Social-Media-Karriere kann durchstarten. Mit einem echten *burner*!« Exaltiert, wie es seine Art ist, stürmt Felix in Ariane van Enderts Arbeitszimmer in der Beletage der Kantereitvilla.

Und das noch vor dem Frühstück!, empört sich Ariane stumm. Er weiß doch, dass sie davor nicht gestört werden will, und gefrühstückt wird Punkt zehn, unten im kleinen Salon. Jetzt ist es halb neun. Viel zu früh also.

Verärgert schaut Ariane von ihrem iMac auf, ringt um Haltung. Felix ist eine Strafe. Menschlich, mental und – am allerschlimmsten – optisch.

Nicht, weil er schlecht aussähe, im Gegenteil. Er ist mit seinem blauen Brad-Pitt-Blick eine echte Augenweide – so man ewige Milchgesichter um die dreißig mag. Doch was Stilsicherheit und modischen Geschmack angeht, ist er ein Low Performer. Wie es in Businesskreisen heißt.

Sie würde den Terminus Null-Performer bevorzugen. Wenn sie ihm keine Kleidervorschriften macht, liegt Felix einfach immer daneben. Heute wirkt er kostümiert statt angezogen. Ganz der gescheiterte Schauspieler eben. Sie mustert ihn kurz.

Ihr lästiger Stiefenkel hat sich für einen Papageienlook entschieden, wie er in den frühen Siebzigerjahren getragen wurde: hautenge Röhrenhosen in Orange, ein schwarzes Hemd – immerhin –, aber dazu eine bunte, überbreite Krawatte, die als

Lätzchen fungieren könnte. Mit Campbell-Suppendosen als Muster! Dieser verhinderte Ex-TV-Star hält sein Outfit wahrscheinlich für ein Pop-Art-Zitat und eine Hommage an Andy Warhol und an sie, die überregional bekannte Kunstmäzenin.

In Wahrheit sieht Felix, Enkel ihres Gatten Nummer eins, Küchenfabrikant Krampendonck, wie eine Bildstörung aus oder wie die ersten Versandhausküchen Marke Krampendonck. Erst recht in diesem Zimmer, ihrem Heiligtum, das in nüchterner Schwarz-Weiß-Optik gehalten und mit Möbelstücken von Großmeistern des Purismus wie Corbusier, Mies van der Rohe und Philipp Starck möbliert ist. Die einzigen Farbtupfer sind überdimensionale kubistische Stillleben in diversen Braun- und Beigetönen, dazu eine einzelne rote Anthurie mit Palmblatt als florales Statement. Das reicht.

Ariane ordnet – unnötigerweise – ihren raspelkurzen eisgrauen, ehemals braunen Pixie Cut im Jean-Seberg-Stil. Sie war nie das »süße Blondchen«, nicht dumm oder unbedarft oder leicht zu nehmen. Was Felix zu vermuten scheint. Sie war immer die aparte Schönheit mit Köpfchen, ein Hingucker und viel mehr als das. Abwehrend hebt Ariane die linke Hand. »Später, Felix, ich bin beschäftigt.«

Mit Börsencharts und dem Dow Jones, der mal wieder gewaltig auf und ab torkelt, vom Dax ganz zu schweigen, aber mit dem hat sie nichts mehr zu tun. Ihr Vermögen ist über Michael Eschberg längst in den Staaten geparkt und global angelegt. Das Thema Geldanlage ist für sie zwar neu, aber angenehm inspirierend. Sie war jahrelang gewöhnt, Geld zu haben, und hat es ihren Gatten überlassen, es zu vermehren. Nun, sie kann auch das selbst regeln und zu beherrschen lernen, so wie früher ihre Gatten. So sie nicht gestört wird von Dummbatzen wie Felix.

»Kein Problem, ich warte kurz«, verspricht der und dreht *We are the Champions* summend eine Runde durch den Raum.

Unglaublich, diese Plage! Klopft nicht mal an. Fehlt nur noch, dass er sie *Großmutter* nennt.

Nein, das wird er nicht wagen.

Es wird Zeit, diese Plage loszuwerden. Die ihr testamentarisch verordnete Fürsorgepflicht für die Krampendonck-Brut ist mehr als erfüllt. Sie füttert Felix seit bald zwei Jahren durch und lässt ihn mietfrei im Pförtnerhäuschen wohnen. Es reicht!

Zumal die Aktien derzeit schlecht stehen. Arianes Blick kehrt zum Bildschirm zurück. Sehr schlecht, so schlecht, dass ihr ein wenig schwummerig wird. Nur gut, dass Michael Eschberg die meisten ihrer Anlagen kürzlich in Immobilien umgeschichtet hat. Ein Haus nahe den Hamptons hat Eschberg bereits für sie gesichert, fehlt nur noch das Apartment in New York.

Was Felix betrifft, so wird sie ihn auf immer verabschieden, sobald er seinen Zweck erfüllt hat: ihrem Namen in der internationalen Kunstszene mithilfe einer Social-Media-Kampagne zu noch mehr Glanz und Bedeutung zu verhelfen. Von Social Media hat sie leider keinen blassen Schimmer. Felix schon, und aggressive, unerbittliche Selbstvermarktung ist sein Steckenpferd. Davon gibt er – ungebeten an ihren gläsernen Corbusier-Schreibtisch herantretend – umgehend eine Kostprobe. Im Schnellsprechmodus eines Dieter Thomas Heck, den ihre Eltern so verehrten.

Hoppla, wie kommt sie plötzlich auf diese bedauerlichen Gestalten? Bloß nicht daran denken. Oder an die schrecklichen Wohnzimmerabende in Plüsch vor dem »Fernsehempfangsgerät«.

Felix' Vortragsweise macht das schwer. »Also … Ich kann den ersten *Ariane, Arts and Artists*-Clip noch in dieser Minute auf sämtliche Social-Media-Plattformen hochladen. Eine Kompilation von Highlights: du, Ariane van Endert, im Gespräch mit David Hockney vor seinen Werken – leider nur im Foto. Na, macht nichts, kommt gut auf Pinterest. Mit Beuys bei der documenta gibt es dich bedauerlicherweise nur als Schwarz-Weiß-Aufnahme. Dich und diesen Markus Lüpertz haben wir dafür als Videoclip – immerhin hast du bei der Ausstellungseröffnung in München direkt neben ihm gestanden und durftest eine Laudatio halten – und nicht zu vergessen …«

Ihr Stiefenkel macht eine dramatische Minipause, verdreht die Augen schwärmerisch zur Decke des Arbeitszimmers: »Deine Begegnung mit Ai Weiwei in Berlin. Ai Weiwei! Während der größte chinesische Künstler der Gegenwart ins Publikum nickte, konnte ich einen Gegenschnitt zu dir in der ersten Reihe machen. Man *muss* einfach meinen, der Meister grüße dich direkt, und das sehr herzlich – für einen Chinesen, meine ich. Und dann noch die Sache mit Banksy –«

»Nicht jetzt, Felix!« unterbricht ihn Ariane, ohne ihren Blick vom Bildschirm zu lösen.

Nutzt nichts.

»Irgendwann sollten wir natürlich auch meine hervorragenden Kontakte zu den Klatschmedien nutzen. Seit dem Eschbergskandal bist du ein heißes Thema.«

»Keine Klatschreporter!«, fährt Ariane auf.

Wie pointiert und unmissverständlich muss sie ihre Anweisungen gegenüber diesem Möchtegern-Erbschleicher denn noch formulieren, damit er sie nicht überhört? Das kommt davon, wenn man dubiose Verwandte für sich arbeiten lässt. Unfassbar, er wagt es sogar, eine Schnute zu ziehen und noch näher an ihren Tisch heranzutreten.

Ariane schaut ein weiteres Mal auf. Diesmal strafend. Nutzt auch nichts.

Voll affektierter Empörung wirft Felix die im späten Lagerfeld-Look beringten Hände in die Höhe und gibt mal wieder die Mater dolorosa der Gay-Pride-Bewegung. Dabei ist Felix nicht einmal schwul, im Gegenteil. Er ist ein notorischer Schürzenjäger mit Hang zu ihrem weiblichen ukrainischen Aushilfspersonal. Felix ist der festen Überzeugung, dass es sich als Teilzeit-Walker einer renommierten Kunstmäzenin wie ihr und unter Malerfürsten, Galeristen und der dazugehörigen Groupie-Szene auszahlt, ja, geradezu gehört, homosexuelle Attitüden zu pflegen. Nicht auszumalen, was ihm – und noch schlimmer: ihr – blüht, wenn seine billige Scharade mal auffliegt. Einige ihrer liebsten – und tatsächlich homosexuellen – Galeristenfreunde haben ihr bereits zu verstehen gegeben, wie unerträglich degoutant sie Felix' Spielchen finden.

»Aber Schätzchen, ich flehe dich an: Schau dir meine Arbeit an, und gib mir das Go«, jammert Felix. »Denk an Amerika, New York, Manhattan! Wir müssen deine *credibility* als bedeutende deutsche Mäzenin im Web pushen, *bevor* wir 'rübergehen. Mein Video sollte dringend auf deine US-Homepage, wenn du in der New Yorker Szene Fuß fassen willst. Dazu wird es auf YouTube und anderen Videoportalen in Zukunft unsere Kamingespräche à deux über deine bemerkenswerte Sammlung geben und, nicht zu vergessen: Deine geplanten *charities*! Wohltätigkeit und gute Zwecke trenden derzeit gewaltig … *Post with a purpose* ist *das Ding*. Ganz Hollywood überschlägt sich in Sachen gute Taten. Du solltest das Thema Kunst irgendwie mit einem Fridays-for-future-Spin versehen oder mit was sonst gerade so ansteht, das wechselt ja beinahe täglich.«

»Felix!«, erhebt Ariane gegen ihre Gewohnheit die Stimme. »Nenne mich nie, *niemals* Schätzchen, verstanden? Setz dich, und halte den Mund, bis ich mit meinen Mails durch bin.«

»Und dann hörst du mich an?« Jetzt klingt er wie ein Vierjähriger, der um Lollis bettelt.

»Nur, wenn du dich wie ein erwachsener Mitarbeiter benimmst, den ich halbwegs ernst nehmen kann. Wer nicht professionell ist, fliegt bei mir, wie du weißt!«

Ihr Stiefenkel durfte in dieser Hinsicht bereits einige Kostproben miterleben. Vor allem, wenn es um weibliche Aushilfskräfte ging, die seinem babyblauen Blick – und seiner potenziell profitablen Verbindung zu ihr – nicht widerstehen konnten.

Felix zieht wieder eine Schnute, nimmt aber gehorsam auf einem Freischwinger vor ihrem Schreibtisch Platz. Ihm scheint eingefallen zu sein, dass er von ihr abhängig ist und nicht umgekehrt.

Endlich hat sie Zeit für ihren Posteingang.

Ah, Michael, ihr Stiefsohn von Gatte Nummer zwei, Galerist Eschberg, hat um sieben Uhr sechs was geschickt, also um ein Uhr nachts New Yorker Zeit. Der smarte, unermüdliche Michael – oder *Meikel,* wie sie ihn nach amerikanischer Manier gerne nennt – ist Gott sei Dank ein komplett anderes Kaliber als Dämlack Felix.

Rasch scrollt Ariane zu der Mail, klickt sie an, muss warten. Könnte an den vielen Anhängen liegen, die zu laden sind, und an dem Verschlüsselungsprogramm, das sie und Michael nutzen. Sie sind schließlich beide Profis.

Kurz kommt Freude in ihr auf. Vielleicht handelt es sich bei den Anhängen um bebilderte Exposees? Hoffentlich. Wäre an der Zeit, dass Michael, ihr Vermögensverwalter und Mann in Amerika, nach dem Hampton-Coup endlich gute Nachrichten wegen des New Yorker Apartments hat.

Die Aktienmärkte leiden momentan wirklich unter heftigen Turbulenzen, sind sehr volatil, wie Michael sagen würde. Zuletzt wirkte er aufgrund von Stress an der Wallstreet etwas inaktiv, wenn es um ihre Anliegen ging. Seine Großkunden, allesamt Multimilliardäre, gehen vor. Weshalb sie nun täglich selbst die Börsenkurse studiert, wovon Michael ihr dringend abgeraten hat.

Verdammt, seine Mail lädt immer noch!

Nun, womöglich ist es ihm gelungen, ein kleines Studio in Greenwich Village, Tribeca oder im Meatpacking District, dem angesagten Galerien-Revier, für sie aufzutun. Hauptsache Manhattan! Und dazu ihr Haus mit Meerblick nahe den Hamptons. Das darf natürlich etwas mehr kosten. Sie hat Michael nicht umsonst eine Verhandlungs- und Verkaufsvollmacht erteilt, um die millionenteure Kantereitvilla diskret an den Mann zu bringen. Sehr diskret, damit sie für die Hamptons ausreichend flüssig ist. Drei Interessenten gibt es schon, die nur noch auf ein solides Wertgutachten warten, um dann zuzuschlagen.

Na endlich, die Mail öffnet sich. Ariane van Endert überfliegt begierig die ersten Zeilen.

Wie bitte? Was soll denn das heißen?

Ariane runzelt verärgert die Stirn. Sie runzelt ihre Stirn gewöhnlich nur selten und wohldosiert. Der Falten wegen. Mit mimischer Disziplin – und Disziplin besitzt sie reichlich – kann man sich alberne Schönheitsoperationen ersparen, die Ariane für vulgär und weit unter ihrer Würde hält. Überdies ist sie mit guten Genen sowie straffer Haut gesegnet. Auch ihre Gemütslage und Gefühlswelt hat sie gewöhnlich fest im Griff. Doch jetzt schaltet ihr Herzschlag auf Galopp, gerät ihr Puls ins Stolpern. Diese Mail klingt besorgniserregend, um nicht zu sagen alarmierend, und sorgt für Schwindelgefühle.

»Geht's dir nicht gut, Schätzchen?«, meldet sich Felix, der Schmeichler, zu Wort. »Denk daran, du hast noch nicht gefrühstückt. Brauchst du ein Glas Wasser?« Er hebt eine Glaskaraffe auf dem Schreibtisch an, schwenkt sie affektiert.

»NEIN!« Sie wird ungern laut, aber wenn, dann richtig.

Felix schaltet dankenswerterweise auf Stumm, setzt klirrend die Karaffe ab. Noch einmal überfliegt Ariane Michael Eschbergs Mail. Er will umgehend noch mehr Geld von ihr, um – wie er schreibt – überraschend hohe Kursverluste am Aktien- und Anleihenmarkt wettzumachen.

Ein vom Markt *überraschter* Vermögensverwalter?

Das klingt übel. Und davon ganz abgesehen: Noch mehr Geld hat sie nicht. Jedenfalls nicht viel. Herrje, Michael weiß genau, dass sie ihm den Löwenanteil ihres Vermögens anvertraut hat! Anvertrauen musste. Aufgrund einer testamentarischen Verfügung seines Vaters, der nicht wollte, dass sie sich als Witwe mit der Verwaltung seiner erheblichen Hinterlassenschaft herumschlagen müsste. Zunächst war sie über diese Verfügung nicht eben begeistert, aber da Michael ihr Vermögen erstaunlich exzellent vermehren konnte, hat sie ihm schließlich auch den Verkauf der Villa und ihre anderen Gelder anvertraut. War das ein Fehler?

Arianes Magen knurrt und fährt schlingernd eine Runde Karussell. Der doppelte Espresso um sechs und ihre übliche Laufrunde auf nüchternen Magen durch den Park waren heute vielleicht doch etwas viel. Ach was, sie ist figurfreundliches Hungern gewöhnt! Ariane konzentriert sich ganz fest auf die Mail. Buchstabiert sie stumm nach.

Also: Michael will mit neuen Investmentideen die Performance ihres Portfolios absichern – siehe Anhänge. Darüber hinaus hat er ihr sonstiges Vermögen sicherheitshalber ganz in seine steueroptimierte Eschberg-Stiftung im Bundesstaat Delaware überführt und einen Bieterwettbewerb für ihre Kölner Villa zwischen einigen seiner potentesten US-Kunden angestoßen. Luxusimmobilien, egal wo – schreibt er –, seien momentan gefragt wie nie. Es fehle nur noch das Wertgutachten.

Himmel, das weiß sie selbst!

Er rät zum sofortigen Verkauf der Villa gegen Cash oder, noch besser, gegen eine als Spende getarnte Zahlung an die Stiftung. Die Mail ist in schrecklich seifigem und aufgeblähtem Börsenkauderwelsch formuliert, aber Ariane ist nicht dumm – im Gegenteil –, sie kann das spielend in Klartext übersetzen, wie sie sich schmeichelt.

Der Klartext klingt nicht gut. Sie scheint – von der Villa abgesehen – mächtig in der Bredouille zu stecken. Was sie der Mail und den Anhängen jedoch beim besten Willen nicht entnehmen kann, sind die Höhe ihrer Verluste und ihr exakter Kontostand in Amerika. Muss sie sich ernsthafte Sorgen machen?

Ariane wird kurz schwarz vor Augen. *Ruhig, nur ruhig*, befiehlt sie sich. Sie wird wohl kaum vor der absoluten Verarmung stehen.

Oder doch?

Längst versunkene Bilder von einem rußenden Kohlenofen und einer Wäscheleine quer durch die beengte, elterliche Küche gespannt, drängen sich auf. Dazu der Geruch von Bohneneintopf, billiger Nachkriegsmargarine, sonntäglichem Streuselkuchen und saurem Schweiß.

Ach was, Schluss damit, das ist in höchstem Maße lächerlich! Ariane kommt sich nur äußerst ungern lächerlich vor. Oder arm. Liebe Güte, das liegt doch Jahrzehnte hinter ihr. *Du hast schon ganz andere Krisen und Männer gemeistert*, ruft sie sich energisch zur Ordnung, *und du hast einen unbestechlichen Verstand, genau!*

Okay, die Aktienkurse schwanken derzeit heftig, das ist ihr klar. Die Börse ist ein wenig außer Rand und Band, es wird sogar vom großen Crash gemurmelt. Nicht zum ersten Mal, und Michael ist Profi, mehr als das. Wie man Geld rentabel parkt und in Amerika dank Charity-Projekten und Stiftungen Steuern umgeht, weiß er wie kein Zweiter. Weshalb seine Kunden auch in Krisen immer reicher werden. Was sie – mit beinahe siebzig Jahren und nach drei äußerst lukrativen Ehen – nur noch bedingt anstrebt.

Meine Ernte ist eingefahren, beruhigt sie sich. Eine stattliche Ernte. Gut, die Milliarde liegt außerhalb ihrer Reichweite. Leider musste sie die Erbschaften ihrer vermehrungsfreudigen Gatten stets mit deren Nachkommen aus früheren Verbindungen teilen, und die Verstorbenen hatten vor dem Ableben grotesk hohe Schenkungen und Immobilien-Überschreibungen an ihre Sippschaft veranlasst. Dennoch: Im satt zweistelligen Millionenbereich – die Villa Kantereit als ihr größtes Asset eingerechnet – liegt sie mittlerweile.

Sie hat Michael ausdrücklich angewiesen, eine konservative und streng defensive Anlagestrategie zu fahren. Sie will auf der sicheren Seite bleiben, sich nur noch einen, ihren amerikanischen, Traum erfüllen und die scheußliche, spießige Kantereitvilla hinter sich lassen. Abgesehen von ihrem Arbeitszimmer ist dieses Haus in ihren Augen ein Mausoleum des schlechten Geschmacks. Richtig begraben kommt man sich darin vor, und die Marienburger haben sie nie als eine der Ihren akzeptiert. Fünf Jahre Ehe mit einem Kantereit waren schlicht nicht genug für diese schnöselige Bande.

Gatte Nummer eins, der niederrheinische Küchenfabrikant, wäre auch nicht nach ihrem Geschmack gewesen: ein Emporkömmling, der mit Massenware für Versandhäuser seine Milliönchen gemacht hat. Und nach ihm der in Misskredit geratene Galerist und Auktionator Wolfram Eschberg – bei dem mehrere ihrer heutigen Nachbarn vor dem Skandal gern Kunde waren …

Pah, denen wird sie es auch noch zeigen! Von Missgunst

und Dünkel hat sie sich nur ein einziges Mal in ihrem Leben unterkriegen lassen, und damals war sie blutjung und dumm.

Kampflustig runzelt Ariane die Stirn.

Michael Eschberg sollte sich an ihre Anweisungen halten, sklavisch halten. Falls er mit ihrem Geldvermögen oder beim Hausverkauf volatilen Unsinn treibt, wird er sein blaues Wunder erleben. Sie kann ihn jederzeit feuern und ihm beträchtliche Unannehmlichkeiten bereiten. Das sollte, nein, muss, ihm als Sohn und Erben eines zwielichtigen Kunsthändlers, den nur der Tod vor dem Knast bewahrt hat, mehr als bewusst sein. Sie kennt mittlerweile die dunklen Seiten ihres verstorbenen Gatten Nummer zwei, ist über einige seiner Machenschaften im Bilde. Nicht umsonst will sie die Provenienz der letzten Kunstobjekte prüfen lassen, die sie von ihm geerbt hat.

Die eindeutig Zweifelhaften sind auf Nimmerwiedersehen in einem Banksafe verschwunden, aber sie kann sie jederzeit wieder hervorholen, der Welt präsentieren und eine gepfefferte Skandalbiografie über Wolfram Eschberg verfassen. Vielleicht sollte sie Michael Eschberg junior an all das höflich, aber im Klartext erinnern? Nur zur Sicherheit.

Ihr Blick gleitet kurz zu einer silbernen – zweifellos echten – Luxus-Tischuhr von Jaeger. Ein *objet d'art* nach ihrem Geschmack. Es ist ein Geburtstagsgeschenk ihres dritten Gatten – Josef Kantereit, der so langweilig wie verlässlich war und sich stets an ihre Anweisungen gehalten hat. In allem. Nun ja, in beinahe allem.

Arianes Gedanken schweifen kurz ab.

Seinen lästigen Bruder Klaus hätte er kurzhalten sollen, statt immer wieder in dessen Sozialprojekte und seltsame Verlierergestalten zu investieren. Es hat bei Klaus zu einem unschönen Gewöhnungseffekt geführt: Er will einfach nicht verstehen, dass wohltätige Stiftungen ein knallhartes, konkurrenzbetontes Geschäft sind, mitunter sogar ein sehr schmutziges. Was sie freilich nur am Rande interessiert. Sie spielt ja nicht in der ganz großen Liga mit.

Klar ist, dass Charity auch Einnahmen verlangt und Kosten verursacht. In den USA ist man im privaten Wohltätigkeitsmanagement entschieden weiter, da sind Charitys ein gigantisches Businessmodell. Ein Modell, das ihr Stiefsohn Michael gekonnt zum Wohle seiner hochvermögenden Klienten nutzt.

Erneut schaut sie zur Uhr.

Viertel vor neun. In New York ist es also etwa drei Uhr morgens. Um diese Zeit wird sogar Michael schlafen. Sie wird ihn in drei Stunden anrufen, um ihre Vermögenslage zu klären. Wird schon schiefgehen. Sie hat noch kein Mann um ihr Geld gebracht!

Ihr Blick gleitet ein letztes Mal zurück zum Bildschirm des iMacs. Entschlossen klickt sie die Mail weg. Sie weiß genug, und in der Ruhe liegt die Kraft. Hm, sie könnte Michael natürlich schon mal anmailen.

»Schlechte Nachrichten, Schätzchen?«, meldet sich aus dem Besuchersessel vor ihrem Schreibtisch Felix zu Wort. »Von deinem *Meikel?*«

Das *Schätzchen* muss sie ihm wirklich dringend abgewöhnen, fehlt nur noch, dass er sie als *Liebelein* tituliert. Jetzt allerdings fehlt ihr die Zeit für Erziehungsmaßnahmen, denn nun blinkt die von ihrem iMac gesteuerte Gegensprechanlage zur Hauptpforte. Ein unverkennbarer Summton zeigt an, dass jemand am Tor geklingelt hat. Welch willkommene Abwechslung!

»Erwartest du jemanden?«, will Felix wissen.

Ariane würdigt ihn keiner Antwort und schaltet per Mausklick ihre Smarthome-App und die Videoüberwachung auf Empfang. Das Gesicht einer jungen Frau mit exotischer Zopffrisur taucht auf dem Bildschirm auf.

Hm, das dürfte diese Fenja sein. Klaus' besonderer Schützling, eine Art Stieftochter oder eher Ziehkind obendrein, denn zu einer Adoption ist es Arianes Kenntnissen nach nie gekommen. Nun, diese Fenja ist ein überraschend hübsches Kind und angeblich bewandert in Kunst- und Architekturfragen. Noch dazu würde die Kleine – dank Klaus – die nunmehr sehr dringlichen Vorarbeiten für das Wertgutachten leisten, ohne dass es Ariane auch nur einen Cent kostet. Ein zügiger Begutachtungsprozess der letzten Eschberg-Kunstobjekte und der Villa könnten von eminenter Bedeutung sein, falls sie schneller als gedacht alles verkaufen muss.

Ariane zoomt vom Gesicht des Mädchens weg, stellt auf Ganzkörperbild. Sieh an, das Mädchen hat sogar so etwas wie Stil. Eine Art Bohemian Chic oder Boho-Look, wie man heute sagt. Sie trägt eine Hippie-Tunika in Ethnoprint, dazu eine Fransenweste – vermutlich secondhand – und Marlene-Hosen. Ebenfalls offensichtlich nicht neu gekauft. Nun, sie hat die Figur dafür, das zählt. Natürlich ist das ganz und gar nicht Arianes Stil – zu versponnen –, aber immerhin ein gelungenes Fashion Statement, wie es in französischen Künstlerkreisen um die Siebzigerjahre herum in Mode kam. Heute lieben diverse junge Hollywoodgrößen den Look. Zu ihren Zeiten, also in den frühen Achtzigern und somit in ihren reiferen Jahren, hat Romy Schneider sich gerne so gezeigt, und Romy Schneider hatte Klasse.

Kurz, mit dem Mädchen könnte sie sich in der Kunst-Szene durchaus sehen lassen. Zumal diese Fenja sehr schlank, fast überschlank ist. Ein weiteres Pro, denn Ariane ist selbst vom Typ Gazelle und der festen Überzeugung, dass man nie dünn genug sein kann.

Rasch drückt sie eine Taste der digitalen Gegensprechanlage, fragt nach dem Namen der Besucherin, der tatsächlich Fenja Frankowiak lautet. Sie betätigt den elektronischen Toröffner.

»Felix, nimm Frau Frankowiak bitte in Empfang, und bring sie in sagen wir …«, Arianes Blick streift erneut die Jaeger-Tischuhr, »in einer Viertelstunde zu mir herauf.«

»Wer ist diese Frau? Eine neue polnische Putze?«

»Nein, ganz sicher nicht! Und zu deiner Information: Fenja Frankowiaks Mutter war Russin.«

»Noch schlimmer. Hoffentlich keine Kommunistin.«

»Wohl kaum, ich spreche von deutschrussischen Wurzeln.«

Felix verzieht misstrauisch den Mund. »Fenja klingt aber nicht sehr russisch, eher … hm … holländisch oder skandinavisch oder so.«

»Fenja ist im Russischen eine Abkürzung für Feodora, und das bedeutet Gottesgeschenk«, belehrt ihn Ariane, die selbst über den Namen gestolpert ist und ihn per Google recherchiert hat.

»*Gottesgeschenk?* Geht's auch 'ne Nummer kleiner? Soll sie für dich arbeiten?«

»Ja.«

Felix' Blick bekommt etwas Lauerndes. »Als was?«

Sieh an, Felix scheint alarmiert, zeigt Anzeichen von Futterneid. Sehr gut, das wird seine Überheblichkeit ein wenig zähmen. »Teile und herrsche« ist und bleibt das verlässlichste Herrschaftsmotto. Darin hat sie Erfahrung.

»Du wirst es noch früh genug erfahren, und jetzt geh zum Tor!«

»Muss das sein?«, mault Felix. »Das kann doch jemand vom Personal machen, während ich dir meine sensationellen Clips zeige. Ich mache dich zum ultimativen Internethit, versprochen.«

Ariane antwortet mit einem vernichtend eisigen Blick, der Walnüsse knacken könnte: »Du *gehörst* zu meinem Personal, Felix, vergiss das nie.«

4.

Auf der Suche nach einem menschlichen Wesen, irgendeinem, wagt Fenja sich auf den asphaltierten Hauptweg durch den Park der Villa. So eindrucksvoll das Pförtnerhäuschen ist – bewohnt wirkt es nicht. Niemand war am Tor, um sie in Empfang zu nehmen, niemand hat auf ihr Klopfen an der Tür geantwortet.

Die scheinen sich ganz auf Videoüberwachung zu verlassen. Ob hier zwecks Tracing auch in den Bäumen Kameras hängen? Wäre ziemlich unheimlich. Lauernd hebt sie den Kopf. Nichts zu sehen. Genauso wenig wie von der Villa.

Zögernd trödelt Fenja voran, lässt neugierig den Blick schweifen. Das parkartige Grundstück, so stellt sie nach ein paar Gehmetern fest, ist weit weniger hübsch als das Pförtnerhaus. Hohe, dunkle Nadelbäume, dazu Zwergkiefern, Eiben und säulenförmig geschnittene Scheinzypressen geben ihm einen Friedhofscharakter. Ziemlich düster das Ganze. Wenig lebensfroh.

Die Rasenflächen sind makellos kurz gehalten und verdächtig unkrautfrei. Vermutlich dank reichlich Chemie. In den wenigen Beetstreifen, die sie passiert, gedeihen Langweiler wie Kriechwacholder, Fetthenne und Bodendeckerrosen. Fehlen nur noch die unverwüstlichen Eisbegonien.

Gärten sind zwar nicht Fenjas Spezialgebiet, aber so viel weiß sie über Landschaftsarchitektur: Hier hat jemand auf anspruchslose Bepflanzung geachtet, die mit wenig Wasser auskommt. Und an Gärtnern spart. Ob Josef Kantereit wirklich so überaus gut betucht war, wie sein Bruder Klaus behauptet? Oder musste er auf seine Ausgaben achten?

Blödsinn, korrigiert sich Fenja mit Blick auf ein Ensemble aus riesigen Roststahlskulpturen, die rechterhand eine kleine Lichtung schmücken. Sie bleibt stehen. Die Dinger sind zwar nicht nach ihrem Geschmack, aber eindeutig von Künstlerhand geschaffen. Die waren sicher nicht billig.

Verstohlen blickt Fenja sich um, dann betritt sie die Lichtung, um die Skulpturen genau in Augenschein zu nehmen und ihren möglichen Schöpfer zu erraten. Sie streckt die Hand nach dem Rostpelz eines der Objekte aus und schreckt zurück, als sich die Kirschlorbeerhecke hinter den Kunstwerken teilt und eine Gestalt in orangeroter Hose das Halbrund betritt.

Was ein Schocker! Der Kerl ist die Verkörperung schlechten Geschmacks und passt nicht recht zum Park und den Skulpturen. Oder gerade doch? Wer kennt sich schon mit megareichen Spinnern aus? Sie nicht.

Mit greller Stimme herrscht der Typ sie an: »Das ist nicht der Weg zur Villa, junge Dame. Wir mögen es gar nicht, wenn jemand unaufgefordert diese Lichtung betritt. Sie hätten beim Tor warten sollen.«

»Und wer ist wir?«, entgegnet Fenja flugs.

»Ariane van Endert und meine Wenigkeit, ihr Enkel«, stellt sich der zweibeinige Wachhund vor. Einen Namen scheint er nicht zu haben. Wahrscheinlich ist Enkel die Jobbeschreibung.

Nein, doch nicht, wie seine nächsten Worte beweisen. »Ich bin außerdem ihr persönlicher Assistent, zuständig für Frau van Enderts Öffentlichkeitsarbeit und ihre Social-Media-Präsenz als Kunstmäzenin.«

Dieser Clown mit Warholkrawatte ist ein klarer Fall von »Wer's dranschreibt, hat's nötig«, kombiniert Fenja. Menschen mit echtem Talent, welchem auch immer, können sich derartige Klamotten, Übertreibungen und Anmaßung erlauben, Menschen ohne Talent nichts davon. Deren Affektiertheit bestätigt dem aufmerksamen Betrachter einzig die Tatsache, dass sie Narren sind.

Falls dieser komplett misslungene Verwandte ihrer potenziellen Arbeitgeberin einen Vorgeschmack auf deren Charakter oder ihren Kunstgeschmack gibt, kann Klaus Kantereit die Sache mit dem Job bei Madame Ariane knicken, entscheidet Fenja. Davon mal abgesehen: Wie viele persönliche Assistenten braucht ein Mensch? Die Frau führt doch kein Unternehmen, die hat nur zu viel Geld und Geltungssucht.

Der schräge Enkel tätschelt eine der Skulpturen, als handele es sich um seinen Haushund. »Diese Werke sind ausgesprochen wertvoll.«

Ach was!

Mit einem Riesenschritt schiebt er sich zwischen sie und die rostigen Kunstwerke, gibt den Museumswächter. *Will dieses Hasenhirn damit andeuten, dass ich die zentnerschweren Dinger klauen könnte?*, ärgert sich Fenja. Womöglich in ihrer Umhängetasche?

Was sagt man dazu?

Nichts.

Verdammt, sie ist nicht ihr Vater. Wobei der sicher niemals Kunst geklaut hätte. Schon gar nicht die hier. Er hätte das komplette Ensemble für Schrott gehalten und keine Abnehmer dafür gekannt. Seine bevorzugten Hehler hatten mit Kunst nichts am Hut, und er auf seinem Gebiet nichts mit Rostlauben. Warnend zieht sie ihre gepiercten Brauen zusammen, reckt das Kinn.

Der Papageienclown hebt mit angewidertem Blick den Zeigefinger, deutet auf ihr Gesicht. »Kann man diese Dinger rausnehmen? Frau van Endert legt Wert auf ein ansprechendes Erscheinungsbild.«

Sagt ausgerechnet der!

»Welche Dinger?«, stellt Fenja sich dumm.

»Diese Ringe und Piercings in Ihren Augenbrauen. Ich hoffe, Sie sind nicht tätowiert. Also an sichtbaren Stellen. Wir verabscheuen Tattoos.«

Fenja schweigt vielsagend. Weder ihre sichtbaren noch ihre unsichtbaren Stellen gehen den Typen irgendwas an.

»Tja, da Sie schon mal hier sind«, sagt ihr Gegenüber endlich in herablassendem Ton, »können wir auch die Abkürzung nehmen, aber nur ausnahmsweise. Hier entlang.« Er entfernt sich nach links, teilt wieder die Lorbeerhecke und bedeutet ihr mit herrischer Geste, ihm zu folgen.

Widerwillig gehorcht Fenja der stummen Aufforderung und schlängelt sich hinter ihm durchs Geäst. Unfreundlich, wie dieser Rüpel nun mal ist, lässt er die Zweige einfach zurückschnappen. Einer trifft Fenjas Stirn wie ein Peitschenhieb.

Dieser geistige Bodenturner soll sich mal schön in Acht nehmen, denkt Fenja. Mit so einem wird sie als gelernte Kickboxerin und ehemalige Bauwagenbewohnerin mit links fertig und … Oha! Fenja stoppt abrupt ab. Das also ist die Villa.

Hm. Fällt stilistisch eindeutig unter architektonischen Eklektizismus und ist damit so was von Jahrhundertwende, dass man eine Sehstörung bekommt. Wer auch immer dieses Gebäude entworfen hat oder hat entwerfen lassen, wollte jede Menge Bau-Epochen zitieren und nachahmen. Das Ganze ist ein Parforceritt durch Romanik, sakrale Gotik, italienische Renaissance und dazu viel, viel uriger Heimatstil samt offenem Bruchstein, Fachwerk und Anleihen aus dem mittelalterlichen Burgenbau. Handwerklich und baulich wirkt alles sehr gut und ohne Scheu vor Mühe und Kosten ausgeführt, erkennt sie im Näherkommen, aber anmutig geht anders.

Nichtsdestotrotz ist dieses Haus ein interessantes Studienobjekt. Scheußlich interessant, sozusagen. Die Villa ist exzentrisch, zum Teil recht düster, dann wieder verspielt wie eine Sandburg à la Neuschwanstein aus ungelenker Kinderhand. Verglichen mit dem, was sie von Marienburg gesehen hat, wirkt sie allerdings fehl am Platz.

Noch interessanter findet Fenja die Frage, wer die ehemaligen und heutigen Bewohner dieses Palastes waren und sind. Zu dem, was Klaus ihr über seine grässliche Schwägerin mit kubistischem Kunstknall erzählt hat, passt die Villa jedenfalls nicht.

Genauso wenig wie ihr Adlatus, Laufbursche oder »persönlicher Assistent«, der sie mit einem gereizten »Geht das auch schneller!« zur Eile antreibt.

Felix ist eindeutig *bad karma*, selbst wenn sein Name *der Glückliche* bedeutet.

5.

Kantereit nestelt zum wiederholten Male das blöde Smartphone aus der Innentasche seines Jacketts, tippt Harrys Nummer ein und presst das Gerät ans Ohr. Viermal hat er es schon versucht – ohne Erfolg. Indianer Chingachgook ist wie so oft offline. Smartphones hält er für Teufelswerk, das es so gut wie möglich zu meiden gilt.

Ah! Diesmal springt nicht sofort die Mailbox an. Auf eine Antwort muss Kantereit trotzdem lange warten.

Wen wundert's? Harry ist wahrscheinlich mal wieder in seinem Gemüse unterwegs, in seinem liebsten Lebensraum – dem Wald – oder mit Forellenfangen oder Ziegenmelken beschäftigt oder mit was auch immer er in seiner geliebten Einöde im Schwarzwald so treibt, wenn keine Gäste oder Survival-Kurs-Teilnehmer zu betreuen sind. Vielleicht sammelt er gerade Zunderschwamm oder nimmt sich eine Auszeit in seiner Wigwam-Schwitzhütte. So was baut der sich ständig.

Oh, Glück gehabt. Harry meldet sich. Sein rau gebelltes »Hallo« verrät, wie ungern er beim Alleinsein gestört wird. Da kommt er ganz auf seinen legendären knorrigen Großonkel.

Kantereit grüßt zurück und kommt sofort zur Sache. »Hör zu, alter Knabe, könnte sein, dass ich mal wieder deine Hilfe brauche. Hast du in naher Zukunft Platz im Haus oder in deinen Blockhütten? Für ein paar spezielle Gäste?«

Die Antwort ist unwilliges Gebrumm und die Frage nach der Art der Besucher. Jetzt wird's brenzlig, aber das hält Kantereit nicht ab. »Es handelt sich um einen ehemaligen Pianisten, den ein Schlaganfall vor fünf Jahren aus der Bahn geworfen hat, und eine gelernte Buchhalterin vom Typ einsames Mauerblümchen, Riesenherz, die wandelnde Hilfsbereitschaft, aber bedenklich bescheiden«, erklärt er. »Leider hat sie nach zwei Todesfällen vor zwei Jahren mal Dummheiten mit Schlaftabletten gemacht. Eine reine Verzweiflungstat, kleine Altersdepression, sie ist eigentlich keine suizidale Persönlichkeit. Man muss ihr einfach auf die Sprünge helfen, sie braucht wohlwollende Gesellschaft und eine Aufgabe. Bei dir gibt es doch immer was zu tun.«

Harry wirkt wenig begeistert, hat nur eine Frage. Seine Standardfrage.

Kantereit kennt sie. Tja, hat wenig Sinn, dem alten Freund in dieser Hinsicht etwas vorzugaukeln. »Nein, keiner der beiden verfügt – meines Wissens – über Erfahrungen im Gemüseanbau, Kenntnisse in Viehpflege oder handwerkliches Geschick, aber ich nehme an, Dagmar Pöpsel ist eine annehmbare Köchin und exzellente Hausfrau.«

Außerdem ein Fan von Rüschenkissen, Porzellan-Nippes, Duftkerzen aus Ein-Euro-Shops und Kühlschrankmagneten mit zweifelhaften Sinnsprüchen à la »Wenn dir das Leben Zitronen gibt, mach Limonade daraus«, wie er bei Hausbesuchen feststellen musste. Ihn selbst hat sie mit solchem Krimskrams auch schon reichlich beschenkt. Aber das behält er Harry gegenüber besser für sich. »Sie räumt sehr gerne auf«, preist er Dagmar Pöpsel stattdessen an.

Was der Wahrheit entspricht, im Abstauben und Ordnen ihrer Tinnefsammlung ist Dagmar Weltklasse, das muss man ihr lassen.

Harry knurrt was von wegen, bei ihm gebe es nichts aufzuräumen. Jaja, der liebt es verwildert wie der Bilderbuch-Petterson mit seinem Kater Findus. Nur dass Harry der Herr eines struppigen Wolfshundes ist.

»Ach, komm schon, in einer reinen Männerwirtschaft gibt's immer was aufzuräumen«, kontert Kantereit aufgeräumt. »Sie könnte auch deine Bohnen und Erbsen zählen oder Vorratslisten anlegen und deine Werkzeuge katalogisieren. Frau Pöpsel war Buchhalterin im väterlichen Betrieb, und der hat Nägel und Schrauben verkauft. Da muss man bei der Bestandsaufnahme sehr präzise sein.«

Wenig begeistertes Schweigen ist Harrys Antwort.

Zeit, seinen letzten Trumpf auszuspielen.

»Hör mal, mein Bester, ich kann dir nicht immer mit einem Alleskönner wie dem einäugigen Ricardo dienen. Habe selten einen handwerklich so talentierten Burschen erlebt. Was macht übrigens sein Auge? Und wie macht sich der Junge insgesamt?«

Wie steht es um seinen ehemaligen Hang zu Rumtreiberei und bewusstseinserweiternden Drogen?, fügt Kantereit im Stillen hinzu. Er ist sich sicher, dass Ricardo diese Phase seiner Jugendsünden längst abgeschlossen hat. Die Sache mit seinem Auge dürfte ein letzter Weckruf gewesen sein.

Harry wird gesprächiger – für seine Verhältnisse – und ist voll des Lobes.

Klaus Kantereits Stimmung hebt sich. Wusste er's doch. Der Junge ist in sämtlichen Belangen auf dem Weg der Besserung. Aus dem kann noch was Großes werden. Also was Gutes. »Aha, klingt erfreulich, äußerst erfreulich«, kommentiert er laut. »War mir klar, dass Ricardo für dich Gold wert ist. Zumal er nicht zu Schwatzhaftigkeit neigt.« Um nicht zu sagen: Er ist stumm wie ein Grab oder ein ganzer Friedhof. »Ich würde sagen, du bist mir für die Vermittlung dieses Prachtjungen einen Gefallen schuldig.«

Erneutes Gebrumme.

»Nun hab dich nicht so. Herr Feining und Frau Pöpsel sind

hochanständige, liebenswerte Menschen, die es in letzter Zeit unverdient schwer hatten. Dagmar musste wie gesagt zwei Todesfälle verkraften, erst die Mutter, dann der Partner, beide waren zuvor jahrelang Pflegefälle. Frau Pöpsel und Herr Feining würden sehr von der Umgebung bei dir profitieren, könnten aufblühen und gedeihen … äh, wie deine sagenhaften Kürbisse … Jaja, ich weiß schon, die haben momentan nicht Saison.«

Harry beginnt, Forderungen zu stellen – wie nicht anders zu erwarten.

»Natürlich käme ich mit! Schon, um Ricardos Heilungsprozess zu kontrollieren … Nein, nicht für immer.« Da sei der Teufel vor. Er ist ein überzeugter Stadtmensch, kein Landei, auch wenn Harry ihm immer und immer wieder einen Anteil am Sonnenhof schenken will. »Ich komme nur vorübergehend, zudem werde dich und dein einzigartiges Projekt mit einer großzügigen Spende bedenken.«

An diesem Punkt stellt Harry wie immer auf stur und heftigen Widerstand. Eine Frage der Ehre. Geld ist nicht sein Ding, aber schlussendlich gibt er im entscheidenden Punkt nach. Ebenfalls wie immer. So ist er eben, der alte Schamane. Die Rettung verlorener Seelen reizt den ollen Medizinmann verlässlich, und sei es nur aus Freude an Experimenten mit seinem indianischen Budenzauber.

In Kantereits schulmedizinischen Augen grenzen Harrys Fertigkeiten, seine gelegentliche Hellfühligkeit und seine Rituale zwar hart an Hokuspokus. Ein weiterer Grund, weshalb er es ablehnt, zu ihm zu ziehen und ein Teil des Sonnenhofteams zu werden. Nun, immerhin sind Harrys ungewöhnliche Methoden mitunter von Erfolg gekrönt. Siehe Ricardo.

»Wann können wir kommen?«, hakt Kantereit nach. »Mhm, mhm, aha … Ende Mai? Danke, bist der Beste, alter Plattfußindianer.«

Harry unterbricht mit einer weiteren Forderung.

»Muss ich wirklich?« Kantereit zögert. »Okay«, knurrt er dann, räuspert sich kurz und verabschiedet sich wie in fernen Kindertagen mit einem Kriegsschrei zu Ehren eines berühmten Apachen-Häuptlings: »GERONIMO!«

So was von albern.

Neben dem Mercedes gerät vor Schreck ein Jogger mit gegeltem Silberhaar und in adretten Gucci-Trainingshosen ins Stolpern. Verdammt. Kantereit entschuldigt sich wortreich, der Jogger trabt mit angewidertem Blick wieder an.

Harrys Reaktion hingegen ist grollendes Gelächter. Muss der ihn immer mit dem Geronimo-Quatsch aufziehen? Leicht verärgert drückt Kantereit das Gespräch weg und rückt seine Krawatte zurecht.

Wie auch immer. Harry ist und bleibt der Beste. Es gibt keinen auf der ganzen Welt, mit dem er so offen reden kann und der ihm so treu zur Seite steht. Es gibt nichts, was sie einander nicht anvertrauen könnten. Es ist ein großer Segen, im Alter noch Freunde aus der Kindheit zu haben. Menschen, die einen unverstellt und ohne die Maske kennen, die das Erwachsenwerden jedem Menschenkind aufzwingt, sobald es den Windeln entronnen ist. Freunde, mit denen man voll naiver Freude Wettpinkeln und Autoquartett gespielt, Flitzebogen geschnitzt und Parkwächtern die Uniformjacke geklaut und im Teich versenkt hat.

Gäbe es Harry nicht, denkt Kantereit gerührt, *hätte ich weder mein Elternhaus noch die harten ersten Monate nach Elenas Tod verkraftet.* Und vieles andere auch nicht. Was spielt es da für eine Rolle, dass Chingachgook manchmal ein verdrehter Spinner ist?

Natürlich wollte Harry auch jetzt von Dank nichts wissen, wollte der nie. Die großzügige Spende will er auch nicht nehmen, er kriegt sie selbstverständlich trotzdem. Da gibt es immer Mittel und Wege. Und sei es, dass er ihm einen neuen Traktor spendiert.

Genug der Rührseligkeit. Kantereit runzelt zweifelnd die Stirn. Ende Mai als frühester Anreisetermin für seine Notfälle ist schlecht. Bis dahin sind es noch zwei Wochen. Zu viel für seine Sorgenkinder. Er wird für die beiden eine Zwischenlösung finden oder bei Harry mehr moralischen Druck aufbauen müssen.

Feining trennen nur wenige Tage von der Zwangsräumung, das wäre der Untergang für seine Künstlerseele, und die herzensgute Dagmar Pöpsel muss sehr dringend unter Menschen, irgendwo mitanpacken dürfen, ein Projekt haben, sonst wird sie verrückt vor Einsamkeit oder schreitet erneut zu einer dummen Verzweiflungstat.

Vor zwei Tagen hat er entdeckt, dass sie ein paar überschüssige Insulinampullen aus der Behandlungszeit ihres diabeteskranken Freundes gehortet hat. Genug, um sich in Richtung Himmel zu verabschieden. Wo sie noch lange nicht hingehört.

Dagmar Pöpsel ist weit cleverer, im Sinne von herzensklug, als man auf den ersten Blick erkennt. Sie hat noch viel zu geben, und noch mehr hat sie es verdient, all das zu bekommen, was sie sich ein Leben lang vergeblich ersehnt hat: echte Anerkennung, freundliche Gesellschaft und – falls irgend möglich – aufrichtige Zuneigung und Liebe. Egal, in welcher Form.

Kantereit seufzt. Vor nur einem Jahr wäre es kein Problem für ihn gewesen, Dagmar einige Möglichkeiten in dieser Richtung zu eröffnen. Ein Anruf bei Josef hätte genügt, und sein älterer Bruder hätte Gelder aus der Sozialstiftung Kantereit des längst verblichenen Kommerzienrats zur Verfügung gestellt. Der Rest wäre Klaus dann schon eingefallen. Ihm fällt immer etwas ein.

Josef hätte das Geld natürlich nicht wegen eines ausgeprägt sozialen Engagements oder gar aus Mitgefühl lockergemacht. Nein, Josef plagte lebenslang – zumindest in Ansätzen – ein schlechtes Gewissen ihm gegenüber, dem jüngeren Bruder, der leer ausgegangen war. Josef junior konnte sogar doppelt erben, nachdem ihr Vater, Josef senior, seinen Sohn Klaus enterbt hatte.

Kantereit schnaubt verächtlich. Allein wegen seiner Absicht, Medizin zu studieren und Hausarzt zu werden, hat sein extrem dünkelhafter Vater ihm jede Unterstützung entzogen. Zumal Klaus' glühend verehrtes Vorbild Andreas Gottschalk hieß und immer noch heißt: ein Kölner Arzt, der es Mitte des 19. Jahrhunderts als Sohn eines jüdischen Schächters zu einem Helden der Märzrevolution und zum Vorkämpfer für die beginnende Arbeiterbewegung brachte. Ein Mann, der alles gab, um dem einfachen Volk zu helfen, der es – trotz gewisser Sympathien – wagte, einem Karl Marx entgegenzuschleudern: »Das Elend des Arbeiters, der Hunger des Armen hat für Sie nur wissenschaftliches, doktrinäres Interesse«, und der schließlich 1849 in Ausübung seiner zermürbenden Tätigkeit in Kölns Armenvierteln einer grässlichen Choleraepidemie erlag, die zehntausend Kölner jämmerlich verrecken ließ.

Aber was zählten solche Histörchen für seinen Vater. Praktische Ärzte, erst recht ein verirrter Spinner wie Gottschalk, gehörten in dessen Augen zum niederen Fußvolk. Klaus, sein Sohn, hätte schon den Ruhm eines Professor Sauerbruch oder eines Professor Barnard erlangen müssen – natürlich aus dem Stand –, um diese Scharte ein wenig auswetzen zu können. Das war Klaus Kantereit nicht gegeben. Er hatte nur das Zeug zum soliden Feld-, Wald- und Wiesenarzt und zum Kümmerer. Aber das aus Überzeugung und von Herzen.

Mit grimmigem Blick lässt Kantereit das Smartphone in

seine Jackentasche zurückgleiten. Wie auch immer. Josefs alte Kantereit-Stiftung kann er vergessen. Die leitet mittlerweile Ariane. Und die hat sie umbenannt, auf irgendwas mit Kultur getrimmt und mit Hilfe ihres Vermögensverwalters nach Amerika verlegt. Der beträchtlichen Steuerersparnisse wegen. Was sonst.

Der gute Zweck dürfte vor allem sie selbst sein. Über ihre sogenannte Stiftung wird sie immense angebliche Reisekosten, Spesen, Galeriemieten, Künstlerstipendien und weiß der Teufel was sonst noch abrechnen. Verdammtes Weibsbild! So was bringt ihn zur Weißglut.

Juristisch kann er Ariane wegen Michael Eschbergs kreativen, allenfalls moralisch zweifelhaften Anlagestrategien nicht viel anhaben. Zumal ihm das Geld fehlt, um eine Armada von Topanwälten gegen die ihren in die Schlacht zu schicken.

Nein, er wird sich anders behelfen und zu Finten greifen müssen, um Arianes Hilfsbereitschaft zu aktivieren. Er hat da schon einige Ideen, darunter ein paar ziemlich abwegige und – zugegeben – ziemlich miese. Aber nun, wie heißt es so schön: Drastische Zeiten erfordern drastische Maßnahmen. Moralisch zweifelhafte, skrupellose Kreativität ist nicht allein Arianes Domäne.

Der Kantereit in ihm kann so was auch.

6.

Herb, arrogant, offensichtlich herrschsüchtig und kalt wie ein Eisfach. Das ist Fenjas Eindruck von Ariane van Endert, als sich die Tür des Arbeitszimmers hinter ihr schließt. Wie eine sehr schmale, sehr strenge Statue sitzt sie hinter ihrem gläsernen Schreibtisch, ist in ihren Computer vertieft.

Die Eiskönigin ist mit ihrem Pixi Cut und ihrem schmalen schwarzen Hosenanzug zum weißen Button-Down-Hemd ebenso minimalistisch und teuer gestylt wie ihr Arbeitszimmer. In dem Fenja das Frieren überkommt.

Ganz verloren und ausgesetzt fühlt sie sich, so mitten im Raum stehend und im Wartemodus. Ariane van Endert hat sie mit einem homöopathischen Nicken mehr registriert als begrüßt und sofort wieder vergessen.

Fenjas Augen durchflitzen das riesige Arbeitszimmer. Die Möbel zählen vom Stahlrohr-Schreibtisch mit Glasplatte bis hin zu den Sitzobjekten allesamt unter die Designklassiker, einige davon dürften astronomisch teuer sein – so es Originale sind –, aber man kann es mit der Liebe zu farblosem Purismus auch übertreiben, findet Fenja. Warum ist Madame van Endert so sehr darauf bedacht, ihre eigene Persönlichkeit zu verstecken?

Fenjas Blick wandert zur Fensterfront. Sie ist zum Park ausgerichtet, mit hellen, bodentiefen Leinenrollos abgeschottet und verwehrt jeglichen Blick ins Grüne. Die rote Blume auf Frau van Enderts Schreibtisch macht die Umgebung nicht anheimelnder. Sie sieht aus, als sei sie aus Wachs.

Wie heißt das Zeugs noch mal?

Fenja kennt es nur als »Bäh-Blume«, und in der Tat erinnert das Gewächs an eine blutrote, herausgestreckte Zunge mit einem riesigen, pickligen grünen Dorn in der Mitte. Für Fenja ist es eine Kranz- und Friedhofsblume, die prima in den Park passen würde. Nun ja, die Bilder an den Wänden sind besser, und –

»Danke, dass Sie gekommen sind«, wendet sich Ariane van Endert flüchtig von ihrem Bildschirm – einem schneeweißen iMac, was sonst – ab und ihr zu. »Bitte nehmen Sie dort in der Sitzecke Platz, ich bin gleich bei Ihnen.«

Das war's dann aber auch schon mit der Begrüßung. Ariane van Endert klickt wieder auf ihrer silbernen Tastatur herum. Gott, die kann die Tasten im Galopp bedienen! Wird wohl daran liegen, dass sie laut Klaus Kantereit zu Beginn ihrer Ehekarriere kurz als Chefsekretärin bei einem Küchenfabrikanten gearbeitet hat. Dann hat sie den Firmenchef geheiratet. Ihren *ersten* Chef, wohlgemerkt.

Fenja lässt sich in einen Stuhl mit hoher schalenförmiger Mahagonilehne und schwarzem Lederpolster sinken. Ziemlich unbequem, das Ding, nichts zum Rumlümmeln. Immerhin ist es ihres Wissens eines der berühmten Costes-Modelle des französischen Stardesigners Philippe Starck, Liebling der Reichen und Mächtigen. Ob es tatsächlich ein Original ist? Diskret befühlt Fenja das rotbraune Holz. Mmh, das immerhin ist echt. Noch dazu handelt es sich um Mahagonivollholz und ist somit sauteuer.

Ariane van Endert lässt sie warten. Und warten …

Ein Einschüchterungsmanöver?

Ja, diese Frau ist eindeutig auf Dominanzgesten bedacht. Ihren angeblichen Assistenten Felix hat sie, als er mit Fenja den

Raum betreten wollte, mit einem verächtlichen Handwedeln wie einen lästigen Vertreter von der Türschwelle verscheucht. Nach Respekt oder großmütterlicher Liebe sah das nicht aus.

Mit mir kann sich Madame Endert solchen Firlefanz sparen, beschließt Fenja, eine Unverschämtheit zu viel, egal, wie winzig, und sie ist weg. Basta. Aber nun, ein Gespräch wird sie mitnehmen, denn irgendetwas – Fenja ist sich nicht sicher, was – reizt sie an dieser Frau und der Umgebung.

Lastende Stille beherrscht den Raum. Für Abwechslung sorgen einzig drei Stubenfliegen, die unter der hohen Zimmerdecke und rund um einen futuristischen Kronleuchter Fangen spielen. *Wenigstens so etwas Ähnliches wie Leben in diesen heiligen Hallen der Kunst*, denkt sich Fenja und widmet sich dem Insektenstudium. Die Brummer fliegen im spitzen Winkel hin und her, schlagen ständig andere Richtungen ein, fliegen vor und zurück, surrend und ohne Unterbrechung.

Ein unüberhörbar missbilligender Laut lenkt Fenja vom Fliegensummen ab und ihren Blick zurück zum Schreibtisch. Ohne vom Bildschirm aufzublicken, zischt Ariane »*Mail delivery failed*? Wieso das?« in den Raum. Oha, so dominant wirkt die schwarze Domina der Kunstszene mit einem Mal nicht mehr. Es wird noch besser.

»Ich bring ihn um«, murmelt Ariane van Endert. Ihre Stirn ist für Sekunden voller Steilfalten, die an Zackenblitze erinnern. Ihr am Bildschirm klebender Blick verrät echte Mordgelüste. Voll Wut klickt sie immer und immer wieder auf der Maus herum. Wiederholt offenbar den Versuch, eine Mail zu versenden, und gibt nur widerwillig auf.

Was ist da los? Ärger mit dem Computer oder was Ernstes?

Na, sie wird den Teufel tun und nachfragen. Ariane van Enderts Zorngewitter soll sich nicht über ihr entladen. Noch bekommt sie schließlich keinen Cent fürs Hiersein.

Ariane van Endert fängt sich unter Mühen. Gönnt sich allem Anschein nach eine kurze Atemübung. Ihre Miene glättet sich, wird zur vollendeten Maske, als sie aufblickt und ihre Augen auf die Besucherecke und Fenja lenkt. Oha, die kann nicht nur andere, sondern auch sich selbst beherrschen.

»Sie sind also Fenja Frankowiak?«, fragt Ariane van Endert forsch.

Fenja nickt knapp.

Ariane zieht ein Blatt aus einer Mappe, studiert es kurz. »Vierundzwanzig Jahre alt, steht hier. Etwas jung für ein vollendetes Architektur- und Kunstgeschichtsstudium, will mir scheinen.«

Mist! Hat Klaus Kantereit etwa behauptet, sie habe bereits einen Abschluss? Immer diese Halbwahrheiten.

»Ich bin im neunten Semester«, erwidert Fenja. Was auch nicht ganz der Wahrheit entspricht, schließlich hat sie die Uni geschmissen. Ein Architekturstudium ist – schon wegen der Materialkosten – verdammt noch mal zu teuer, um es mit Bafög, Kellnern, Putzen oder Tellerwaschen in der Uniklinik zu finanzieren. Und ohne die gütige Beihilfe von Klaus, dem Lügner. Von dem wird sie nie wieder auch nur einen Cent annehmen.

»Neuntes Semester, soso, und Sie wohnen in – Moment mal – Köln-*Kalk?*« Ariane van Enderts Lippen schürzen sich unwillkürlich, als habe sie auf etwas sehr Saures gebissen. Sie hebt zweifelnd die Brauen.

»Ich bin dort geboren und aufgewachsen«, trotzt Fenja auf.

»Kalk«, wiederholt Frau van Endert betont sachlich. »Interessantes Viertel, über das man so einiges hört. Gewöhnlich nichts Gutes.«

Jaja, etwa polizeiliche Meldungen und die gute alte kölsche

Spruchweisheit: »Das allergrößte Pack der Welt kommt aus Nippes, Kalk und Ehrenfeld.«

»Und ihre Mutter war …«, Arianes Augen fahren suchend über das Blatt mit ihren Daten, »eine Kioskbetreiberin? Hm.«

»Da mein Geburtsviertel oder die Tätigkeit meiner Mutter offenbar Ausschlusskriterien sind, gehe ich dann mal.« Erzürnt greift Fenja nach ihrer Umhängetasche, will sich erheben. Das muss sie sich nicht geben.

»Nicht so voreilig, junge Dame«, hält Ariane sie zurück. »Ich bin noch nicht fertig. Kommen wir zu Ihren Fähigkeiten.« Sie weist mit spitzem Finger auf eines der kubistischen Stillleben an der Wand zu ihrer Rechten. »Können Sie mir sagen, von wem dieses Gemälde stammt? Oder es wenigstens ungefähr einer Entstehungsepoche zuordnen?« Ihre Augen glitzern genüsslich. Sie erinnert an eine Raubkatze, die leichte Beute wittert. Keine Frage, Ariane van Endert rechnet mit einem Patzer oder Totalversagen.

Fenjas Zorn wächst. Für wie blöd hält diese arrogante Ziege sie?

»Es handelt sich um ein kubistisches Frauenporträt der russischen Avantgardistin Ljubow Popowa, geboren 1889 bei Moskau. Studiert hat sie in Paris, vor allem im Stil des Kubofuturismus und Konstruktivismus gearbeitet. Da Popowa mit fünfunddreißig Jahren an Scharlach verstarb, ist ihr Oeuvre überschaubar, und ihre Werke sind heute kaum erschwinglich, aber das Bild dort ist natürlich nur eine Kopie. Sind wir *jetzt* fertig?«

Nimm das, du Schreckschraube! Fenja greift nach ihrer Umhängetasche.

Ariane hebt lässig die rechte Hand. »Nicht so eilig. Wo hängt das Original?«

Die hält sie echt für strohdumm! »Hier in Köln«, knurrt Fenja. »Im Museum Ludwig.«

»Und wie gefällt Ihnen das Bild?«

»Gut«, muss Fenja zugeben. Die Popowa war ein seltenes, sehr eigenständiges Talent und ihr früher Tod eine Tragödie. »Es war das Lieblingsbild meiner Mutter«, setzt sie trotzig hinzu.

Ariane legt das Blatt zurück in die Mappe, klappt sie zu. »Danke, das reicht. Sie sind engagiert.«

Wie bitte? Was soll das? Das war doch kein Bewerbungsgespräch.

Für Ariane van Endert anscheinend schon. »Allerdings werden Sie sich zunächst nicht mit Kunstwerken, sondern mit der Villa und ihrer Bau- und Architekturgeschichte beschäftigen. Die Vorbereitung des Wertgutachtens geht im Moment vor und –«

Der Summton eines Smartphones unterbricht Ariane. Sie bedeutet Fenja zu bleiben, drückt auf Empfang, lauscht kaum auf die Begrüßung, bellt ein »Hi, Tracy« ins Gerät und schließt eine Schimpfkanonade, gefolgt von einem Bombardement wütender Fragen an: *»What's happening at your place? My mails are returned! Where is Michael? Not in New York? Why? He must be …«*

Der bedauerlichen Tracy gelingt es, ihre wütende Gesprächspartnerin – oder eher Gesprächsgegnerin – zu unterbrechen. Ihre Worte lassen Ariane schlagartig verstummen. Und erbleichen. Ihr Gesicht wird mit einem Mal furchtbar schmal, dann faltig und aschgrau. Scheint so, als hätte Ariane van Endert ihre Meisterin gefunden. Wer auch immer diese Tracy ist.

Ein klapperndes Geräusch unterbricht Fenjas Gedankenfluss.

Scheiße, Scheiße, Scheiße.

Ariane van Endert ist das Handy entglitten und ihr Gesicht, und eine Sekunde darauf bricht sie vor Fenjas Augen am Schreibtisch zusammen, gleitet leblos wie eine Lumpenpuppe vom Stuhl.

Mit drei Sätzen ist Fenja bei ihr. Das sieht nicht gut aus, gar nicht gut. War das ein Herzinfarkt? Ariane van Endert atmet noch, aber, verdammt!, sie braucht Hilfe. Sofort. Und Fenja weiß auch, wo sie die herbekommt.

Rasch klaubt sie das Smartphone vom Glastisch, drückt das Ferngespräch aus den USA weg und tippt Kantereits Nummer ein.

Klaus geht sofort ran. Ein Satz genügt. »Bin in einer Minute da«, teilt er Fenja mit.

»Was kann *ich* tun?«, will die wissen.

»Händchen halten«, weist er sie an.

Meint der das ernst? Fenja hört eine Wagentür knallen, dann ist das Gespräch weg. Schon praktisch, so ein Arzt direkt vor der Haustür. Sie kniet sich neben Ariane. Ob sie deren Kopf anheben und in ihren Schoß legen darf? Die Frau sieht so furchtbar elend aus. *Nein, besser nicht*, entscheidet sie, aber ein wenig streicheln kann gewiss nicht schaden.

Sehr behutsam streicht Fenja über den linken Arm der Bewusstlosen. Gute Güte, wie verletzlich und zerbrechlich und anrührend Ariane van Endert mit einem Mal aussieht. Und so schmal, fast so schmal wie ein Kind – oder wie ein Vögelchen, so zart sind ihre Schlüsselbeinknochen.

Auf dem Schreibtisch summt es. Es summt immer wieder.

Egal, sie hat hier genug mit dem Streicheln zu tun. Fenja muss einen Kloß im Hals und aufsteigende Tränen wegschlucken. Nein, nein, nicht wegen Ariane. Sie kennt sie doch kaum. Und sie mag sie nicht. Nur, genau so hat Elena, ihre

Mutter, kurz vor ihrem Tod ausgesehen. Und der hat Fenja das Herz gebrochen. Ganz gleichgültig, wie wütend sie zuletzt auf ihre verstorbene Mutter war.

Beinahe so wütend wie auf Klaus Kantereit, der in diesem Moment ins Zimmer stürzt. Mit dem reichlich abgenutzten Satz: »Lassen Sie mich durch, ich bin Arzt.« Er fügt ein aufgebrachtes »Sie dämlicher Lackaffe« hinzu.

Erleichtert springt Fenja auf, dreht sich zur Tür. Kantereit rast mit einem Notfallkoffer in der Hand auf sie zu, schiebt sie beiseite, kniet sich neben Ariane hin und beginnt so zügig wie professionell mit Rettungsmaßnahmen.

Im Türrahmen lungert Felix herum. *Das also war der »dämliche Lackaffe«, der Kantereit aufhalten wollte*, kombiniert Fenja. Hinter Felix haben sich drei, vier verschüchtert bis alarmiert dreinschauende Personen in Arbeitskluft und Schürzen versammelt, vermutlich Hausangestellte.

Scheint ganz so, als habe Felix draußen die ganze Zeit den Türsteher und womöglich den Lauscher an der Wand gegeben, aber erst eingegriffen, als Klaus Kantereit aufgetaucht ist. Und das nicht zum Wohle der Patientin. Er wollte den Arzt *aufhalten*.

Fenjas Stirn runzelt sich vor Wut. War ihm der Zusammenbruch seiner Großmutter, okay: Stiefgroßmutter, völlig egal?

Oder vielleicht sogar willkommen?

Das wäre ein Verbrechen oder zumindest ein heimtückischer Fall von unterlassener Hilfeleistung. Fenja nimmt sich vor, später mehr darüber herauszufinden. Oh ja, das wird sie.

Sie hasst jegliche Form von Verlogenheit und Heimtücke.

7.

Was für ein seltsamer Fall von Déjà-vu, sinniert Klaus Kantereit. Wieder nähert er sich in einem Wagen dem Ulmenquartett am Ende der Marienburger Villenstraße. Genau wie eine Woche zuvor. Na ja, nicht ganz genau so. Diesmal ist er als Beifahrer in einem Großraumtaxi unterwegs und wird von zwei weiteren, ausgesprochen mitteilungsfreudigen Fahrgästen begleitet.

»Nicht zu fassen, wie schöööön das hier ist! So vornehm. Wie für Königs. Oh, und da ist ein Dackel. Ein echter Dackel. Gott ist *der* niedlich. Wink mal mit der Pfote, Kasimir«, tönt und kiekst es in hoher Tonlage direkt hinter ihm.

Etwas gedämpfter und in Moll werden Kommentare von schräg links vorgetragen: »Verstehe nicht, dass es hier kaum Komponisten-Straßen gibt. Eine Goethestraße ist ja gut und schön, aber kein einziger Musiker? Hört hier niemand Beethoven, Schubert, Bruckner? Nicht mal Chopin?«

Dackelfan Dagmar Pöpsel und Musikenthusiast Bert Feining, der ganz wider seine Natur heute recht gesprächig ist, okkupieren die Mittelbank. Die Rückbank ist komplett ausgebaut. Sehr zum Ärger des Taxifahrers, der sich diese Ad-hoc-Maßnahme kurz vor der Abfahrt in Köln Kalk teuer hat bezahlen lassen.

»Bin doch kein Umzugsunternehmen!«, hat er gewütet, bis Kantereit ihm einen knisternden Hunderter in die Hand gedrückt hat. Ziemlich fürstlicher Stundenlohn, zumal dem Droschkenkutscher eine Schar herbeigeeilter Nachbarn die Schlepperei von Koffern und Kartons abgenommen hat. Für umme, also kostenlos. Genauso kostenlos, wie Kantereit einige von ihnen schon behandelt hat.

Der vergrößerte Stauraum war dringend nötig. Dagmar Pöpsel konnte sich nicht von mehreren Kartons voll Nippes und ihrem Therapiehund – einem lebensgroßen Stoffhund namens Kasimir – trennen und Bert Feining nicht von seiner Stereoanlage samt umfangreicher Schallplattensammlung. Hinzu kommen riesige Kleiderkoffer, eine Stehlampe mit Troddelschirm und weiterer Trödel, den beide für unentbehrlich für ihr Lebensglück halten. Tja, wer einsam ist und arm, hängt sein Herz eben gern an vertrauten Krempel, weiß Kantereit. Oder Stoffhunde. Eigentlich hatte er Dagmar Pöpsel zu einem lebendigen Hund aus dem Tierheim geraten, aber vor echten Hunden hat sie Angst.

Der Rest ihrer gesammelten Habseligkeiten und Feinings Mobiliar sind auf Kantereits Kosten bei einem Storage-Unternehmen untergebracht. Ziemlich unfassbar, was Feining in seiner winzigen Bude unterbringen konnte. Bei Dagmar Pöpsel muss noch mal ein Entrümpler vom sozialen Selbsthilfedienst ran. Nach zähen Verhandlungen hat sie zugestimmt, ihr kleines Haus endlich vom Mobiliar ihrer vor fünfzehn Jahren verstorbenen Eltern zu befreien. Benutzt hat sie es ohnehin nicht, genauso wenig wie deren Zimmer, nur alles sorgsam gepflegt und abgestaubt. Selbst das monströse Pflegebett ihrer Mutter und den Treppenlift hat sie nach deren Tod nicht abgebaut, sondern instand gehalten. Kurz: Ihr Häuschen gleicht einem Totenschrein mit Zierdeckchen.

»Fahren Sie bitte direkt bis vor das Haupttor«, weist Kantereit den Taxifahrer neben sich an. »Ich sorge dafür, dass man die Einfahrt öffnet. Dann geht es weiter bis direkt vors Haus.«

»Reintragen kostet aber extra«, knurrt der Mann. »Da müssen Sie schon einen Fünfziger drauflegen.«

Hält der Kerl ihn für Krösus, oder weckt Marienburg seine Gier?

»Das Reintragen übernehmen wir«, entgegnet Kantereit.

»Wartezeit wird trotzdem berechnet«, lässt der Taxifahrer ihn wissen und stoppt knapp zweihundert Meter von der Villa entfernt, um die Verhandlung auszudehnen.

»Sie werden nicht lange warten müssen«, erwidert leise verärgert Kantereit.

»Auf keinen Fall«, schrillt zustimmend Dagmar, »wir fassen alle feste mit an.« Sie kichert. »Du auch Kasimir, nicht wahr? Du bist ja schon ein großer Hund.« Sie gibt sich selbst ein zustimmendes »Wuff« zur Antwort. »Ach, mein Kasimir ist ja ein so hilfsbereiter Hund«, freut sie sich.

Kantereit fragt sich resigniert, wie schief er mit seiner Hundetherapie wohl lag. Ziemlich schief, nimmt er an. Dagmar entwickelt einen regelrechten Kasimir-Klapps. Vermutlich redet sie ständig mit dem Plüschtier. Na ja, jemand anderen hat sie ja auch nicht mehr.

»Meine Stereoanlage und die Plattensammlung fasst kein Fremder an. Auch kein Hund«, ergänzt Bert Feining ungewohnt kämpferisch. »Fünfhundert Jahre Musikgeschichte auf Vinyl, teils auf Schellack, wollen mit Ehrfurcht und Fingerspitzengefühl behandelt werden. Schlimm genug, dass ich solche Schätze in Kartons packen musste.«

Schätze, von denen er die meisten bedauerlicherweise nur selten bis überhaupt nicht mehr anhört, wie Kantereit als sein Arzt weiß. Beethoven, Bach oder Tschaikowsky etwa stehen auf dem Index, weil sie Feining an seine verlorene Karriere als Theaterpianist und Klavierlehrer erinnern und – wie er sagt – »weil sie zu vollkommen sind, anders als ich«.

»Aber Herr Feining, denken Sie an Ihr Herz und den Blutdruck«, warnt die fürsorgliche Dagmar. »Sie nehmen immer nur einen Karton, und den tragen Sie bis zum Eingang, dann übernehme ich mit Kasimir.«

Der Fahrer stellt keine weiteren Forderungen, fährt kopfschüttelnd wieder an. Wohl auch deshalb, weil er mit einer sehr langen Wartezeit und einem lohnenden Standtarif rechnet, glaubt Kantereit. Nicht zu Unrecht, denn Frau Pöpsel und Herr Feining überschätzen ihre Kraft und Schnelligkeit gewaltig.

Fenja und Felix werden an ihrer Stelle kräftig anpacken müssen. Die eine sicher bereitwillig, der andere widerwillig. Was sein Gepäck angeht, so handelt es sich glücklicherweise nur um seine Notfallausrüstung, Medikamente und einen Übernachtungskoffer für wenige Tage.

Der Taxifahrer erreicht die Villa, vollführt ein Rücksetzmanöver und lenkt die Fahrzeugfront direkt vor das geschlossene Einfahrtstor. »Dann machen Sie mal Ihr ›Sesam öffne dich‹, Meister«, brummt er.

Kantereit springt aus dem Taxi, eilt zum Tor und entriegelt es mit der Sicherheitskarte, die er seit Arianes Zusammenbruch vergangene Woche besitzt. Die Torflügel schwingen auf, der Taxifahrer passiert ihn im Schritttempo, gibt Gas. Hallo? Er steht doch noch hier! Wie bestellt und nicht abgeholt. Ein Trinkgeld kann dieser Blödmann sich abschminken! Kantereit macht sich knurrend auf den Weg zum Haus.

Passend zum Park verdüstert sich seine Stimmung mit jedem Schritt. Er zieht äußerst ungern wieder in sein Elternhaus, und sei es auch nur vorübergehend, aber der gewissenhafte Mediziner in ihm hat seinen inneren Rebellen überstimmt. Er muss Ariane im Auge behalten. Bei ihrem Zusammenbruch vor einer Woche handelte es sich zwar lediglich um eine Ohnmacht und einen Schwächeanfall dank akuter Unterzuckerung, schlechter Nachrichten und den Nachwirkungen von viel zu viel Koffein, aber Fenjas Hinweis auf Felix' verdächtige Untätigkeit haben ihn bewogen, sich um Arianes Wohlergehen zu kümmern. Ein erfolgreicher Erbschleicher im Tausch für eine tote schwarze Witwe ist nicht nach seinem Geschmack.

Außerdem interessiert ihn selbstredend die Natur der schlechten Nachrichten und des Anrufs, der Ariane umgehauen und sie veranlasst hat, eine Armee von Anwälten zu kontaktieren und sämtlichen Hausangestellten sofort zu kündigen.

»Ich muss mich stark einschränken, meine monatlichen Festkosten senken«, behauptet Ariane.

Als mehrfache Millionärin? Sehr seltsam. Noch seltsamer ist, dass sie ohne Zögern seinem Vorschlag zugestimmt hat, Dagmar Pöpsel und Bert Feining als zahlende Untermieter aufzunehmen. Im alten Personaltrakt, für je vierhundertfünfzig Euro Wohngeld vom Sozialamt. Okay, die beiden sollen außerdem im Haushalt mitanpacken.

Trotzdem: Das sind doch Peanuts für Ariane, ein nur unwesentlicher Beitrag zum Unterhalt der Villa. Ob sie Gesellschaft braucht? Irgendwen, den sie nach der Verabschiedung ihres Personals rumkommandieren kann? Oder fürchtet sie sich seit ihrem Zusammenbruch davor, die Abende allein mit dem zwielichtigen Felix in der Villa zu verbringen?

Viel interessanter ist freilich ihre angespannte Finanzlage. Ob Stiefsohn Michael Eschberg sie im großen Stil übers Ohr gehauen hat? Nur wie? Wie steht es tatsächlich um Arianes Vermögen? Und das Kantereit-Erbe, also die Villa. Nicht zu vergessen, um die Gelder der ehemaligen Sozialstiftung Kantereit.

Über all das wüsste Klaus Kantereit gerne mehr. Ach was, alles!

Genauso ergeht es Fenja, wobei deren Neugier komplett

lauteren Motiven entspringt. Sie will ihre neue Arbeitgeberin um jeden Preis und völlig freiwillig beschützen – und zu diesem Zweck ausforschen. Nun, freiwillige Spione, denen die Schnüffelei eine Herzensangelegenheit ist, sind die allerbesten.

Kantereits Laune hebt sich, als er Fenja auf der Freitreppe zum Haus entdeckt. Mit einem Karton in den Händen und im Gespräch mit Ariane.

Die blickt finster drein, während Dagmar mit Kasimir unter dem einen Arm, einer zweiflammigen Gaskochplatte unter dem anderen und ihrer Stehlampe in der Hand im Haus verschwinden will. Dabei taumelt die überladene Dagmar bedenklich, bis Fenja ihr die Stehlampe entreißt.

Fenjas fröhlicher Elan und ihre Einsatzfreude sind unverkennbar, freut sich Kantereit. Und Ariane scheint das Mädchen zu schätzen, sie hat den Dummbatz Felix sogar das Pförtnerhaus räumen lassen und ihren Stiefenkel in ein kleines Gästezimmer verbannt, damit Fenja ein Büro hat.

Mit einem so durchschlagenden Erfolg seines listigen Jobangebots hatte er nicht gerechnet. Nein, wahrlich nicht. Chingachgook wäre stolz auf ihn.

8.

Ein wenig schämt Fenja sich, während sie den dunklen, kühlen Souterrainflur der Villa zu den Personalzimmern entlangeilt. Aus den hoch gelegenen vergitterten Flurfenstern dringt nur wenig Abendlicht in den steingefliesten Gang. Das spärliche Licht wird überdies von harngelbem Milchglas gedämpft. An trüben Tagen muss es hier stockduster sein. Wie deprimierend!

Fenja schämt sich für Ariane van Endert.

Verflucht, hätte sie Frau Pöpsel und Herrn Feining keine hellen, freundlichen Räume geben können? Die Villa ist voll davon. Etwa im Gästetrakt im zweiten Stock, den die Witwe ohnehin nur selten betritt und in dem momentan allein Klaus Kantereit und Felix nächtigen.

Fenjas Scham schlägt in Ärger um. Zumindest eines der luftigen Schlafzimmer unter dem Dach hätte sie den beiden doch anbieten können. Dort ist Fenja seit einer Woche in einem der ehemaligen großen Kinderzimmer mit Ausblick ins Grüne untergebracht.

Über ein wenig Gesellschaft hätte sie sich gefreut, aber Ariane möchte – Zitat –, »dass meine neuen Untermieter aus Kalk ihre Stellung in diesem Haushalt nicht missverstehen, nur weil sie in einer Villa wohnen. Immerhin rette ich sie vor der Obdachlosigkeit. Sie dürfen außerdem die fabelhafte Küche mitbenutzen und haben ein großzügiges eigenes Bad. Nicht zu vergessen, dass ihnen die Parkbenutzung gestattet ist. Das sollte für monatlich vierhundertfünfzig Euro genügen.«

Fenja hat da berechtigte Zweifel. Die Küche am anderen

Ende des Ganges werden Frau Pöpsel und Herr Feining nicht einfach mitbenutzen, sondern sie werden sie putzen und das Frühstück zubereiten müssen. Für den Park, so befürchtet Fenja, gilt das Gleiche. Auch sie wurde schon zum Büschestutzen und Fichtenzapfenaufkehren herangezogen. Okay, nur von Zecke Felix, der sie als Konkurrentin um Arianes Gunst sieht und mit allen Mitteln kleinhalten will, aber das macht die Sache nicht besser.

Sie hat mit dem Archivkram mehr als genug zu tun und erst gestern auf dem Speicher ein paar äußerst interessante Dokumente entdeckt, private Briefe, Urkunden, Geschäftskorrespondenz. Weggesperrt in unzähligen Kisten und Kästen. Das alles hat nur bedingt mit der Baugeschichte der Villa zu tun, mehr mit der Familiengeschichte, aber nun, beides gehört eng zusammen. Sie freut sich darauf, das Material zu sichten und zu ordnen.

Zurück zum eigentlichen Thema, ermahnt sich Fenja, *der bedauerlichen Kellerexistenz von Dagmar Pöpsel und Herrn Feining.*

Was das großzügige Bad angeht, das sie soeben passiert hat, handelt es sich um die Personalduschen mit gemauerten Kabinen, zwei Toilettenräumen und einer Waschbeckenreihe. Sie sind zweckmäßig eingerichtet, schwarz-weiß gefliest und waren um 1920, als sie eingebaut wurden, hochmoderner Luxus. Heute sind sie es nicht mehr, selbst wenn die Armaturen und Sanitäreinrichtungen den 1990er-Jahren entstammen.

Fenja erreicht eine weiß gestrichene Holztür, zögert kurz, dann klopft sie an. »Ich bin's, Fenja Frankowiak!«, ruft sie.

»Herein, immer herein ins Himmelreich, wenn's kein Schneider ist«, ertönt es zur Antwort enthusiastisch aus dem Inneren.

Wo hat Dagmar Pöpsel denn den verkalkten Spruch aus Urgroßvaters Zeiten her? Egal, Frau Pöpsel scheint die Düsternis des Souterrains nicht aufs Gemüt geschlagen zu sein. Fenja drückt die Klinke, betritt den Raum.

Kurz bleibt ihr die Luft weg.

Dagmar Pöpsel ist es gelungen, ihr siebzehn Quadratmeter großes Wohn- und Schlafzimmer in den Traum einer Plüsch- und Nippes-Queen zu verwandeln. Vorherrschende Farben: Rosa, Lila und ein wenig Mintgrün. Womöglich passend zur Haarfarbe ausgewählt. Frau Pöpsels fuchsroter Pagenkopf ist violett gesträhnt, ihre Flauschjacke himbeerrosa, die Caprihose pfefferminzgrün. Na ja, immerhin passt das Grün sehr schön zu ihren großen runden Augen, die stets leicht verschreckt in die Welt schauen.

Aber uff, diese Deko-Ideen! Kommode und Beistelltisch – gesichtslose Möbel mit Jugendherbergscharme – hat Dagmar mit Platzdeckchen, treuherzigen Porzellandackeln, diversen weiteren Tierfiguren, mit Ballerinen, Elfen, Stoffblumensträußchen und Duftkerzen bestückt. Wobei Fenja die präzise Anordnung des zweifelhaften Sammelsuriums am meisten wundert. Zweifelsohne hat Dagmar einen Sinn für Ordnung. Ansonsten müsste dieses Zimmer explodieren.

Auch auf den hohen Fensterbänken herrscht drangvolle Enge. Dagmars Schlafcouch – ein praktisches Ausziehmöbel – ist unter einer Plüschdecke mit Katzenpfotendruck und einem kunterbunten Kissenmix verschwunden. In der Mitte thront Dagmar Pöpsels bester Freund Kasimir, der Stoffhund aus der Rasse der Bobtails, wie Dagmar ihr vor wenigen Stunden anvertraut hat. Mit dem Zusatz. »Ich muss ihn täglich eine Stunde kämmen und bürsten.« Wem's Spaß macht!

»So sieht alles doch gleich viel gemütlicher aus, nicht wahr?«, verkündet Dagmar Pöpsel jetzt stolz, dreht sich im Raum. »Kasimir ist begeistert.« Sie zieht ein weiteres Kissen – in Gold – aus einem Umzugskarton, klopft es aus und drapiert es in Kasimirs Rücken. »Na, und was sagt die Architektin dazu?«

Fenja schluckt kurz. Wie lobt man diesen Einrichtungsstil diplomatisch? »Es ist wirklich erstaunlich, was Sie in so kurzer Zeit aus dem Zimmer gemacht haben«, sagt sie schließlich.

»Oh, und ich bin noch nicht einmal fertig«, freut sich Dagmar und bückt sich erneut nach dem Karton. »Herr Feining soll es doch gemütlich haben. Ich habe ihn nämlich für heute Abend eingeladen. Zum Fernsehgucken. Damit er nicht so allein ist. Hoffentlich sagt er zu.«

Fenja hat da Zweifel. Eigenbrötler Feining macht nicht den Eindruck, ein geselliger Mensch oder TV-Fan zu sein.

Dagmar wuselt weiter geschäftig durch den Raum. »Oje, wo sind nur die Kissen für den Fernsehsessel hin? Ich habe sogar eines mit Darth Vader. So was gefällt Männern sicher besser als das mit Helene Fischer. Könnten Sie mal den Karton da drüben öffnen?«

»Tja … ähem, das muss leider warten«, wirft Fenja ein. »Frau van Endert erwartet uns oben im Salon. Sie würde Ihnen beiden gerne die Hausregeln und Ihre Aufgaben erläutern. Dr. Kantereit ist auch zugegen.« Und seltsamerweise ein Anwalt.

»Wir dürfen rauf? Zu ihr?«, jubelt Dagmar. »Wie aufregend. Gibt's was zu essen? Soll ich mich umziehen? Das macht man doch so bei vornehmen Menschen, man zieht sich ständig um vor den Mahlzeiten, oder? Ein Abendkleid habe ich aber nicht, nur einen bunten Kaftan aus dem Afroshop.«

Fenja schüttelt den Kopf. »Nicht nötig, sorry, es gibt nichts zu essen. Frau van Endert hat ihre Köchin entlassen und wird nur noch von Feinkostlieferdiensten versorgt.«

So viel zum Thema Geld sparen, ergänzt sie im Stillen. Der Luxus-Lieferdienst versorgt natürlich nur Ariane. Sie selbst und – zu seinem maßlosen Ärger – auch Felix müssen sich mit dem billigsten Pizzataxi und dergleichen begnügen. So wie künftig auch Frau Pöpsel und Herr Feining. Gäbe es in dieser stinkvornehmen Ecke Kölns wenigsten einen Lebensmittelladen, würde Fenja sich lieber selbst versorgen, aber Geschäfte sind in diesem Viertel seit Anno Piefendeckel verboten, zu proletarisch vermutlich.

»Na ja, ein Feinkostmenü für uns wäre natürlich auch zu viel verlangt«, erklärt die bescheidene Dagmar indessen unbekümmert. »Außerdem habe ich ja die alten Gaskochplatten meiner lieben Eltern.« Sie deutet auf die altersschwachen Kochplatten, die auf dem Fernseher ihren Platz gefunden haben. »Und Gas habe ich auch genug.«

Fenjas Blick fällt auf eine etwa zwanzig Zentimeter hohe graue Drei-Kilo-Stahlflasche neben dem TV-Regal. Sie kennt sie gut aus ihrer Ausreißer- und Bauwagenperiode, aber huh!, Dagmar Pöpsels Installation samt Fernseher sieht heikel aus. Immerhin ist das Ding noch nicht angeschlossen.

»Herr Feining hat die Flasche ganz allein reingetragen, obwohl ich ihm das verboten habe«, erklärt Dagmar errötend. »Und er will sie später auch anschließen. Falls er kommen kann.«

Mist! Ein handwerkender Pianist klingt nicht gut.

»Herr Feining ist zwar etwas wortkarg«, plaudert Dagmar Pöpsel heiter weiter, »aber solch ein Kavalier! Wo wir uns doch gerade erst kennengelernt haben. Ich werde mich natürlich mit einem Essen revanchieren. Auf meinen zwei Flammen kann ich sicher ordentlich was zubereiten. Etwas möglichst Künstlerisches, versteht sich. Herr Feining ist ja Musiker. Vielleicht was Flambiertes?«

»Dazu brauchen Sie keinen Gaskocher«, sagt Fenja eilig. »Sie dürfen doch die riesige Küche am anderen Ende des Ganges benutzen«, erinnert sie Frau Stöpsel an eines ihrer wenigen Privilegien in diesem Haus.

»Nein, nein, wo denken Sie hin!«, wehrt Dagmar Pöpsel erschrocken ab. »Das ist doch keine Personalküche, und ich will da nichts schmutzig machen. Schon gar nicht, wenn ich alles geputzt habe, nachdem ich vielleicht doch mal ein Essen für Frau van Endert zubereiten durfte. Man kann ja nicht immer nur Feinkost essen. Eine ordentliche Erbsensuppe wäre sicher eine willkommene Abwechslung oder Mettwurst mit Sauerkraut. Die Arme hat ja so gar nichts auf den Rippen. Hach, wird das alles aufregend! Dieses Haus ist ein Sechser im Lotto für mich.«

Gute Güte, Dagmars Begeisterung kennt wirklich keine Grenzen, und Dagmar weiß so gut wie nichts über Ariane van Endert.

Wie ihre nächste Frage verrät.

»Darf ich Kasimir zur Konferenz im Salon mitnehmen? Ohne ihn fühle ich mich ein wenig verloren, und Frau van Endert muss ihn unbedingt kennenlernen. Könnte ihre Laune heben, die Ärmste scheint sehr besorgt wegen irgendwas zu sein. Na, ich jedenfalls bin glücklich über diese Lösung. Endlich wieder Gesellschaft und eine Aufgabe, und stellen Sie sich vor, das ist mein erstes eigenes Zimmer, das ich ganz und gar allein eingerichtet habe. Nur für mich. Also, vom Kinderzimmer bei meinen Eltern mal abgesehen.«

Ups, das klingt ja gruselig, aber kann das stimmen? Ist das wirklich ihr erstes eigenes Zimmer? Die Frau ist um die sechzig, oder? Und hatte sie nicht mal einen Partner? Fenja notiert sich innerlich, dass sie Klaus Kantereit dringend nach Dagmar Pöpsels Lebensgeschichte und Gemütszustand fragen sollte. Der Frau muss dringend geholfen werden.

»Natürlich dürfen Sie Kasimir mitnehmen«, macht sie einen Anfang. »Und jetzt holen wir Herrn Feining. Haben Sie sich schon überlegt, was Sie ihm beim Fernsehen zum Knabbern anbieten könnten?«

»Ich dachte an Mon Chérie und Käsekümmelstangen. Und dazu ein Gläschen Kaffeelikör. Eine unschlagbare Kombination.«

Die den stärksten Mann in die Flucht schlagen könnte.

»Natürlich kann ich ihm auch eine schöne Dosensuppe warm machen«, erklärt Dagmar eifrig und zeigt erneut auf ihre Gaskochplatten. »Ich gönne mir vor dem Zubettgehen gerne noch eine Selleriecreme von Unox mit etwas Blauschimmelkäse und Rosinen. Mein eigenes Feinkostrezept!«

»Klingt lecker«, erwidert Fenja todesmutig. »Falls Herr Feining trotzdem nicht kommen kann, schau ich sehr gern am Abend vorbei. Die erste Nacht in einem fremden Haus ist manchmal etwas bedrückend. Oder Sie kommen einfach zu mir herauf.«

Nur bitte ohne die Snacks und die Rosinen-Käsesuppe vom gemeingefährlichen Gaskocher.

»Ach, wie toll!«, jubelt Dagmar. »Ein reiner Mädelsabend wäre auch sehr schön. Na ja, von Kasimir mal abgesehen, der ist ja ein Junge. Na, ich halt ihm einfach die Ohren zu, wenn's um unsere Männergeschichten geht. Die ungezogenen, meine ich.«

Auf Dagmar Pöpsels ungezogene Männergeschichten ist Fenja, zugegeben, gespannt. Hatte sie jemals welche?

9.

Ariane eröffnet die Mietersitzung, besser: die Untermietersitzung, mit einer knappen Begrüßung, wartet darauf, dass sich Stille über die Versammlung senkt.

Trotz eines energischen »Ruhe bitte« von Felix herrscht am anderen Ende des Tisches noch eifriges Geschwätz. Den Deppen nimmt eben niemand ernst. Himmel, sie möchte den lästigen Termin mit diesen Jammergestalten so rasch als möglich hinter sich bringen und sich wichtigeren Dingen zuwenden.

Arianes Gedanken schweifen kurz ab. In ihrem Rücken sitzt bereits einer ihrer Anwälte. Er hat sich diskret in einen Lesesessel zurückgezogen und ist natürlich nicht wegen dieser lächerlichen Sitzung hier. Nein. Gegen zwanzig Uhr wird er in ihrem Beisein wieder einmal in New York anrufen, um von seinen US-Kollegen die neuesten Nachrichten über Michael Eschberg zu erfahren. Die Dependance seiner international agierenden Kanzlei für Finanz- und Wirtschaftsrecht hat hoffentlich erfreuliche Nachrichten.

Immerhin ist seit Michaels Verhaftung eine Woche vergangen, morgen muss er erstmals vor Gericht erscheinen, und die genauen Anklagepunkte dürften nun klar sein. Noch entscheidender ist die Frage, wann die eingefrorenen Vermögen seiner Klienten – darunter auch ihres – wieder freigegeben werden. Hoffentlich sofort. Und hoffentlich verschwindet dieser Betrüger dann auf immer ins Kittchen. Ihre Anwälte sind guter Hoffnung. Nun ja, dafür werden sie fürstlich bezahlt.

Ariane strafft den Rücken, hebt die Stimme. »Ich würde

dann beginnen«, sagt sie gebieterisch und hat Erfolg. Erwartungsvolles Schweigen tritt ein.

Die wesentlichen Hausregeln – keine Besucher, keine Partys, Mittagsruhe von 12 bis 15 Uhr, Abendruhe ab 21 Uhr und täglich vier Stunden leichte Haushalts- oder Gartentätigkeiten rund um die Villa – sind rasch geklärt.

Es gibt keinen Widerspruch. Woher auch, diese sogenannten Untermieter wären ohne sie so gut wie obdachlos. Wenn sie wollte, könnte sie die zwei dazu abkommandieren, die Fußleisten mit Zahnbürsten zu schrubben. Weiter geht es mit den Vorschriften zur Benutzung der Villenräume oberhalb des Souterrains. »Ich weise darauf hin, dass die gesamte Beletage, also meine Räumlichkeiten, nicht genutzt oder betreten werden dürfen. Sollten Sie irgendwelche unvermeidlichen Fragen haben, wenden Sie sich bitte an meine Assistentin Fenja oder meinen Stiefenkel Felix Krampendonck.«

»Ebenfalls persönlicher Assistent«, kann Felix es sich nicht verkneifen einzuwerfen. »Und Privatsekretär.«

Das hätte dieses Plappermaul wohl gern!, zürnt Ariane innerlich. Äußerlich ungerührt fährt sie im Vortrag fort. »Die Benutzung des Treppenhauses ist Ihnen als Untermietern nur erlaubt, so Sie in den zweiten Stock oder zur Dachetage gelangen müssen.«

»Ist das Treppensteigen auch nach 21 Uhr gestattet?«, will Dagmar Pöpsel wissen. »Ich habe heute Abend nämlich eine kleine Verabredung, natürlich würde ich Flauschsocken tragen, aus Frottee, die sind völlig geräusch–«

»Wir waren noch nicht fertig und schätzen es nicht, wenn Ariane bei ihren Ausführungen unterbrochen wird, Frau Stöpsel«, schneidet Felix ihr harsch das Wort ab.

»Pöpsel«, piepst Dagmar verschüchtert und drückt ihr scheußliches Stofftier fester an ihre Brust.

»Wie meinen?«, fährt Felix auf.

»Ihr Nachname lautet Pöpsel, nicht Stöpsel«, informiert ihn Fenja. Mit einem Dolchblick bewaffnet, der Felix tatsächlich verstummen lässt.

Sehr schön, freut sich Ariane, das Mädchen weiß ihn zu nehmen. Und nun gilt es, die Zügel ein wenig zu lockern, ein wenig Zuckerbrot zu verteilen, beschließt sie. Natürlich, ohne dabei Missverständnisse aufkommen zu lassen. Sie will sich lediglich die Arbeitsmoral ihres Quasi-Personals sichern. Die Villa darf kurz vor dem Verkauf nicht völlig verlottern.

»Herr Feining«, setzt sie erneut an, »ich höre, Sie sind professioneller Pianist, vornehmlich im klassischen Bereich und für Theatermusik. Falls es Ihnen unmöglich ist, auf Proben zu verzichten, dürfen Sie einmal wöchentlich zwischen 19 und 20 Uhr das Klavier im ehemaligen Schulzimmer im dritten Stock benutzen. Dort stören Sie niemanden. Als Kunst- und Kulturfreundin möchte ich der Ausübung Ihres Berufes nicht entgegenstehen. Sie müssen Ihre Finger sicher in Bewegung halten.«

Ariane ist selbst ein wenig von ihrer Großzügigkeit überrascht, aber ein Pianist mit Engagements und Gagen wäre ihr lieber als einer ohne. Zumal sie dann seine Zimmermiete erhöhen könnte. Ihre Recherchen haben ergeben, dass Feining vor zehn, fünfzehn Jahren durchaus einen Namen in der Kölner Theaterszene hatte und im Belgischen Viertel wohnte. Eine akzeptable Gegend. Man muss sich für Feining als Untermieter also nicht übermäßig schämen – anders als für diese Frau Pöpsel in ihrer rosa Plüschjacke. Die Frau ist ein lärmendes Nichts.

Erwartungsvoll schaut Ariane van Endert Feining an, der am unteren Ende des wuchtigen Salontisches Platz genommen hat.

Das dürre, blässliche Männchen im bedauerlich zerknitterten Jackett reagiert mit starker Verzögerung. Schon das ist eine Beleidigung ihrer Person, wie Ariane findet, seine Antwort ist es umso mehr.

»Danke, nein. Ich spiele nicht mehr Klavier«, murmelt er mit Leidensmiene, ohne von der Tischplatte aufzusehen.

Ariane hebt verblüfft die Brauen: »Und wie gedenken Sie dann, Ihren Lebensunterhalt zu verdienen?«, fragt sie scharf. »Sie sind laut meinen Unterlagen erst zweiundsechzig. Hartz IV ist auf Dauer doch wohl keine Lösung.«

Schon gar nicht in ihrem Haus. Was sollen die Nachbarn denken?

Klaus Kantereit, der rechts neben ihr Platz genommen hat, mischt sich erstmals mit unwirscher Stimme ein. »Herr Feining ist Frührentner, sein gesundheitlicher Gesamtzustand lässt eine Vollzeittätigkeit samt Proben und Abendauftritten nicht zu«, ergreift er Partei. »Auch, wenn viele Menschen es nicht wahrhaben wollen, sind die Tätigkeiten eines Pianisten mental und körperlich ungemein fordernd und strapaziös.«

Felix, der zu Arianes Linken sitzt, schnaubt abfällig. »Klimpernd auf einem Hocker rumzusitzen soll strapaziös sein? Und was sind bitte ›mentale Strapazen‹? Leidet der Mann an beginnender Demenz und hat die Noten vergessen? Dann sollte er erst recht proben. Musik gilt doch als hervorragende Therapie für potenzielle Alzheimerpatienten. Und zumindest auf Hochzeiten könnte er doch gegen Geld in die Tasten hauen. Wenn er gut ist, bringt das mit Trinkgeld einiges ein.«

Sicher mehr als Felix' gescheiterte Versuche, in Drehpausen als Kindergeburtstagsclown zu reüssieren, denkt Ariane verächtlich.

Kantereit schüttelt völlig fassungs- und sprachlos den Kopf.

Eins zu null für Felix, den Dreisten, registriert Ariane. Ihren Schwager verstummen zu lassen ist eine Kunst, die nur wenige

Menschen beherrschen. Manchmal sind Felix' völliger Mangel an Takt und seine unerträgliche Dummheit doch zu etwas nutze.

Dafür ertönt ein aufgebrachtes Quieken am Ende des Tisches. »Was sind Sie nur für ein gemeiner, niederträchtiger, böser Mensch!«, erregt sich Plüschjacke Dagmar Pöpsel in Felix' Richtung.

Der strafft angriffslustig den Rücken. »Wie meinen?«, fragt er drohend zurück und wird sogleich von einer moralischen Empörungsrede über das hohe Gut Gesundheit, über Mieter und in Not geratene Menschen und ihre Rechte überrollt, was Ariane ausnahmsweise zulässt.

Felix sieht so verblüfft aus, als würde er gerade von einem rosa Babyeichhörnchen attackiert. Gut so. Eine kleine Kopfwäsche kann ihrem Stiefenkel nie schaden. Nicht einmal, wenn sie von einer Jammergestalt wie Frau Pöpsel kommt, auf deren Schoß irgendein Kirmes-Zotteltier thront, das in Arianes Augen erstens in die Waschmaschine, zweitens nicht auf den Schoß einer bedauerlich gekleideten Rentnerin und drittens keinesfalls in ihren Salon gehört. Der ist mit seiner dunklen Vertäfelung, den muffigen Brokatvorhängen und dem monströsen Gründerzeitmobiliar zwar auch nicht nach ihrem Geschmack, war aber zu seiner Zeit der letzte Schrei, enorm teuer und luxuriös.

»Herr Feining ist ein schwer kranker Mann«, redet sich Plüsch-Dagmar in Rage. »Er muss deshalb auch von allen Tätigkeiten im Haus befreit werden. Er hat es schwer mit dem Herzen und dem Blutdruck und so, nicht wahr, Herr Feining?«, beschließt sie ihre flammende Agitationsrede.

Herr Feining schaut verwirrt auf. »Ähm … nein«, sagt er. »Mit meinem Herzen ist alles in bester Ordnung.«

Was die Wirkung von Dagmars Appell merklich verpuffen

und die Frau in ihrem Stuhl zusammensacken lässt wie einen Luftballon, den eine spitze Nadel trifft.

»Was sagst denn du als Herrn Feinings Arzt dazu?«, wendet Ariane sich an ihren Schwager rechter Hand und gönnt sich ein süffisantes Lächeln.

»Nichts natürlich«, blafft Kantereit sie an. »Ich nehme die ärztliche Schweigepflicht sehr ernst.«

»Der Mann ist also Simulant«, freut sich Felix und erwacht zu neuem Leben. »Und kann arbeiten. Oder welches Leiden hält Sie davon ab, Herr Feining? Wenn ich Sie an die Worte von Altkanzler Schröder erinnern darf: *Es gibt kein Recht auf Faulheit*. Also, woran leiden Sie genau?«

»Zum Teufel noch mal«, begehrt Kantereit auf und haut tatsächlich mit der Faust auf den Tisch. »Gesundheitsfragen an Mieter sind gesetzlich unzulässig!«

»Stimmt das?«, wendet sich Felix ungebeten an Arianes Anwalt im Lesesessel.

»Ich befürchte ja«, sagt der knapp.

»Herr Feining könnte mir gelegentlich als Schreibkraft behilflich sein und beim Sichten und Katalogisieren von Dokumenten«, mischt sich Fenja ein. »Das ist körperlich nicht anstrengend, verlangt aber Umsicht und Verstand. Herr Feining wäre mir sehr willkommen. Wir haben einen Berg von Arbeit.«

Feining schaut erstmals von der Tischplatte auf. »Ich hoffe, ich kann Ihnen nützlich sein, aber ich bezweifle das«, murmelt er.

»Eine Assistentin, die einen Assistenten braucht, wo gibt es denn so was!«, schäumt Felix. »Und übernehmen *Sie* dann seine Aufgaben im Park, Frau Frankowiak?«

»Das werde *ich* tun!«, donnert Klaus Kantereit.

Oha, Herr Doktor will den Rasen mähen, wundert sich Ariane. Der sucht sicher eine Ausrede, um länger zu bleiben und sie ausspionieren zu können, mutmaßt sie. Ihr Gesundheitszustand gibt ihm jedenfalls keinen Anlass, weiterhin in einer Villa zu hausen, die er so sehr hasst.

Na, soll er mal, von ihr erfährt der alte Schnüffler nichts über das Ausmaß ihrer Bredouille. Ihr Arbeitszimmer ist zudem videoüberwacht und ihr Computer knallhart verschlüsselt, wie er sehr gut weiß. Wobei es Felix war, den sie kürzlich am Aktenschrank erwischt hat. Pech nur, dass der leer ist. Sie ist doch nicht blöd.

»Ich kann auch für zwei arbeiten. Und im Park«, schließt Dagmar Pöpsel sich spontan der Operation »Feining soll faulenzen« an. »Und übrigens kann ich auch kochen, dann brauchen Sie keine Feinkost.«

Zeit, diesen Affenzirkus zu beenden, beschließt Ariane. Sie hat wirklich Wichtigeres zu tun. »Damit wäre dann fürs Erste alles geklärt«, verkündet sie, erhebt sich, gibt dem Anwalt einen Wink und verlässt mit ihm im Schlepptau den Raum.

10.

Acht Tage später mäht Kantereit tatsächlich den Rasen, und es macht ihm diebisch viel Freude. Mit wahrer Begeisterung drosselt er das Gas, zieht – für seinen ersten Versuch – eine recht elegante Schleife, nimmt sich den nächsten Grastreifen im weitläufigen Garten hinter der Villa vor.

Sicher, Indianer-Harry, Häuptling des grünen Daumens, fände ihn und den Aufsitzrasenmäher, auf dem er thront, fürchterlich albern. Dem kommen derart luxuriöse Schnittmobile nicht in seine Gärten, und seine Hangweide fürs Vieh wird im Herbst klassisch von Hand gesenst und im Frühling von den Ziegen abgefressen. Rasenmäher sind in Harrys Augen unnützer Schnickschnack. Sein ganzer Stolz sind ein uralter klappriger Jeep mit Hänger für den Viehtransport und ein altersschwacher Traktor, den er einem Schwarzwaldbauern preiswert abluchsen konnte. Tja, und Rasenflächen hält Harry ohnehin für Platzverschwendung, weil man Zierrasen nicht essen kann.

Wie auch immer. Kantereit rast und mäht voran und genießt die Abwechslung mit Blick auf das Kiefernwäldchen am Ende des Grundstücks. Nächste Schleife. Kantereit legt sich diesmal selbst ein wenig in die Kurve, tut, als sei er ein verwegener Biker. Herrlich!

Ob man mit den Dingern auch Wettrennen fahren könnte? Hätte er als Junge todsicher versucht und hinterher Ohrfeigen und den üblichen Essensentzug kassiert. Nicht zu vergessen, eine Woche kaltes Schweigen. Nichts davon droht ihm heute noch. Probehalber gibt er extra Gas, jeu, das Ding hat Kawumm. Wirklich, macht Spaß.

Nach einer Woche in der Kantereitvilla mit Ariane und Felix hat er Spaß und Abwechslung so dringend nötig wie die frische Luft. Seine Rechercheversuche, egal, wie fintenreich er vorgegangen ist, haben bislang nämlich nichts ergeben, niente, nada.

Ariane hat ihr Arbeitszimmer gesichert wie Fort Knox, schweigt beim Thema Geld wie eine Sphinx, telefoniert nur heimlich und postiert jedes Mal einen bulligen Kanzleimitarbeiter vor ihrem Arbeitszimmer, wenn sie drinnen hektisch mit den Anwälten konferiert. Worüber genau, verdammt noch mal? Michael Eschberg muss Ariane ganz gewaltig hineingeritten haben, so viel ist klar.

Gesundheitlich betrachtet geht es dem zähen Luder – von ihrem derzeit hauchdünnen Nervenkostüm abgesehen – bestens. Dieses Biest wächst mit jeder Herausforderung. Blutdruck und Herzrhythmus sind tipptopp in Ordnung, allein ihr Geiz und ihre Raffgier sind unkurierbar und ihr Gebaren arrogant wie eh und je.

Medizinisch mehr Sorgen machen ihm seine Schützlinge, die Kellerkinder Dagmar und Bert. Die beiden bräuchten Abwechslung und frische Luft weit dringender als er. Vor allem Dagmar. Am besten – wie geplant – im Schwarzwald. Er muss sie spätestens in zehn Tagen dorthin transferieren und sich selbst ebenfalls. In zu hohen Dosen ist Ariane einfach Gift.

Steht zu hoffen, dass Fenja ihr bis dahin etwas aus der Nase ziehen oder durch Zufall aufschnappen kann. Immerhin scheint Ariane dem Mädchen zu vertrauen und lässt sich jeden Abend Bericht erstatten, über alte Baupläne, Skizzen, Entwürfe, vergilbte Zimmermannsrechnungen, Lohnzahlungen, und was sonst so an Dokumenten zur Villa Kantereit noch zu finden und für das Wertgutachten von Bedeutung ist.

Ururgroßvater Ferdinand, der Bauherr, hat offenbar jeden Schnipsel Papier aufbewahrt, inklusive Rechnungen für Mörtel, Bretter und Ziegel. Muss ein gruseliger Korinthenkacker und Pfennigfuchser gewesen sein. Kein Wunder, dass die Kinder seines verstorbenen Bruders keinen Wert auf den schriftlichen Nachlass gelegt und alles auf den Dachboden verfrachtet haben.

Kantereit erreicht den Saum des Fichtenwäldchens, zieht mit Verve die nächste Schleife – Junge, dieser Mäher hat einen fabelhaft kleinen Wendekreis! – und bemüht sich gut gelaunt um eine gnädigere Sichtweise auf seinen Ahnen Ferdinand Kantereit.

Wer es wie er mit viel Schufterei vom Schiffsjungen auf Rheinfrachtern zum millionenschweren Frachtgutspediteur bringt, möchte sicher gern auf Heller und Pfennig wissen, wohin sein Geld fließt. Kann man verstehen. Und Fenja behauptet, Ferdinand habe mehr als die zeitüblichen Löhne gezahlt, weil er erstklassige Arbeit und rasche Ergebnisse wollte. Wer weiß, vielleicht gehörte sein Ahnherr zu den anständigen Vertretern der Gründerzeitepoche und seiner Sippschaft.

Nanu, wundert sich Kantereit, was ist mit seinem schnittigen Mäher los? Unter ihm beginnt es zu rütteln, zu schütteln und zu stottern. Er hat doch gar nichts falsch gemacht!

Nein, er hat nur etwas Entscheidendes vergessen, durchblitzt es ihn, als der Motor unter ihm verreckt: das Tanken. Wie peinlich. Kantereit springt vom Sattelsitz. Eben hat er den Tankdeckel aufgeschraubt und bückt sich über den trockenen Tank, als sich eine Hand auf seine Schulter legt.

Wie ertappt fährt er herum.

»Ach du bist's«, entfährt es ihm erfreut. Er hatte mit Dämlack Felix gerechnet, der ihn in Arianes Auftrag auf Schritt und Tritt verfolgt und kontrolliert.

»Ja, ich bin's«, antwortet Fenja. »Ich muss mit dir reden.« Dann weiß sie offensichtlich nicht weiter, so verlegen, wie sie hinter ihrem Zopfvorhang zu Boden schaut.

»Ist was passiert?«, will Kantereit wissen. »Geht Felix dir auf die Nerven? War Ariane frech zu dir? Muss ich ihr die Leviten lesen?«

Kopfschütteln.

»Geht es um Dagmar?«, rät Kantereit leise alarmiert weiter. Die hat sich in letzter Zeit nämlich mehr oder minder in ihr Kellergemach zurückgezogen. Sie putzt morgens zwar Küche, Halle und Flur und erledigt bis mittags fleißig Haushaltspflichten, aber ihre Begeisterung für die Villa, Ariane und Felix tendiert mittlerweile gegen null. Kantereit befürchtet einen depressiven Rückfall, und Dagmars Depressionen sind eine ernste, sehr ernste Angelegenheit. Weshalb er ihr eine kurzfristige Rückkehr zu Psychopharmaka empfohlen hat. Was Dagmar ablehnt.

Fest steht: Sie ist in die Rolle des schweigenden Mauerblümchens zurückgeschlüpft und lässt niemanden mehr an sich heran – außer Kasimir und manchmal Fenja.

Ernsthaft besorgt schaut er Fenja an.

Die schüttelt wieder den Kopf. »Nein, nein.«

»Fenja!«, donnert Kantereit. »Ist das hier ein Quiz?«

Das Mädchen zuckt, reißt sich endlich zusammen: »Sorry. Ich, äh, habe nur einen alten Brief gefunden. Besser gesagt, Herr Feining hat ihn entdeckt. Er ist sehr gründlich, wenn es um das Sichten von Akten und Kartons geht. Er ist eine echte Hilfe, ich hätte nicht gedacht, dass er mit so viel Akribie –«

Kantereit unterbricht sie unwirsch. »Lenk nicht ab. Um was für einen Brief handelt es sich?«

Fenja seufzt. »Es ist ein Brief deines Vaters.«

»Was Geschäftliches?«

»Nein, er ist privat. Ich weiß auch nicht, warum er zwischen die uralten Akten geraten ist, aber wir haben auch schon Postkarten und Geburtstagskarten neueren Datums entdeckt und Hochzeitsgratulationen …«

»Du lenkst schon wieder ab! An wen war der Brief gerichtet?«

»Deine Mutter«, antwortet Fenja und verfällt erneut in Schweigen. Verdächtiges Schweigen, betroffenes Schweigen.

Menschenskinder, was kann an einem Brief seines emotional völlig vertrockneten, herrischen, lieblosen Vaters so verdammt peinlich sein! Muss er dem Mädchen denn jedes Wort einzeln aus der Nase ziehen? »Ein intimerer Brief also?«

Fenja nickt. Na wenigstens mal was anderes.

»Und was steht drin?«

Fenja holt tief Luft. »Es … es geht um dich.«

»Dann ist es sicher kein fröhlicher Brief«, knurrt Kantereit.

Fenja schweigt dazu, und er verfällt unwillkürlich ins Brüten. Zwischen seinen Eltern ging es ohnehin nie sonderlich fröhlich zu. Nicht allein seinetwegen. Seine Mutter Helene hatte wie Dagmar schwer depressive Phasen, musste die Sommer meist in privaten Sanatorien verbringen. Ihre Schwermut verbarg sich allerdings nicht hinter einem Helfersyndrom oder der fast pathologischen Nächstenliebe, die der fürsorglichen Frau Pöpsel so zu schaffen machen. Nein, das sicher nicht.

Kantereit schüttelt stumm den Kopf. Fürsorglichkeit oder gar Mütterlichkeit waren Helene fremd. Oft schien sie ihn – ihren Zweitgeborenen – gar nicht wahrzunehmen. Seine Mutter war sehr versponnen, übertrieben seelenvoll und ständig auf der Suche nach großen, dramatischen Emotionen. Ganz im Gegensatz zu seinem Vater. Vielleicht war Helenes Zustand der Tatsache geschuldet, dass ihre Verbindung nichts weiter als eine standesgemäße Geldheirat war. Nur leider war Helene weniger dünkelhaft und berechnend als ihr Mann. Sie war das, was Experten eine histrionische Persönlichkeit oder ganz früher eine Hysterikerin nannten. Klaus Kantereit hat ein anderes Wort dafür. Helene war *gefühlsfiebrig*.

Also, gefühlsfiebrig gemessen in Kantereit-Temperaturen. Helene galt in ihren Kreisen als überspannt. Dann wieder war sie zu Tode betrübt. Heute würde man wohl von einer bipolaren Störung sprechen.

Fenja, die seine Brüterei still verfolgt hat, wirft unter Perlengeklimper ihre Zöpfe in den Nacken, holt erneut Luft. »Es ist so, in dem Brief macht dein Vater deiner Mutter böse Vorhaltungen, weil sie angeblich –«

Ein ohrenbetäubender Knall, ähnlich einem Donnerschlag, unterbindet weitere Enthüllungen. Kantereit und Fenja ducken sich, reißen eine Millisekunde später und zeitgleich die Köpfe zur Villa herum. Aus einem offenen Souterrainfenster quellen Rauch und Qualm hervor.

»Scheiße, das ist Frau Pöpsels Zimmer. Das *Gas*«, schreit Fenja und beginnt zu laufen.

Kantereit ist ihr bereits um eine Länge voraus. Er sprintet schneller als sein Puls. Noch rasanter hetzen seine Gedanken voraus. *Teufel noch eins … Scheiß Villa Kantereit … Dagmar wird doch nicht wieder … diesmal ganz ohne Tabletten … passt so gar nicht … keine saubere Lösung … so hässlich … tausend Splitter … all die Porzellandackel und Ballerinen … die Unordnung … und Kasimir nur noch eine zerfetzte Plüschwolke … und … Bitte nicht, Dagmar … Bitte, bitte nicht.* Er hat doch getan, was zu tun war, das Insulin damals eingesammelt und entsorgt, sie zu einem Therapeuten geschickt. Aber war das genug? Ach, hätte er doch nur sie statt Ariane täglich gecheckt …

Hart keuchend und mit gefährlich hohem Puls erreicht Klaus Kantereit den Treppenabgang zum Souterrain, nimmt die Stufen in zwei Sätzen, tritt die angelehnte Stahltür auf. Dünne Rauchwolken und Brandgeruch schlagen ihm entgegen. Ein verrußter, hustender Feining taumelt auf ihn zu: »Der Feuerlöscher«, krächzt er und zerrt ein rot leuchtendes Gerät von der Wand, »wir müssen bei Dagmar löschen! Das ganze Zimmer ist verwüstet und –«

Kantereit entreißt ihm den Feuerlöscher, prescht damit an Feining vorbei, nach links in die Küche, dann in den Gang zu den Personalräumen. Der Rauch wird dichter, aus Dagmars offener Zimmertür züngeln und tanzen kleine Flämmchen hervor, über allem liegt ein faulig stechender Gasgeruch in der Luft.

Kantereit reißt den Feuerlöscher hoch, entsichert ihn. Mein Gott, wenn diesem Unschuldslamm etwas passiert ist, könnte er sich das nie, niemals verzeihen.

Niemals!

BITTE! NICHT! DAGMAR!

11.

»Was war denn das?«

»Um Himmels willen, eine Explosion!«

»Vielleicht hat ein Düsenjäger die Schallmauer durchbrochen.«

»Im Souterrain meiner Villa? Machen Sie sich nicht lächerlich«, gebietet Ariane dem entsetzten Geplapper ihrer beiden Anwälte Einhalt. Männer! Sie ahnt, was da unten passiert sein muss, erinnert sich dunkel an eine Gaskochplatte, die Plüsch-Dagmar beim Einzug unter dem Arm trug. So eine selten dumme Trulla!

Der Knall hat Arianes Morgenkonferenz im wahrsten Sinne des Wortes gesprengt. Genau wie sie selbst sind die beiden Anwälte aufgesprungen und unter albernem Geschrei auf die Tür zugehetzt. Ariane muss sie zunächst entsperren, damit sie in den Vorraum und von dort in die Treppenhalle gelangen können. Zugegeben, ein wenig zittern auch ihre Finger bei diesem Manöver.

Anwalt Nummer drei, der wie immer den bulligen Wachmann vor dem Arbeitszimmer gegeben hat, ist bereits die halbe Treppe in die Halle hinabgesprintet und verzichtet zu Arianes Befriedigung auf panisches Geschrei. Gut so. Hier sind starke Nerven gefragt. Der Mann schaut sich suchend um, entdeckt die offen stehende Eingangstür zur Villa – warum steht die offen? – und verschwindet, haste nicht gesehen, im Park.

Erbärmlicher Feigling!

»Haben Sie wenigstens die Feuerwehr gerufen?«, schreit

sie ihm hinterher. Sie erhält aber keine Antwort von dieser Memme.

Seine Kollegen wollen sich dem Drückeberger anschließen.

»Halt, meine Herren. Sie bleiben hier«, hält Ariane sie mit gebieterischer Stimme in der Eingangshalle zurück, erteilt dem einen den Befehl, sofort Polizei und Feuerwehr zu rufen, den anderen kommandiert sie dazu ab, mit ihr ins Souterrain hinabzusteigen, um die Lage vor Ort abzuklären. Denn von da unten kam der Knall eindeutig her.

Wehe ihren Untermietern, wenn die wirklich dahinterstecken! Und das müssen sie, denn die Villa ist elektrifiziert, verfügt über keinen Gasanschluss, der hochgehen könnte. Energisch reißt Ariane die Tür zum Treppenabgang auf.

»Aber, Frau van Endert. Wir können da nicht runter«, protestiert ihr widerwilliger Begleiter. Er hebt schnuppernd die Nase und sieht dabei aus wie ein schnüffelndes Karnickel. »Ich glaube, ich rieche Rauch!«

»Na und!«, faucht Ariane. »Den rieche ich auch, aber das ist doch nur ein laues Lüftchen. Glauben sie mir, ein richtiger Brand riecht anders.« Sie nimmt die vier Treppenstufen hinab ins Dienstbotenreich.

»Aber es gab eine Explosion, vermutlich eine Gasexplosion, das könnte lebensgefährlich sein«, rebelliert ihr sogenannter Anwalt, immer noch im Türrahmen stehend, und macht keine Anstalten, ihr zu folgen.

Ariane dreht sich verärgert zu ihm um. »Quatsch, so klingt keine Explosion, Sie Hasenfuß. So klingt eine minderschwere schlagartige Verpuffung. Und die ist allenfalls gefährlich, wenn man direkt danebensteht.«

»Woher wollen Sie das wissen?«, fragt der Anwalt im Verhörtonfall.

Was fällt dem Kerl ein?

»Ich habe genau so einen Knall schon einmal gehört. In der Schrebergartenlaube meiner Eltern ist vor zig Jahren eine undichte Gasflasche mit genau solch einem Donnerknall hochgegangen.«

»Gab es Tote?«, fragt entsetzt der Anwalt.

»Nur Obst und Gemüse«, zischt Ariane.

»Wie meinen?«

»Mit der Gasflasche sind lediglich um die hundert Pflaumen-, Bohnen-, Birnen- und Kirschgläser hochgegangen. Das war's.«

Lediglich?, meldet sich ein skeptisches Stimmchen in ihr zu Wort, das verdächtig nach der kleinen Ariane klingt, die es längst nicht mehr gibt.

Okay, okay, die zersplitterten Einmachgläser und die verwüstete Laube waren damals, in den kargen Fünfzigerjahren, tatsächlich ein echter Verlust für ihre Eltern. Das erbärmliche Geschrei und tagelange Gejammer ihres Vaters über sein verlorenes Gemüse und »all die schönen Einmachgläser« hat sie nie vergessen. Dabei war sie kaum vier, als das passiert ist.

»Jetzt kommen Sie endlich«, drängt sie den Anwalt. »Ich brauche Sie als Zeugen, während ich den Schaden hier unten in Augenschein nehme. Wer weiß, wem oder welcher Versicherung ich deswegen einen Prozess machen muss! Sie sorgen mit dem Smartphone für Beweisfotos. Ich brauche alles im Bild.«

»Dafür sind die Sachverständigen der Feuerwehr zuständig, wir sollten einfach auf sie warten! Das sind Profis. Und wer weiß: Vielleicht gibt es da unten auch Opfer zu retten und Verletzte zu betreuen. Da kann man viel falsch machen als Laie. Und das kann erhebliche juristische Konsequenzen nach sich ziehen.«

Unfassbar, dieser feige Angsthase pariert einfach nicht! *Und das für einen Stundensatz von dreihundertsechsundsiebzig Euro!*, schäumt Ariane. Pro Nase! Die meisten Männer sind völlig nutzlos, das weiß sie, und sie erwartet nicht mehr allzu viel vom starken Geschlecht. Hat sie nie – von einem jugendlichen Patzer abgesehen. Aber wenn sie einen Mann bezahlt, dann hat er ihren Anweisungen Folge zu leisten. In allem. Basta.

Am Ende ihrer Nerven angelangt eilt Ariane die vier Treppenstufen wieder hinauf, packt den Mann am Handgelenk und zerrt ihn mit eisernem Griff die Stufen hinab. »Hier geht's lang!«

Gemeinsam stolpern sie durch einen kleinen Vorraum. Ariane spürt, dass die Luft ein wenig dicker wird, etwas kitzelt sie im Hals, aber nach einem schweren Brand sieht es nicht aus. Sie biegen nach links in den stärker verrauchten Flur mit den Personalzimmern ab und prallen auf ein hustendes Grüppchen, das zum Ausgang humpelt. Der Rauch lichtet sich kurz.

Ariane erkennt Fenja und Feining, die von zwei Seiten die wimmernde, komplett zerzauste Dagmar Pöpsel stützen. Beide haben leicht verrußte Gesichter, sehen derangiert aus, aber Plüsch-Dagmar schießt den Vogel ab. Die Haare stehen ihr zu Berge, sie ist von Kopf bis Fuß eine Studie in Grau, sieht aus, als habe sie sich in einem gigantischen Staubsaugerbeutel gewälzt. Ihre übliche Flauschstrickjacke erinnert an einen nassen Rattenpelz. Hat diese selten dämliche Trulla nicht nur mit Feuer, sondern auch mit Wasser gespielt? Aber das ist jetzt nicht wichtig.

»Haben Sie Ihr Zimmer abgefackelt?«, fragt Ariane scharf.

Dagmar beginnt lauthals zu schluchzen. »Nicht mit Absicht, ich …« Ein Schluckauf unterbricht sie.

»Es, es war meine Schuld. Ich … ich habe …«, beginnt Feining eine stotternde Erklärung und bricht ab.

»NEI-HEIN«, hickst Dagmar, »alles ist meine Schu-huld.«

»Das wird Sie teuer zu stehen kommen«, donnert Ariane und löst einen Hicks- und Heulkrampf bei dem unsäglichen Frauenzimmer aus.

»Halten Sie die Klappe, und lassen Sie uns durch«, verlangt Fenja energisch. »Dagmar muss an die frische Luft.«

»Während mein Souterrain abbrennt? Nichts da, wir müssen löschen und retten, was zu retten ist, bis die Feuerwehr kommt«, herrscht Ariane sie an. Was fällt dem Mädchen ein?

»Das haben Klaus Kantereit und Feining bereits getan«, schießt Fenja zurück. »Hier brennt nichts mehr. Und jetzt gehen Sie uns verdammt noch mal aus dem Weg, sonst gibt's 'ne Tote!«

»Ist die Frau so schwer verletzt?«, fragt leise entsetzt der Anwalt in Arianes Rücken und macht ein paar Schritte rückwärts. So, als wolle er damit nichts zu tun haben.

»Mit der Toten meinte ich nicht Dagmar Pöpsel, sondern Madame van Endert, und ich meine, was ich sage«, zürnt Fenja.

»Haben Sie das gehört?«, wendet sich Ariane wütend wie eine Furie an ihren Anwalt. »Das war eine eiskalte Morddrohung. Notieren Sie das! Und übrigens, Sie sind gefeuert, Frau Frankowiak.«

»Nicht nötig, ich habe bereits gekündigt. Und übrigens bekomme ich noch meinen Lohn für vierzehn Tage.«

»Da müssen Sie sich an den Doktor wenden, der bezahlt Ihr Honorar, oder glauben Sie ernsthaft, dass ich freiwillig eine halbstudierte Hilfskraft mit Ihrem familiären Background gegen Geld einstelle?«, pariert Ariane gehässig und freut sich über das zunächst verblüffte, dann höchst verärgerte Mienenspiel des Mädchens.

Fenjas Antwort ist ein abfälliges Schnauben, dann drängt sie Ariane und den Anwalt energisch beiseite, schiebt assistiert von Feining die schluchzende Dagmar in Richtung Ausgang.

»Aber Kasimir, was ist mit Kasimir. Ich muss ihn doch re-he-het-ten. Sein Ohr hat gebrannt wie eine Fackel«, jault die Bekloppte auf, kaum dass dieses Trio infernale um die Ecke ist.

Das saubere Fräulein Fenja ist so was von dreist, empört sich Ariane. Nach allem, was *sie* für das Mädchen getan hat. Nun ja, Köln-Kalk, was will man von dort schon anderes erwarten. Sie hätte die ganze verkommene Bande niemals aufnehmen sollen.

»Kommen Sie«, befiehlt Ariane ihrem Anwalt. »Wir müssen den Sachschaden aufnehmen. Dieses dumme Weib oder das Sozialamt werde ich verklagen, bis sie schwarz werden. Ein Club Obdachloser, der meine Villa in Brand steckt! Noch dazu kurz vor dem möglichen Verkauf! Unfassbar.«

Gemeinsam erreichen sie den Brandort. Noch immer wabert Qualm durch die Luft, aber irgendwer hat sämtliche Fenster aufgerissen, durch den er in Schwaden und dünnen Fäden abzieht.

Aber oha! Wie jeder Brandort ist Dagmars – nein, *ihr*! – Zimmer ein Ort der Verwüstung. Sieht tatsächlich aus, als habe eine Bombe eingeschlagen. Was ihren Schwager nicht zu stören scheint. Kantereit steht mit einem Feuerlöscher in der Linken und einem triumphalen Grinsen im Gesicht im stark verrußten Flur vor Dagmars Zimmertür Spalier, weist stolz wie Oskar ins Innere.

»Keine Bange, niemandem ist was passiert«, raunt er heiser. »Sogar ihn konnte ich retten.« Stolz hebt er eine grauschwarze Plüschmasse an.

Angewidert wirft Ariane einen kurzen Blick auf Kasimirs Überreste und dann ins Zimmer. »Fotografieren Sie das«, weist sie ihren Anwalt an. »Alles.«

»Wozu? Ist kein schöner Anblick«, wirft Kantereit hüstelnd ein.

»Ich brauche Beweisdokumente für die Versicherung«, erwidert Ariane kalt. »Und jetzt verschwinde, du hast in meinem Haus nichts mehr zu suchen.«

»Bin schon weg«, sagt Kantereit und stapft Richtung Küchentür und Parkausgang.

Den könnte sie als den Zimmervermittler auch verklagen, fällt Ariane ein. Sie lächelt grimmig. Bei dem ist todsicher was zu holen, und momentan zählt jeder Cent. Sie braucht Geld für die Anwälte. Vermutlich wird ihr Schwager – so wie sie dieses Weichei mit Helferknall kennt – ohnehin freiwillig eine Entschädigung für den Brand anbieten, um seine schafsdummen Schützlinge zu schonen.

Eschbergs New Yorker Rechtsvertretung und die knallharten Anklagebehörden sind leider von einem ganz anderen Kaliber. Die wollen sämtliche Kundenvermögen, die Eschberg verwaltet, bis zu einem Verfahren gegen ihn oder dessen Niederschlagung einfrieren. Auch das ihre.

12.

Drei Tage später steckt Kantereit höchst vergnügt den Kopf durch Fenjas Dachzimmertür. »Mahlzeit, ihr Schönen. Feining hat fertig gepackt. Wie weit seid ihr? Der Schwarzwald ruft!«

Muss der so unternehmungslustig klingen?, fragt sich Fenja missmutig, wirft ihm einen bösen Blick zu und stopft wortlos ein letztes T-Shirt in ihre Reisetasche. Nach allem, was hier los war, sollte Klaus Kantereit sich zerknirscht in Grund und Boden schämen und nicht den beschwingten Ferienveranstalter geben.

Jaja, bei der Gasgeschichte war Herr Doktor der große Retter, ein echter Marvelheld im Sauseschritt und mit Feuerlöscher, aber trotzdem. Ohne ihn und seine dämliche Hilfsaktion hätte es den ganzen Schlamassel gar nicht gegeben. Oder ihren Fake-Job bei Giftschlange Ariane. Der Kerl kann es nicht lassen, sie anzulügen und hereinzulegen.

»Das Taxi kommt in etwa zehn Minuten. Kann ich schon was runtertragen?«, fragt Kantereit unvermindert fröhlich weiter.

Grollend wirft Fenja ihre Zöpfe zurück und zieht mit einem lauten Ratsch den Reißverschluss der Reisetasche zu. »Wir sind gleich so weit, und tragen kann ich das alles allein«, bescheidet sie ihn knapp.

»Und ich ha-hab ja nicht mehr viel zu packen«, schluchzt Dagmar Pöpsel auf, die wie ein überzähliges Gepäckstück neben der Reisetasche auf Fenjas Bett thront. »Eigentlich sogar gar nichts. Alles ist hin.«

»Das wird schon wieder«, tröstet Fenja und streichelt kurz Dagmars Schulter. Sie hat Dagmar in den vergangenen Tagen sehr häufig getröstet und gestreichelt.

Es nutzt nur nicht viel. Dagmar ist untröstlich und gibt sich die Schuld an allem: an der schlussendlich harmlosen Gasverpuffung und am Zimmerbrand, am anschließenden Rauswurf aus der Villa, an Fenjas Jobverlust, Ariane van Enderts Eiseskälte, an Kantereits Ausgaben für einen professionellen Reinigungstrupp und die Maler und Handwerker, die Dagmars Personalzimmer wieder auf Vordermann gebracht und keinerlei Hilfsangebote von Putzfee Dagmar oder Feining mit seinen zwei linken Pianistenhänden angenommen haben.

Feining ist ebenfalls untröstlich und stummer denn je, weil er beim Anschließen von Dagmars Gaskocher den porösen Schlauch übersehen und sie am Tag des Unglücks – Gott sei Dank – wegen eines undefinierbaren Kragenflecks zu sich ins Zimmer gebeten hat, während sich auf dem Kocher zusammen mit einem von Dagmars Süppchen das Unglück zusammenbraute.

»Zumindest haben Sie noch Kasimir«, wirft Kantereit von der Tür her aufmunternd ein.

Falscher Einwurf, ganz falscher Einwurf, weiß Fenja.

Dagmars Schluchzen verwandelt sich in lautes, noch nasseres Heulen. »Aber Ka-ka-kasimir ist ganz angebrannt, und sein linkes Ohr ist nicht mehr zu retten.« Mit Leidensmiene hebt sie den arg versengten einohrigen Stoffhund an.

»Keine Sorge, ich nähe ihm ein neues Ohr. Versprochen«, sagt Fenja wohl zum hundertsten Mal und bedeutet Kantereit mit den Augen, schleunigst zu verschwinden. Was der endlich auch tut. Durch die zugeschlagene Zimmertür hört man, dass er unbekümmert *Kuckuck ruft's aus dem Wald* pfeifend die Treppen hinabläuft.

Stumm seufzend zieht Fenja die Reisetasche vom Bett und stellt sie zu ihrem Koffer. Dann lässt sie sich neben Dagmar aufs Bett sinken, legt den Arm um sie. »Bevor es morgen in den Schwarzwald geht, kaufen wir Ihnen heute Nachmittag in der City eine schöne neue Garderobe. Und alles, was Sie sonst so brauchen«, erklärt sie der wimmernden Frau. »Erst bringen wir unsere Sachen ins Bahnhofshotel, dann essen wir etwas, und schon geht's los. Ein Shoppingbummel nur für Mädels.«

Dagmars Schluchzen ebbt ein wenig ab. »Ich zahle auch alles zurück«, piepst sie.

»Darüber machen Sie sich jetzt mal keine Gedanken«, sagt Fenja. »Wir zwei werden heute einfach viel Spaß haben. Ein Friseurbesuch ist sicher auch drin.«

Dagmar verschluckt sich vor Schreck. »Ich darf zum Friseur?« Sie hebt ihr Gesicht und schaut Fenja freudestrahlend an. »Können wir zu dem von Ihnen gehen? Kann ich auch so lustige Perlenzöpfe haben? Natürlich aus Kunstfasern, so langes Haar wie Sie habe ich ja nicht. Außerdem gibt es die auch in Rosa. Glaub ich.«

Lieber nicht, denkt Fenja, laut sagt sie: »Einen oder zwei kann er Ihnen vielleicht einflechten. Zu mehr würde ich nicht raten.«

Dagmar nickt gehorsam. »Ja, da haben Sie sicher recht, das wäre auch zu teuer. Und ich brauche ja auch eigentlich keine Zöpfe.« Sie zupft mit sichtlichem Bedauern an ihren prächtig fuchsroten Haaren herum. Die Spitzen sind leicht angekokelt, weil Dagmar Kantereit beim Löschen helfen wollte, und ihre Strähnen haben einen seltsam grünen Farbton angenommen, da sie anscheinend auf die Gasausdünstungen reagiert haben.

»Ein praktischer Kurzhaarschnitt tut es sicher auch«, sinniert Dagmar weiter. »Aber eine grüne Latzhose, die brauche ich wohl wirklich. Und Gummistiefel oder feste Arbeitsschuhe.

Vielleicht mit Stahlkappen? Beim Gemüseanbau mit Spaten und Holzhacken und so ist das bestimmt am besten. Ich will ja nicht faulenzen. Nein, nein, diesmal packe ich wirklich feste mit an. Ich koche auch nie mehr. Nichts. Gar nichts.«

Fenjas Groll wächst erneut.

Faulenzen wäre haargenau das, was Dagmar jetzt mal tun sollte. Am besten in einer psychotherapeutischen Kurklinik mit Einzel- und Gruppengesprächen, Wellnessangeboten, Sauna, Schwimmbad und Massagen. Es gibt da sehr gute Fachkliniken, wie sie aus eigener Erfahrung weiß. Nach ihrer Ausreißerperiode und einem schwierigen Leben als Bauwagenbewohnerin haben die sie prima wieder aufgepäppelt. Auch für Dagmar wäre so ein Ort ideal. Aber der neunmalkluge Kantereit weiß es natürlich besser. Der glaubt wirklich, dass Arbeitsferien auf einem Selbstversorgerhof mitten im Nirgendwo und bei irgendeinem Spinner mit dämlichen Spitznamen wie Chingachgook oder Indianer-Harry eine erstklassige Therapie sind.

Fenja glaubt das Gegenteil, und nur darum fährt sie – widerwillig – mit. Dagmar und Feining zuliebe. Man kann einem selbstverliebten Idioten wie Kantereit keine seelisch so labilen Menschen anvertrauen.

Nein, kann man nicht.

Denn Dr. Lügenbold mit dem extraweiten Herzen hat mit seinen Geheimniskrämereien und Schwindeleien in diesem Fall eindeutig versagt und alles nur schlimmer gemacht.

Nicht nur in diesem Fall, auch in ihrem.

Tja, Schwindeln und Geheimniskrämerei liegen bei ihm eben in der Familie. Und zwar im großen Stil, wie der Brief beweist, den sie und Feining vor ein paar Tagen entdeckt haben. Ob sie Klaus Kantereit den Inhalt des Schreibens endlich preisgeben sollte? Noch will Fenja ihn schonen, denn für einen Siebzigjährigen dürften die Enthüllungen schwer zu verkraften sein. Genau wie die Tatsache, dass man auch ihn ein Leben lang aufs Niederträchtigste belogen hat. Nun, er scheint die Briefgeschichte über das ganze Chaos vergessen zu haben. Aber vielleicht – überlegt Fenja voll Ingrimm –, vielleicht ergibt sich irgendwann einmal die Notwendigkeit, Klaus Kantereit mit Schwung von seinem hohen Ross des unschlagbaren Wohltäters herunterzuholen.

Auch wenn's wehtut. Ihr hat es schließlich auch sehr wehgetan, die Wahrheit über ihren leiblichen Erzeuger zu erfahren – von Kantereit.

Das darfst du nicht tun, warnt Fenja eine innere Stimme, die sie lange nicht mehr gehört hat. Eine geliebte Stimme, die Stimme ihrer Mutter. Fenja knickt ein. Okay, okay, sie wird sich gründlich überlegen, ob sie das Postgeheimnis wahrt.

Elena zuliebe, nicht Klaus Kantereit.

13.

Sein fröhliches Pfeifen ist ein Pfeifen im Walde, da macht sich Kantereit nichts vor, während er die Treppen zur Halle hinabstapft. Fenja ist immer noch wütend auf ihn. Doppelt wütend, seit seine grässliche Schwägerin ihr offenbart hat, dass er Fenja für den Assistenzjob bezahlen wollte. Das kann er jetzt knicken. Fenja hat Gift gespien, als er Anstalten gemacht hat, ihr das Geld zu überreichen. Ariane ist wahrlich das boshafteste Miststück, das ihm je untergekommen ist.

Bedrückt nimmt Kantereit die nächsten Treppenstufen.

Was Dagmar Pöpsel und Bert Feining angeht, ist sein Gewissen ebenfalls angeknackst. *Nun ja, immerhin habe ich gerettet, was zu retten war*, verteidigt er sich vor sich selbst. Etwa das Zimmer gelöscht. Darüber hinaus hat er einen speziellen Tatortreinigungstrupp und superzügige Handwerker organisiert, die ihm noch einen Gefallen schuldig waren, weil er die Frau des Betriebschefs mithilfe eines strikten Ernährungsprogramms und intensiver persönlicher Begleitung von ihrem supermorbiden Übergewicht befreien konnte.

Trotzdem besteht kein Zweifel, dass Dagmar und Bert sich in keinem erfreulichen Zustand befinden. Nein, gar nicht. Es geht ihnen eindeutig noch schlechter als vor dem Umzug in die Villa. Deshalb muss neben ihm jetzt Harry mit seinem Hokuspokus ran. Zumindest Frau Pöpsel, die es mit Astrologie und ähnlichem Quatsch hat, dürfte für Harrys unkonventionelle Medizinmann-Methoden empfänglich sein.

Der stumme Feining und die zornige Fenja hingegen …

Puh, bei denen hat er seine Zweifel. Wie auch immer, zumindest dürfte Fenja sich über männliche Gesellschaft in ihrem Alter freuen. Der derzeit einäugige Ricardo ist achtundzwanzig. Zwar nicht mehr ganz so attraktiv, wie er mal war, aber in gewissem Sinne haben die beiden einiges gemeinsam. Im Vergleich zu Dämlack Felix dürfte der Junge eine eindeutige Verbesserung sein.

Kantereit erreicht Arianes Stammgebiet: die Beletage. Ob er sich von der Drachenlady noch mit ein paar wohlgesetzten Worten der Verachtung verabschieden soll? Nein, da sind Hopfen und Malz verloren. Außerdem steht mal wieder ein bulliger Anwalt vor ihrem Arbeitszimmer auf Posten.

Nicht derselbe wie vor drei Tagen. Der wurde gefeuert, weil er nach der kleinen Explosion einfach Fersengeld gegeben hat. So wie Felix, der noch schneller war. Ihn hat Ariane leider nicht gefeuert. Was soll's, hoffentlich machen die beiden sich das Leben in der Villa Kantereit gegenseitig zur Hölle. Seine Schwägerin hat keinen Beschützer verdient. Schon gar nicht ihn.

Kantereit passiert die Tür des Arbeitszimmers, der Wachmann aus der Anwaltskanzlei bedenkt ihn mit argwöhnischen Blicken. Soll er mal. Arianes Probleme mit den Finanzbetrügereien ihres Stiefsohns interessieren Kantereit keinen Pfifferling mehr. Außerdem weiß er inzwischen satt und genug über ihre Bredouille. Die simple Idee, einfach mal auf den Internetseiten des *Wallstreet Journals* und der *New York Times* nach Eschberg-News zu forschen, war mehr als ertragreich.

Der vorgebliche Starinvestor hat Klientengelder im Milliardenbereich verbrannt und einen nicht unbeträchtlichen Rest in seine anrüchige Stiftung und zu seinen Gunsten überführt. Ist ihm nicht gut bekommen. Am Tag von Arianes Ohnmachtsanfall ist er verhaftet und sind seine Büroräume durchsucht worden. Momentan sitzt er im Kittchen und wartet auf seine Kautionsverhandlung.

Kantereit biegt ab, will die Halbtreppe in die Vorhalle nehmen, wo Feining bereits als sehr einsame Gestalt auf seinem Koffer hockt. Neben ihm warten seine Musikanlage und die in Kisten verpackte Plattensammlung auf den Abtransport.

Kantereit fragt sich gerade, wie sie diesen ganzen Krempel per Bahn sicher in den Schwarzwald bringen sollen, als oben ein durchdringender Schrei aufhallt, der in höllisches Kreischen übergeht und Feining von seinem Koffer hochschnellen lässt.

»Ist das unsere liebe Dagmar?«, fragt er bleich und entsetzt und will nach oben eilen.

Kantereit schüttelt den Kopf und hält ihn am Arm zurück. Sein Blick gleitet nach oben zur Tür des Arbeitszimmers. Er muss sich ein Grinsen verkneifen. Junge, die Drachenlady verfügt über ein erstaunliches Lungenvolumen, die brüllt das ganze Haus zusammen. Ein Wunder, dass die Wände nicht wackeln und kein Putz von der Decke fällt.

Scheint so, als habe Ariane van Endert soeben äußerst unschöne Nachrichten von ihrem Juristenteam erhalten. Sie seien ihr gegönnt. Von Herzen.

Die Tür des Arbeitszimmers wird aufgerissen, als Fenja und Dagmar soeben daran vorbeigehen wollen. Beide zucken – genau wie der zweibeinige Wachhund – zurück, suchen gemeinsam nach Deckung vor der schwarzen Witwe.

Aus dem Zimmer stürmt jedoch nicht Ariane, sondern Felix und einer ihrer Anwälte. Der Paragraphenheini sieht ziemlich zerrupft aus, ein Aufschlag seines Jacketts scheint herabgerissen worden zu sein, und sein affiges Einstecktuch quillt wie eine rote Wolke aus der Brusttasche.

Und was ist das da auf Felix' linker Wange?

Kantereit kneift die Augen zusammen.

Huiuiui, das sind wohl Kratzspuren. Felix scheint auch etwas abbekommen zu haben, er presst die Hand an seine rechte Wange und versucht mit der anderen, seine Krawatte zu lockern, die wie eine Würgeschlinge um seinen Hals festgezurrt ist.

Mit Ariane ist offenbar endgültig die Raubkatze durchgegangen.

»Wir brauchen hier oben sofort Hilfe!«, jault der Jura-Fiffi übers Treppengeländer. »Schnell, Mann! Sie sind doch Arzt, oder? Die Frau ist gemeingefährlich. Wir müssen sie irgendwie bändigen, die dreht völlig durch!«

»Ach ja? Dann rufen Sie einfach einen Krankenwagen, ich bin außer Dienst und habe Besseres zu tun«, erklärt Kantereit gelassen und wendet sich ab. Soll Ariane doch rumschreien und durchdrehen. Ihre schrillen Schreie sind quasi Musik in seinen Ohren.

»Hören Sie«, fleht von oben der Anwalt gegen das Geschrei im Arbeitszimmer an. »Sie müssen Ihrer Schwägerin beistehen. Sie hat soeben erfahren, dass Michael Eschberg sich – weiß der Himmel, wie – nach Kuba absetzen konnte. Sämtliche Gelder und Vermögenswerte, die er verwaltet hat, sind auf unabsehbare Zeit eingefroren. Keiner seiner Kunden hat Zugriff darauf. Ariane van Endert steht sozusagen vor dem Nichts.«

Als ob, denkt Kantereit verächtlich. Ganz gewiss hat die noch irgendwo Gelder geparkt, außerdem gibt es immer noch die Villa.

Ein Dingdong ertönt. »Ah, das dürfte unser Taxi sein«, verkündet er fröhlich, schreitet gemächlich zur Gegensprechanlage und betätigt den Toröffner, sodann wendet er den Kopf zurück zur Treppe. »Fenja, kommt ihr? Fenja?«

Ist verschwunden.

In Arianes Arbeitszimmer.

Spinnt das Mädchen jetzt komplett? Will sie die tobende Ariane mit ihren Kampfsporttechniken niederringen? Oder ihr gar helfen? Das kann sie gar nicht, falls Ariane ernsthaft durchdreht.

Ach, was soll's. Kantereits Medizinergewissen gibt wieder mal nach. Mit schweren Schritten stapft er die Treppe hoch. Im Arbeitszimmer ist bereits halbwegs Ruhe eingekehrt. Dafür heult Frau Pöpsel auf dem Flur Rotz und Wasser: »Warum schreit die so? Ich ha-habe doch diesmal gar nichts verbrochen, oder?«

14.

»Hier sind die *Bunte*, die *Gala*, der *Stadt-Anzeiger*, das *art Magazin* und die *Zeit*.« Felix stürmt mit einem Bündel aufgerollter Zeitschriften auf Ariane van Endert zu.

Muss der so fröhlich tun? Und so ordinär laut sein? Und die Aufmerksamkeit der Umstehenden auf mich lenken?, ärgert sich Ariane. Sie hat extra auf einer Gitterdrahtbank am äußersten, nicht überdachten Ende des Bahnsteigs Platz genommen. Wo auch sonst.

Hier hält die erste Klasse, man hat direkten Blick auf den Kölner Dom und ist wenigstens etwas separiert vom Pulk der Wartenden, dem scheußlichen Zuglärm und Bratwurstgestank, vom Plebs und den garstigen Tauben, die unter dem Hallendach herumflattern und alles verschmutzen.

Trotzdem fühlt sie sich selbst mit Domblick ganz erbärmlich. So erbärmlich, wie sie sich zuletzt mit Anfang zwanzig gefühlt hat, als sie noch jung und wirklich armselig im Geiste war. *Damals, als … Schluss damit! Jetzt nur nicht in Reminiszenzen verfallen*. Lieber ärgert sie sich über die Deutsche Bundesbahn, was nicht schwer ist.

Herrje, die sogenannte erste Klasse ist auch nicht mehr das, was sie mal war. Zu allem Überfluss hat der Intercity nach Freiburg kräftig Verspätung. Und das um sieben Uhr morgens. Warum wird nicht verraten.

Gibt es einen besseren Beweis dafür, dass das sogenannte *normale Leben* nichts taugt? Ihr heller Givenchy-Trenchcoat leidet ebenfalls entsetzlich bei diesem Reiseunterfangen. Einfach gruselig, dieser Dreck überall. Kann da nicht mal wer durchputzen? Am besten alle zehn Minuten, gibt doch genug Arbeitslose.

»Hier, nun nimm schon.« Felix hält ihr die Magazine hin und grinst aufgeräumt. »Ein bisschen Unterhaltung für die Fahrt.«

»Nicht nötig«, wehrt Ariane eisig ab. »Schau lieber nach, wie die Wagenreihung aussieht. Ich möchte bei Einfahrt des Zuges nicht den Bahnsteig entlanghetzen müssen, um den richtigen Gleisabschnitt zu finden.«

»Entspann dich, ich schaue sofort nach«, erwidert Felix. »Soll ich dir noch eine Laugenbrezel oder ein Getränk besorgen? Oder willst du im Speisewagen essen?«

»Weder noch«, knurrt Ariane, und Felix trollt sich.

Der tut geradezu so, als handele es sich hier um eine Vergnügungsreise. Noch dazu eine freiwillige. Das Gegenteil ist der Fall. Wer reist denn heute noch freiwillig in den Schwarzwald? Sonja Ziemanns Tage als seliges Schwarzwaldmädel sind nun wahrlich vorbei. Der Gipfel ist, dass sie Klaus Kantereit geradezu anflehen musste, ihr vorübergehend Unterschlupf bei seinem Freund, Vorname Harry, Nachname unbekannt, zu bieten. Nicht einmal ein Fünf-Sterne-Hotel am Starnberger See kann sie sich momentan leisten, geschweige denn eine standesgemäße Auszeit an der Côte d'Azur.

Dieser Harry ist laut Auskunft ihres Schwagers so etwas wie ein Hobby-Biobauer im piefigen Schwarzwald. Er lebt auf einem lächerlichen, nur zwölftausend Quadratmeter großen Grundstück an einem Berghang, plus etwas Wald und Viehweiden, in völliger Einöde. Was soll das schon groß sein? Ein Bauernhof, der sich nicht in Hektar misst und noch dazu den albernen Namen »Kleine Sonnenfarm« trägt, kann doch nur ein Witz sein.

Nun, immerhin ist Harrys Hof – oder besser: sein Höfchen – weit weg von allem, vor allem von Marienburg, versucht sich Ariane zu trösten. Dort ist sie hinter vorgehaltener Hand seit der Gasexplosion samt unnötigem Feuerwehreinsatz und dem bedauerlichen Vorfall mit ihren Anwälten vor drei Tagen – einem kleinen und völlig angemessenem Wutanfall angesichts der Flucht von Michael Eschberg – eine Paria und das Skandalthema Nummer eins.

Als ob die Marienburger nicht schon ganz andere Skandale erlebt hätten! Etwa die Pleite eines hochvermögenden Nachbarn und Privatbankiers anno 1974 oder die Verhaftung eines bundesweit bekannten Konzernchefs wegen Steuerhinterziehung im Jahr 2010. Um nur zwei gestolperte Milliardäre zu nennen. Aber sie, sie macht man zur Persona non grata, weil sie auf höchst unappetitliche, aber nicht unübliche Finanztricksereien eines Michael Eschbergs hereingefallen ist!

Erst recht, seit sie ihren Porsche und ihren Mercedes verkauft und die Kantereitvilla zur Miete angeboten hat. Weil sie Bares für ihre laufenden Kosten benötigt und auf Anraten ihrer Anwälte – die dabei natürlich nur an ihre ausstehenden und künftigen exorbitanten Honorare denken. Die ersten neureichen Nobodys stehen als Mieter schon Schlange und haben ihr Haus besichtigt, darunter irgendein einundzwanzigjähriger Popstar-Bubi. Tina Turner – die mal in Marienburg residiert hat – wäre akzeptabel, aber so einer?

Leider wird sie einen der Bewerber nehmen müssen, um die Anwaltskanzlei bei der Stange zu halten und regelmäßig bezahlen zu können. Vor ihr liegen schließlich Monate, vielleicht Jahre voller Prozesse um ihr Geld. Garantiert reich werden dabei nur ihre Anwälte.

»Hallo? Klopf, klopf, jemand da?«, scherzt Felix. Er ist zurück. »Die Wagenreihung bleibt, du sitzt richtig.« Erneut will er ihr das Zeitungsbündel aufdrängen.

Ariane schiebt kurz ihre riesige Sonnenbrille in die Stirn, schenkt ihm einen tadelnden Blick.

»Was habe ich denn jetzt schon wieder falsch gemacht? Du wolltest doch Lektüre«, trotzt ihr selten dämlicher Stiefenkel beleidigt auf. »Außerdem müssen wir eine gründliche Medienanalyse betreiben.«

»Du hast die *Zeit*, das Kunstmagazin und den *Stadt-Anzeiger* in diese peinlichen Klatschzeitungen eingewickelt statt umgekehrt«, informiert ihn Ariane. »So steige ich damit in keinen Zug. Was sollen die Leute denken!«

Felix lässt sich neben sie auf die Bank plumpsen. Unaufgefordert! Das ist neu. Diese Nähe, noch dazu auf Augenhöhe. Gott, ohne ihr Geld und die Villa nimmt der sie einfach nicht mehr für voll.

»Was die Leute von dir denken, werden in Bälde allein wir bestimmen, Schätzchen«, beginnt Felix zu dozieren und schaltet mal wieder auf Dieter-Thomas-Heck-Tempo. »Denk an die ersten Berichte über Michael, pardon: *Meikel*, Eschbergs Flucht nach Kuba und über deine Verluste in den regionalen und einigen überregionalen Tageszeitungen. Die Menschen interessieren sich nun ernsthaft für dich. Wir waren sogar auf RTL. Ohne mich und die Interviews, die ich gegeben habe, hätte niemand die Sache richtig zur Kenntnis genommen.«

»Was mir entschieden lieber wäre«, wagt Ariane einen Einwurf.

»Unsinn, dann hätte man dich nur als naive Bankrotteurin abgetan, womöglich über deine Dummheit gefeixt. Ich habe den richtigen Spin in die Story reingebracht: ›Nervenzusammenbruch! Herzanfall! Undankbarer Stiefsohn betrügt beliebte, international bekannte Kölner Kunstmäzenin, Charitylady und Multimillionärin um ihr Vermögen. Rückzug in den Schwarzwald! Auf einem einsamen Landgut im Münstertal will Ariane van Endert nach dem schrecklichen Betrug wieder Kräfte sammeln.‹ … Genial, oder?«

Sein Ohrfeigengesicht strahlt. »Opferstorys von Millionären deines Kalibers sind immer eine Schlagzeile wert«, trumpft er auf.

Danke auch dafür, zürnt Ariane und versinkt in grollendes Schweigen. Hat ja keinen Sinn, den Kerl noch erziehen zu wollen. Und eins stimmt: Sie muss dringend wieder zu Kräften kommen, ihr altes Ich zurückerobern, Strategien entwickeln, um den Kampf um ihr teils verschwundenes, teils eingefrorenes Vermögen aufzunehmen und zu gewinnen, gleichgültig, ob Eschberg verschwunden ist und bleibt.

»Das mit dem Landgut klingt besonders gut«, lobt sich Felix weiter. »Nach Adel. Ich hoffe, darauf springen *Bunte* und *Gala* irgendwie an. Welche Adligen gibt es eigentlich so im Schwarzwald? Könntest du mit irgendwelchen Freundschaft schließen? Oder kennst du vielleicht sogar schon welche?«

Eine solche Plage, der Kerl. Und nicht zu bremsen.

»Rund um Münstertal soll es neun Schlösser und Burgen geben. Vier sind allerdings Ruinen und die anderen Cafés oder irgend so ein Touristenquatsch. Na, das werde ich noch genauer recherchieren. Für unsere Videoclips und Twitterbotschaften aus der Verbannung! Das wird ein Renner.«

»Keine Videos«, wirft Ariane ein.

»Darling, wir müssen Videos machen und vielleicht ein paar Paparazzifotos organisieren. Zum Beispiel in Bad Krozingen. Das war doch bestimmt mal ein halbwegs mondäner Kurort, oder?«

Wie bitte? Wovon träumt dieser Dummbart nachts? Bad Krozingen war niemals wie Baden-Baden, die ehemalige Sommerstadt Europas mit berühmtem Casino, Galopprennbahn und dem legendären Brenners Park-Hotel. Baden-Baden war ein Kur-Paradies der Belle Époque, hier entspannten Dostojewski, Bismarck, Graf Zeppelin, Englands Thronfolger, Walt Disney, Henry Ford und in den 1950er-Jahren Konrad Adenauer. Heute ist es – so liest man – auf dem besten Wege, erneut zum Treffpunkt der jungen Reichen und Schönen zu werden. Krozingen hingegen ist ein allenfalls mediokres Rentnerparadies, von Glamour keine Spur. Ganz zu schweigen von einer irgendwie erwähnenswerten Kunstszene. Bad Krozingen ist eine kulturelle Diaspora!

»Ein paar Bundespräsidenten sollen dort gekurt haben. Einer ist da sogar gestorben, dieser – wie hieß er noch? Erinnert mich immer irgendwie an Tünnes, der Name. War auch ein Marienburger. Ach ja, Scheel, Walter Scheel. Kennt zwar kaum noch einer, aber die betuchte Kukidentfraktion wird's noch wissen. Und vor allem deine dämlichen Nachbarn.«

Ariane schließt resigniert und sehr müde die Augen. Felix ist so fürchterlich dumm, und – noch schlimmer – sie ist seine Chefin. Auf die er nicht mehr hören will. Da ist man mal zwei Tage nicht ganz auf dem Posten, und die sogenannte PR-Fachkraft gerät außer Rand und Band. Felix ist ein Paradebeispiel für *Was nichts kostet, taugt auch nichts*. Demütigenderweise kann sie sich aber niemand Besseren leisten. Sie braucht ihn – zumindest als Laufburschen, Packesel und Reisebegleiter. Im sogenannten normalen Leben gibt es so schrecklich viele lästige Dinge zu tun, wenn man niemanden dafür bezahlen kann. Das hatte sie über viele Jahrzehnte voll Reichtum und Komfort glatt vergessen oder – nun ja – einfach verdrängt.

Über ihren Köpfen knackt und fiept ein Lautsprecher. Es folgt die Durchsage, dass der Intercity nach Freiburg in wenigen Minuten einfährt. Felix springt auf und reiht eine stattliche Anzahl von Koffern an der Bahnsteigkante auf. Wenigstens modisch will Ariane in der Provinz ihre Standards halten. Und wer weiß, vielleicht wird sie tatsächlich bald ein Interview geben müssen.

Ja, das wird sie wohl.

Etwa wenn Eschberg wieder eingefangen und ordnungsgemäß vor einem US-Gericht angeklagt wird. Und das wird er! Bei Kapitalverbrechen, also jetzt nicht Mord und Totschlag, aber Verbrechen, die mit veruntreutem oder gestohlenem Privatvermögen, noch dazu dem von Millionären und Multimilliardären zu tun haben, kennen die da drüben keine Gnade. Das ist ihr zumindest ein kleiner Trost.

»Kommst du?«, drängt Felix.

Ariane erhebt sich äußerst widerwillig, fast gramgebeugt.

Jetzt also beginnt ihr großes Martyrium.

15.

Fenja legt kurz die Handegge ab, drückt beide Hände ins Kreuz, dehnt sich. Ihr Blick fährt wie magisch angezogen gen Himmel.

Hoch über ihr errichtet die Sonne ihr Mittagsreich, die morgendlichen Wolkenschleier sind verdampft. Wohlige Frühlingswärme macht sich breit, keine sengende Hitze, wie sie in Köln schon seit April herabbrennt. Nein, Höchsttemperaturen darf man im Münstertal und am Fuß des Belchens allenfalls im späteren August erwarten, hat Harry erklärt, pünktlich zur Heuernte. »Kann aber auch mal prasselnden Dauerregen geben«, hat er hinzugefügt. »Dann ist alles hin, und der Schober bleibt leer.«

Keine erfreuliche Perspektive, wenn man bedenkt, wie viel Arbeit in Harrys diversen Gärten auf dem Gelände steckt, findet Fenja. Laut ihrem Gastgeber hatten die Klein- und Bergbauern im Münstertal über Jahrhunderte ein hartes, karges und oft deprimierend kurzes Leben. Es ähnelt dem, was ihre Mutter immer vom Russland ihrer Großeltern erzählt hat.

Der Blick in den Himmel erlaubt Fenja glücklichere Gefühle und Gedanken, erklärt, warum das Gebiet bei naturliebenden Touristen und Wanderern beliebt ist. Im unendlichen Blau kreisen Greifvögel vor einer atemberaubenden Weide- und Bergkulisse. In den Obstbäumen, die auf dem Kamm des Hanges über ihr wachsen, hat sich ein Schwarm Drosseln oder Amseln, schwarzbraune Vögel jedenfalls, niedergelassen und beobachtet die laufenden Grab- und Gärtnerarbeiten in den Sonnenbeeten unter ihnen.

Um sie herum summen träge die Hummeln und emsig die Bienen; sie besuchen die vielen Wildblumen, die zwischen und in den Nachbarbeeten gedeihen und deren Namen Fenja nicht kennt.

Tja, sie ist eben ein Stadtkind, das gerade mal Löwenzahn von Gänseblümchen unterscheiden kann und weiß, was Brennnesseln sind. Wie unfassbar, ja, überwältigend schön es in diesem kleinen, abgelegenen Tal am Fuß baumbestandener Schwarzwaldhöhen ist, erkennt sie trotzdem. Selbst wenn es hier im Winter bitterkalt, über Tage wolkenverhangen und nass sein kann, wie Harry erzählt. Dieser Ort ist ein kleines Paradies, das aber – nicht zu vergessen – viel Arbeit macht.

Fenja greift nach der Egge, beginnt den nächsten Beetabschnitt zu lockern, von Steinen und Unkraut zu befreien. Pardon, von *Wildwuchs*, wie Hofherr Harry die grünen Störenfriede beschönigend nennt. Nach den Eisheiligen ist es an der Zeit, den Boden für vorgezogene Kürbis- und Zucchinipflanzen vorzubereiten, hat er beim Frühstück angekündigt, und er hat sie und Dagmar zu Erdarbeiten abkommandiert. Um kurz nach sieben. Da kennt der nichts. Wer bei ihm wohnt und isst, muss mithelfen. Selbst Klaus Kantereit hat heute Morgen schon die Ziegen gemolken, den Stall entmistet und muss täglich fünf große Kannen Milch zu einer Käserei im Nachbartal fahren. So macht er das wohl immer, wenn er bei Harry zu Gast ist.

Fenja hätte nicht gedacht, dass der Herr Doktor beim Milchvieh so handfest mit anpackt. Das gesamte Prozedere dauert an die zwei Stunden, da Harrys sechsundzwanzig Ziegen erst zum Melkstand geführt, die Zitzen gereinigt, kurz per Hand angemolken und sodann an die kleine Melkanlage angeschlossen werden müssen.

Die Käserei entlohnt Harry im Gegenzug für die Milchlieferungen mit köstlichem Kuh- und Ziegenkäse. Vom Geldausgeben hält der Kauz nämlich nicht viel.

Feinings Hauptressort sind die Hühner: füttern, Eier einsammeln, Hühnerdreck wegputzen und die Gehege auf Löcher im Maschendraht prüfen, damit Füchse, Greifvögel und Marder kein zu leichtes Spiel haben. Außerdem muss er die beiden Lamas füttern, die die Ziegenherde bewachen und angeblich vor Wölfen schützen können, die im Umkreis gelegentlich zuschlagen, sowie die beiden hochbetagten Hornkühe Sassafraß und Pimpinelle versorgen, die bei Harry ihr Gnadenbrot bekommen.

Bislang scheint Feining seine Aufgaben erstaunlicherweise zu lieben. Allein an Harrys rauchgraues, schwarz getupftes Westernpferd Hickory aus der legendären Appaloosa-Rasse traut Bert sich noch nicht heran, aber Harry ist sich sicher: »Das wird noch. Hickory ist mindestens so sensibel wie unser schüchterner Pianist. Und wie er ist Hickory recht menschenscheu ... na ja ... und auch pferdescheu, weil er im Zirkus schlechte Erfahrungen gemacht hat. Hickorys Mist ist in den Gärten zwar sehr nützlich, aber man kann ihn leider nicht mehr reiten. Tja, Hickory und Feining, ich denke, da geht was.«

Na, wenn der meint.

Ihr hat Harry vorhin gezeigt, wie die Arbeit mit Egge, Sauzahn und Grabgabel funktioniert. Danach hat er sie und Dagmar allein gelassen. Mit einem riesigen Haufen Kompost und verrottetem Pferdedung, der später auch noch in die Erde muss.

Dagmar ist an Egge und Sauzahn gescheitert – zu schwach und zugegebenermaßen ungeschickt –, weshalb sie sich aufs Unkrautzupfen gestürzt hat. Emsig und sehr gründlich jätet sie per Hand einige Meter über Fenja und dem künftigen Kürbisacker den Boden unter einer endlosen Reihe von Johannisbeersträuchern. Sie rutscht dabei auf Knien über die steinige Erde voran.

Das muss doch wehtun! Selbst Dagmar. Kann sie die Büßerrolle nicht langsam mal ad acta legen? Niemand hier wirft ihr die Sache mit der Gasexplosion vor.

Dagmar rupft sehr eifrig, neben ihr häuft sich entferntes Grünzeug. Trotzdem: Sehr effizient ist das nicht, und Fenja hat den Verdacht, dass die erdnahe Sisyphusarbeit Dagmars Tendenz zur Selbstbestrafung enorm entgegenkommt.

Ich werde am Abend mit ihr darüber reden, nimmt Fenja sich vor. Behutsam versteht sich, man darf die empfindsame Dagmar nicht verschrecken. Energisch zieht sie die Egge durch die Erde. Verflucht, das wird Muskelkater geben. Sie ist körperliches Arbeiten nicht mehr gewohnt, seit sie keine Bierkästen und Dosenpaletten mehr in Elenas ehemaligem Kiosk herumwuchten muss.

Ein wenig Hilfe wäre nicht schlecht, aber Harry und der Rest der Hoftruppe, bestehend aus ihm selbst, Feining, Kantereit und Ricardo haben heute genug anderes zu tun auf den rund zwölftausend Quadratmetern Anbaufläche, im Wald und auf den zusätzlichen Wiesenflächen für die Ziegen, eine Handvoll seltener Bergschafe und die stattliche Gänse- und Hühnerschar, deren Gockel den Hof am frühen Morgen verlässlich mit einem Sängerwettstreit wecken.

Muss man sich auch erst dran gewöhnen. Vor allem, weil es hier nachts von Käuzchenrufen, Froschquaken und Fuchsbellen abgesehen totenstill ist.

Apropos still.

Ihre Gedanken eilen zu Ricardo, dem wortkargen Finsterling, zurück, aus dem Fenja nicht recht schlau wird. Was sie beunruhigt. Sie weiß gern, mit wem sie es zu tun hat, und der Typ wirkt so, als könnte er ungemütlich werden.

Warum zum Teufel trägt er eine Augenklappe zur Schau, mit der er wie ein moderner Pirat ausschaut? Soll das ein Modegag sein, oder ist sein linkes Auge verletzt? Fehlt es ihm gar? Wäre ihm ein sichtbares Glasauge peinlich?

Fragen will Fenja nicht. Zumal sie keine Antwort von ihm bekäme. Ricardos Maulfaulheit schlägt die von Feining um Längen. Allerdings ist sein Schweigen kein Anzeichen von Schüchternheit, sondern von Feindseligkeit. Wenn Fenja ehrlich ist, erinnert das auf dem Hof anwesende Männerclübchen sie an eine Versammlung des Trappistenordens. Selbst bei Tisch. Von Arbeitsgesprächen abgesehen, wird nicht viel gesagt. Auch Klaus Kantereit kriegt momentan kaum die Zähne auseinander. Außer vielleicht abends, wenn er sich mit seinem Kumpel Harry in die Wildnis oder die Schwitzhütte am Bach zurückzieht.

Fenja arbeitet stumm seufzend weiter. Sie muss die Egge kurz gegen eine Grabgabel tauschen, um eine biestige Brombeerwurzel auszumachen. Mist! Die sitzt tief und krallt sich mit tausend Verästelungen in den Boden. *Willst du wohl! Ha, geschafft.* Fenja wischt sich die Stirn. Das hier ist wirklich eine Ochsentour und auf Dauer eintönig.

Ein bisschen mehr Geselligkeit und Unterhaltung könnten wirklich nicht schaden. Vor allem Dagmar, die gar nicht ihr übliches, plapperfreudiges Selbst ist und sich beim Essen fester denn je an Kasimir klammert. Fenja würde gern die herrliche Umgebung mit ihr erkunden, die umliegenden Dörfchen und die prachtvollen Berge kennenlernen, sie und sich auf andere Gedanken bringen. Was sie auf der Herfahrt mit dem Münstertalbähnle gesehen hat, sah sehr verlockend aus.

»Lust mitzukommen?«, fragt wie aus dem Nichts eine tiefe Stimme hinter ihr.

Fenja muss sich sehr zusammenreißen, um nicht wie ein Kaninchen aufzuschrecken.

»Klaus und ich wollen los«, fährt die sonore Stimme fort, »um diese Ariane vom Bahnhof abzuholen. Außerdem kann ich Ihnen dann endlich was von der Umgebung zeigen. Interessiert Sie doch, oder?«

Kann der Mann Gedanken lesen? Und muss der sich immer so anschleichen? Anscheinend ist es Harry ein Bedürfnis, seinem Spitznamen Chingachgook, dem lautlosen Waldläufer, gerecht zu werden. Leicht verärgert dreht sich Fenja um.

Der baumlange Häuptling Silberhaar steht unmittelbar hinter ihr und grinst. Er ist eine imposante Erscheinung mit seinem breiten Kreuz, seinen strammen Gärtnermuskeln und den halblangen Rastalocken – die nicht eben indianisch, aber sehr folkloristisch aussehen und gut zu seinem wettergegerbten, sonnenbraunen Gesicht passen. Dass er einen nicht eben kleinen, festen Bauch vor sich herträgt, tut seinem Erscheinungsbild keinen Abbruch. Dieser Senior hat Wums.

Bevor Fenja Harry antworten kann, stößt der einen scharfen Pfiff aus. Der Pfiff gilt Dagmar, die entsetzt hochschnellt, wobei sich ihr fuchsrotes Haar im Johannisbeergestrüpp verfängt.

»Was machen Sie da?«, schreit Harry mit Donnerstimme den Hang hinauf.

»Ich … ich … also, ich jäte, glaube ich«, ruft Dagmar leicht stammelnd zurück und kämpft darum, ihr Haar zu befreien.

»Nein, das tun Sie nicht, Sie rupfen nur kiloweise den Wermut aus, der meine Johannisbeeren vor Säulenrost schützt«, schimpft Harry und sprintet den Hügel herauf, um Dagmar ein Krautbüschel zu entreißen.

Fenja sprintet mit der Egge in der Hand hinterher, um die arme Dagmar vor weiteren Schimpfkanonaden zu bewahren. Wie kann dieser Depp nur so mit der armen Frau umgehen? Soll das ein Beweis für sein psychologisches Einfühlungsvermögen sein, von dem Kantereit auf der Hinfahrt gefaselt hat?

Hat der Herr Doktor seinem besten Freund nicht klargemacht, wie schlecht es um Dagmars seelisches Gleichgewicht steht, wie armselig sie dran ist?

»Nichts mehr zu machen, der Schaden ist da«, knurrt Harry, als Fenja bei ihm ankommt.

»Müssen Sie so grob zu Frau Pöpsel sein?«, wirft Fenja aufgebracht ein und legt schützend einen Arm um die zitternde Dagmar.

»Wenn es um meine Pflanzen geht, kenne ich kein Pardon. Es sind lebende, atmende Wesen«, entgegnet Harry störrisch.

»Genau wie Dagmar«, schäumt Fenja und hebt drohend die Egge.

Harry scheint sich zu besinnen. »Na gut, lassen wir das. Zum Glück ist Wermut eine ausgezeichnete Teepflanze. Gut für Galle und Verdauung.« Er wendet sich direkt an Dagmar. »Jetzt gucken Sie nicht wie ein verschrecktes Eichhörnchen! Bündeln Sie das Zeug, und hängen Sie es in die Kräuterhütte beim Haus. Danach können Sie Feining im Hühnerstall helfen. Von ihrem ausgeprägten Ordnungssinn wird er profitieren. Etwas planlos, der Gute.«

Kaum zu glauben, aber in Dagmars Gesicht geht schlagartig die Sonne auf.

Wegen Feining, dem Hilflosen?, fragt sich Fenja.

Nein.

»Ich darf zu den *Hühnern!*«, jubelt Dagmar. »Oh, ich liebe Hühner. Ich wollte schon immer mal eins streicheln.«

Oh weia, die Idee, Nutztiere zu kraulen, gibt sicher wieder Ärger mit Harry, dem Donnergott.

Fenja irrt sich erneut.

»Hervorragende Idee, dann legen sie viel besser«, lobt Harry, ganz die Großmütigkeit selbst. »Fragen Sie Feining nach Berta und Agathe«, empfiehlt er mit freundlichem Nicken. »Die zwei lassen sich liebend gern auf den Schoß nehmen und kraulen. An einem frostigen Wintertag ist das für mich eine Wonne. Ihr Gefieder ist wunderbar flauschig und warm.«

Hat der plötzlich Quasselwasser getrunken? So launig und vertraulich kennt man den Mann gar nicht, staunt Fenja. Mal abgesehen davon, dass er grandiosen Bockmist verzapft.

»Darf Kasimir auch mit?«, fragt Dagmar. Sie ist vor Begeisterung kaum zu bremsen.

»Nur, wenn er sich zu benehmen weiß und nicht bellt oder jault«, antwortet Harry streng. »Mein Nashoba hat wegen solcher Unartigkeiten absolutes Hühnerstallverbot.«

Nashoba – was ein indianisches Wort für »Wolf« sein soll – ist Harrys riesiger Hofhund, ein tatsächlich wolfsartiges, grau-weißes Tier, das sich gern allein im Wald rumtreibt, eher heult als bellt, laut Harry »nur aus eigenem, freien Willen gehorcht« und vor dem Dagmar – wie vor allen lebenden Hunden – eine Heidenangst hat.

Die scheint momentan vergessen.

»Mein Kasimir bellt nie und beißt auch nicht«, kichert Dagmar schelmisch und stupst Harry ihren Ellbogen in die Seite. »Der ist ja nur aus Stoff.«

Donnerwetter, wundert sich Fenja, dieses Geständnis hat sie noch nie aus Dagmars Mund gehört.

»Sagen Sie bloß!«, tut Harry überrascht. »Auf mich wirkte er sehr lebendig in Ihren Armen. Allerdings denke ich, dass es für Sie an der Zeit ist, ein neues Krafttier zu finden.« Er nickt gewichtig. »Ein Hund steht für Vergebung für erlittene Grausamkeit, alten Groll und verschüttete Sehnsüchte. Damit haben Sie sich lang genug befasst. Sonst wäre der Hund nicht so verbrannt. Ein Zeichen des Himmels. Es ist an der Zeit, sich von ihm zu trennen. Sie müssen den nächsten Schritt tun, Dagmar. Ein Huhn würde als Krafttier jetzt weit besser zu Ihnen passen.«

Der hat sie doch nicht alle!

Dagmar hingegen scheint schwer beeindruckt zu sein. »Krafttiere – ist das nicht so was Indianisches?«

Harry Chingachgook nickt erneut. »Genau. Wobei so gut wie alle Naturvölker auf Tiere als persönliche Seelenbegleiter, innere Ratgeber und Führer vertrauten und Schamanen hatten, die bei der Suche nach dem passenden Krafttier halfen.«

»Sind Sie ein Schamane?«, will Dagmar mit bewunderndem Blick aus großen grünen Augen wissen. Ihre Leichtgläubigkeit raubt Fenja den Atem.

»Ich kenne mich ein wenig damit aus und wurde in gewisse Rituale eingeweiht, ja«, behauptet Indianer-Harry, der offensichtlich genau so ein Hochstapler wie Winnetou-Vater Karl May ist, der sich am Ende einer von Gefängnisaufenthalten unterbrochenen Gaunerkarriere als Old Shatterhand neu erfand und behauptete, fünfunddreißigtausend Apachen befehligt zu haben. *In seinem kranken Kopf!*

Fenja weiß so was, weil Klaus Kantereit ihr, als sie knapp zehn war, aus Mays öden Romanen vorgelesen hat. Gutenachtgeschichten, die wirklich enorm einschläfernd wirkten. Fenja hat nur zugehört, weil sie glaubte, dass Papas, also Ersatzpapas, das brauchen. Später hat Kantereit ihr dann die Wahrheit über Karl Mays Fantastereien erzählt. Kantereit, der große Freund der Aufklärung. Leider ist die Wahrheit für ihn nur eine Sache unter »ferner liefen«. Harry scheint nicht besser zu sein.

»Sie sind ein Schamane. Wie aufregend!«, johlt unterdessen die vertrauensselige Dagmar. »Und was kann mich ein Huhn als Krafttier lehren?«

Hoffentlich nicht, noch aufgescheuchter zu gackern als jetzt und blind wie besagtes Huhn einem Schwindler wie Harry aufzusitzen, ärgert sich Fenja immer mehr. »Müssen wir nicht mal los, zum Bahnhof?«, versucht sie, dem Dialog der Deppen ein Ende zu bereiten.

Harry hört nicht hin. »Das erkläre ich Ihnen heute Abend am Lagerfeuer, Frau Pöpsel, wenn unsere Gruppe vollständig ist und Ihre Einweihungszeremonie stattfinden kann«, beantwortet er mit feierlicher Miene Dagmars Frage.

»Meine *Einweihungszeremonie*? Ich bekomme eine eigene Zeremonie. Nur für mich?«, jubelt Dagmar, und ihre grünen Augen leuchten heller als frühlingsfrisches Gras.

Harry nickt. »Aber selbstverständlich. Sie gehören doch jetzt zu meinem Hof, und so eine Zeremonie ist für die Gruppe immens wichtig, klärt die Verhältnisse.«

Dagmar kann es nicht fassen. »Und die anderen, ich meine Herr Feining und Fenja und …«

»Ich will keine Zeremonie, okay?«, geht Fenja dazwischen und hebt die Egge wie eine Kriegslanze.

»Sie sind auch noch nicht so weit«, bescheidet Harry sie und wendet ihr kurz das Gesicht zu. »Dagmar schon.«

Der grinst doch wieder, oder?

»Ariane van Endert wartet sicher bereits auf uns«, versucht Fenja noch einmal, diesen unsäglichen Quatsch zu beenden.

»Oh, ich freue mich auf heute Abend«, gerät Dagmar gänzlich unbeirrt ins Schwärmen. »Muss ich etwas Besonderes anziehen? Ein weißes Nachthemd oder so? Wobei … ich habe nur was in Rosa.«

»Ich freue mich ebenfalls, und nein, Sie müssen nicht Ihren Koffer plündern. Ich leihe Ihnen ein wundervolles Zeremoniengewand. Ein Hochzeitskleid aus feinstem Hirschleder, handbestickt von einer Lakota-Frau«, versichert Harry.

Dagmar errötet bis unter die Haarspitzen, haucht: »Ein Hochzeitskleid?«

Jetzt ist alles zu spät, weiß Fenja.

Harry nickt. »Mir schwebt auch ein hübscher Talisman für Sie vor. Wir werden Ihren Glücksbringer gemeinsam aus besonderen Fundstücken basteln. Achten Sie einfach darauf, was Ihnen heute auf dem Hof ins Auge fällt, egal was. Ein besonderes Blatt, eine Frucht, ein Kraut, eine Blume, ein Stein. Was auch immer es ist – es will zu Ihnen gehören. Und nun gehen Sie.« Mit weit ausholender Geste deutet er in Richtung Wald und Hühnerwiesen, als weise er Dagmar den Weg ins gelobte Land.

»Oh, wie wunderbar«, haucht Dagmar vollkommen verzückt. »Das werde ich tun.« Und schon macht sie sich auf den Weg. Den Blick fest auf den Boden geheftet, gerät sie nach wenigen Metern prompt ins Stolpern.

Na herrlich, zwei komplett Bekloppte haben sich gefunden, stellt Fenja resigniert fest. Wie kann Klaus als Dagmars Arzt so einen Mummenschanz und Hokuspokus zulassen? Bester Freund hin und her, das muss sofort aufhören. Sie wird ein ernstes Wörtchen mit dem Herrn Doktor reden müssen. Ein sehr ernstes.

Könnte sein, dass dieser Harry in die Klapsmühle gehört.

Ganz sicher sogar.

16.

Klaus Kantereit klammert sich mit aller Macht an einem Haltegriff über seinem Kopf fest. Harrys uralter Jeep rappelt und rumpelt über eine der steinigen, kurvenreichen Pisten, die den abgelegenen Hof mit der Außenwelt verbinden. Und hoffentlich bald mit einer geteerten Straße oder wenigstens mit irgendeinem Feldweg, der sie dem Bahnhof in Münstertal näher bringt.

Oha, jetzt geht es in eine scharfe Kurve und sehr steil bergab. Der Jeep gerät dank Geröll ein wenig ins Schliddern, neben Kantereit tut sich für Sekunden ein tannenbestandener Abgrund auf. Hölle noch eins, wenn sie da runterrasen, ist alles vorbei!

»Sag mal, machst du das extra?«, fährt er Harry, den Höllenfahrer, an, nachdem der den Jeep mit einem lässigen Schlenker wieder auf Kurs gebracht hat.

Sein Freund schüttelt lachend den Kopf. »Keine Panik, alter Bruder, ich hab alles im Griff. Das hier ist Lummerland gegen die Bergpisten, die ich in den Rockys oder im nepalesischen Hochland nehmen musste. Den Weg nach Münstertal könnte ich mit verbundenen Augen fahren.«

Was der Irre glatt tun würde, wenn man ihn dazu herausforderte, weiß Kantereit. Harry ist trotz seiner zweiundsiebzig Jahre ein unverbesserlicher Draufgänger.

»Warum haben wir nicht dieselbe Strecke wie bei unserer Ankunft genommen?«, forscht Kantereit nach der nächsten Haarnadelkurve weiter. »Die war bedeutend weniger halsbrecherisch!«

»Mag sein, aber die hier führt an ein paar spektakulären Naturschönheiten vorbei. Unsere Fenja soll doch mal was zu sehen bekommen.«

Klaus Kantereit dreht fragend den Kopf zur Rückbank.

Ihre Fenja ist zwar tatsächlich in den Ausblick zu ihrer Rechten vertieft, sieht aber nicht so aus, als studiere sie Naturschönheiten. Die ist mal wieder sauer, stocksauer. Diesmal auf Harry, nicht auf ihn. So viel konnte sie ihm noch mitteilen, bevor sie zu Harry in den Jeep geklettert sind. Wie es scheint, hat Chingachgook heute Abend irgendeinen Schamanenblödsinn mit Dagmar vor, und Fenja fürchtet um deren seelische Gesundheit.

Seltsame Geschichte.

Normalerweise – insofern man bei Harry von »normal« sprechen kann – hält er sich bei Fremden mit seinem Zeremonienquatsch sehr zurück, lässt nur Menschen daran teilhaben, die sich ernsthaft für indianische Magie und Gebräuche interessieren. Etwa seine Wissenschaftskollegen aus aller Welt, am liebsten seine kanadischen Forscherfreunde und -freundinnen, die tatsächlich indianischer Abstammung sind und ihn korrigieren oder authentisch unterweisen können. Ganz selten, nur wenn ihn ein Mensch darum bittet und Harry die Lage einschätzen kann, wendet er die überlieferten Heilmethoden auf Laien an, aber doch ganz sicher nicht auf naive Wirrköpfe wie Dagmar.

Er wird die Angelegenheit später mit Fenja besprechen müssen. In Harrys Gegenwart ist das nicht möglich. In ihrer jetzigen Laune würde Fenja dem Schamanen am Lenkrad kein Wort glauben, zumal Harry mit der Rasta-Mähne und der mexikanisch bunten Ethnoweste, die er übergezogen hat, wirklich nicht wie ein seriöser Forscher aussieht. Was Ariane nur von ihm denken wird? Wobei das natürlich egal ist, soll sie sich nur aufregen über Harry, den wird's nicht kratzen.

Ah, endlich! Die Piste geht in einen Forstweg über, der Jeep nimmt federnden Waldboden unter die Räder und stellt das Rumpeln ein. Sofort geht es Kantereit besser, seine Laune hebt sich. Aus gutem Grund. Welchen Zinnober auch immer Harry heute veranstaltet hat, ein Gutes hat die Geschichte: Es hat dazu geführt, dass Fenja wieder mit ihm spricht, sogar um seine Hilfe bittet. Das ist ein gewaltiger und erfreulicher Fortschritt, wenn man bedenkt, wie störrisch das Mädchen sein kann und wie übel sie ihm die ganze Marienburg-Geschichte genommen hat.

»Gleich sind wir da«, meldet sich Harry neben ihm gut gelaunt zu Wort. Er biegt scharf links in einen von Gestrüpp umwucherten Weg ein, der mehr ein Wildpfad ist. Zweige peitschen gegen das Blech des Jeeps.

»Hier geht es doch unmöglich zum Bahnhof«, protestiert Kantereit, als es unerwartet wieder bergauf geht und der Grund felsig wird.

»Ach«, winkt Harry ab, »der Bahnhof kann warten.«

Kantereit zieht sein Handy hervor und prüft die Uhrzeit. »Nein, kann er nicht. Halb eins. Ariane dürfte soeben eingetroffen sein.«

»Nach allem, was du mir über diese Frau und ihren Felix erzählt hast, kann es beiden nicht schaden, wenn sie mal jemand versetzt. Im Gegenteil.«

»Ich rufe Felix trotzdem kurz an und sage Bescheid«, beharrt Kantereit auf dem Gebot der Höflichkeit. Die beiden wissen schließlich nicht einmal, wo Harrys versteckter Berghof liegt, würden ihn im Leben nicht finden und sind darauf angewiesen, dass jemand sie abholt.

»Tu, was du nicht lassen kannst«, erwidert Harry unbekümmert. »Aber jetzt ist es an der Zeit, eine echte Naturgewalt zu bewundern. Nur noch zwei Kurven. Kurbelt mal eure Fenster runter. Dann könnt ihr es hören. Wir nähern uns einem meiner liebsten Kraftorte. Pure Energie mit hohem Reinigungspotenzial für Seele, Geist und Körper.«

Kantereit hört lediglich Fenjas verächtliches Schnauben hinter sich. Es klingt nach einem extrem gereizten Stier, der kurz davor ist durchzugehen.

17.

Ariane steht umgeben von ihren und Felix' Koffern auf einem großen REWE-Parkplatz direkt gegenüber dem sogenannten Bahnhof Münstertal. Selbiger besteht nur aus einem S-Bahn-Haltepunkt. Sie, Ariane van Endert, muss auf einem vulgären Supermarktparkplatz warten wie bestellt und nicht abgeholt. Ist das zu fassen? Nein!

Shopper umkreisen sie mit ihren Autos auf der Suche nach einer Parkbucht, ein Volltrottel rammt sie mit seinem turmhoch beladenen Einkaufswagen und entgegnet nach einer verdient scharfen Zurechtweisung ihrerseits, ob sie mit ihren Koffern, »Kischde un Päckli« zum »Schlofe odr Iikaufe« hier sei. Scheußlicher Dialekt, schlimmer als der Kölner.

Aus einem Lieferlaster unmittelbar hinter Ariane werden Paletten voll Gemüsedosen, Toilettenpapier und Katzenfutter entladen und aufgetürmt. Sie steht praktisch mittendrin in diesem entwürdigenden Sammelsurium. Der Fahrer wahrt mit den Paletten kaum Abstand zu ihr und den Koffern. Der nimmt sie gar nicht zur Kenntnis.

Selten im Leben fühlte sie sich so gedemütigt. Nun ja, außer in Jugendjahren und bevor sie als Sekretärin mit knapp zwanzig ihren ersten Gatten – Gustav Krampendonck – kennengelernt hat. Genau zu diesem Zeitpunkt, und nicht mit ihrer Geburt als Tochter eines Briefträgers, begann verdammt noch eins ihr wahres, herrliches Leben. Und das soll jetzt auf dem Parkplatz eines Supermarktes enden? Warum ist niemand gekommen, um sie abzuholen? So war es abgemacht.

»Allein findet ihr im Leben nicht zu Harry«, hat Kantereit noch gesagt.

Soll sie sich in diesem Kuhkaff etwa ein Hotelzimmer nehmen? Falls es so etwas hier überhaupt gibt, das nicht nach Kuhstall duftet.

Na endlich! Von links stürmt Stiefenkel Felix auf sie zu, der auf der Suche nach Klaus Kantereit eine kurze Ortsbegehung unternommen hat. Felix winkt fröhlich mit seinem Smartphone. Scheint so, als habe er Nachrichten von ihrem vermaledeiten Schwager.

»Habe gerade einen Anruf von Kantereit bekommen«, berichtete Felix atemlos. »In etwa einer Viertelstunde werden sie da sein. Harry und Fenja sind übrigens mit von der Partie.«

»In einer Viertelstunde erst!«, entfährt es Ariane schrill. Gott, an diese neue Tonlage, die ihr so gar nicht liegt, muss sie sich selbst erst gewöhnen. Sie ist doch kein hysterischer alter Drachen. »Und wo bitte sind die Herrschaften jetzt?«

Felix zuckt mit den Schultern. »Konnte ich nicht richtig verstehen, da war so ein mächtiges donnerndes Rauschen im Hintergrund. Klang nach einer gigantischen Wasserspülung.«

»Du meinst, Klaus Kantereit hat von einer Toilette aus telefoniert?«, echauffiert sich Ariane. Sie muss das Bild, das sich ihr aufdrängt, mit aller Macht unterdrücken. So primitiv kann ihr Schwager doch wohl nicht sein.

»Nein, nein«, wehrt auch Felix entsetzt ab. »Ich könnte mir eher vorstellen, es war eine Funkstörung. In der Provinz und erst recht in Berglandschaften sind die Verbindungen oft gruselig, obwohl …« Kurz denkt er nach, sein Gesicht erhellt sich. »Nein, ich hab's. Es war ein Wasserfall. Natürlich. Davon soll es in den Bergen ringsum einige geben. Kantereit muss direkt davorgestanden haben.«

Soll das heißen, dieser Harry, Klaus und Fenja machen einen Ausflug, anstatt pünktlich am Bahnhof zu sein?, wütet Ariane innerlich.

»Wir können im alten Bahnhofsgebäude warten, einen Cappuccino auf der Terrasse trinken«, schlägt Felix vor und deutet hinter sich. »Sieht doch ganz schnuckelig aus! Wie in alten Zeiten.«

In der Tat. Und genau das stört Ariane gewaltig, denn das ehemalige Bahnhofsgebäude erinnert sie fatal an die spießige Märklin-Eisenbahnplatte ihres Vaters. Eine heile Welt mit Filzbezug, Kunsthügeln, Plastiktännchen und winkenden Fallermännchen. Wenn sie sich recht erinnert, war sogar ein Schwarzwaldmädel mit rotem Bollenhut dabei. Der Titisee als Traumdestination – gruselig. Sie jedenfalls hat an den einen Urlaub, den sie als junges Mädchen mit ihren Eltern dort verbringen musste, nur scheußliche Erinnerungen zurückbehalten.

Felix hat keine derartigen Assoziationen. »Innen ist es ganz modern, fast schick, cooles Barmobiliar. Ich war kurz drin, und laut Internet ist der alte Bahnhof seit der Umgestaltung zum Restaurant-Café eine kulinarisch empfehlenswerte Location. Soll tolle Kuchen und Eiskreationen geben, die Betreiberin ist wohl Konditormeisterin.«

»Das haben wir doch vorhin schon ausdiskutiert, Felix. Ich esse nie Kuchen und Eis, wie du sehr wohl weißt«, bescheidet ihm Ariane.

Schon gar nicht, wenn die auf Stelltafeln und im Aushang angepriesenen Spezialitäten alberne Namen wie »Schwarzwaldschwips«, »Bömble« oder »Sansibar-Safari« tragen. Für ihre bedauerlichen Eltern wäre es das Himmelreich gewesen, aber doch nicht für sie. Nein, sie hält sich lieber an eine Low-carb-low-fat-Proteindiät und legt Wert darauf, stets ein wenig hungrig vom Tisch aufzustehen. Das garantiert ein langes Leben, wie die Japaner wissen. Jedenfalls die vernünftigen unter ihnen.

»Es gibt auch Burger und Schnitzel«, preist ihr unsäglicher Stiefenkel das Etablissement weiter an. »Du solltest etwas essen, denk an deinen Kreislauf.« Sein Magen knurrt unüberhörbar Zustimmung.

Ah, daher weht der Wind! Sie soll ihm mal wieder sein Essen spendieren. Ariane hebt das Kinn und verlegt sich auf eisernes Schweigen. Burger und Schnitzel, *also wirklich*. So tief wird sie auch in dieser schweren Krise nicht sinken.

»Na gut, ich geb's auf«, seufzt Felix, wirft die Hände in die Luft und lässt sich auf ihren größten Vuitton-Koffer plumpsen, als handele es sich um eine Parkbank.

»Steh sofort auf! Wir sind keine Tippelbrüder«, herrscht ihn Ariane an. »Wir warten aufrecht stehend.« Jawohl, aufrecht und unbesiegt vom treulosen Kantereit und einem Indianerimitator namens Harry.

Sie warten mehr als eine Viertelstunde, nämlich exakt dreiundzwanzig Minuten, wie ihre Armbanduhr Ariane verrät, als von links kommend ein klappriger schlammbespritzter Jeep auf den Parkplatz einbiegt, aus dem Beifahrer Kantereit ihnen lässig winkend ein »Hallihallo, wir sind da-ha!«, zuruft.

Hinter ihm sitzt Fenja, die ausgesprochen finster dreinblickt. Sicher trauert sie noch immer Marienburg und ihrem tollen Job nach, glaubt Ariane. Bei allen Differenzen, die sie hatten, ein so apartes und leidlich gebildetes, kunstsinniges Mädchen ist genauso wenig ein Landei wie sie.

Felix greift flugs zu zwei Koffern und strebt auf das unpassende Vehikel zu, als es fünf Meter vor ihnen abstoppt.

Diese Rostlaube gehört eindeutig auf den Autofriedhof, befindet Ariane. Na, sie will ausnahmsweise erst mal nichts dazu sagen. Hauptsache, das Ding bringt sie endlich weg von hier und zum

Landgut. Nur, wie passt ein schrottreifer Jeep zu einem *Landgut?* Gar nicht. Ihr wird ganz schwummerig. In was für eine Bruchbude wird man sie wohl expedieren?

Insgeheim hält sie nach dem Fahrer Ausschau. Wie so ein Möchtegern-Indianer aussieht, möchte sie ebenfalls gern wissen. Die ihrem Blick entzogene Fahrerseite wird geräuschvoll aufgestoßen, dann – ach, du liebes Lottchen – umrundet eine baumlange Vogelscheuche in grellbunter Webweste, mit Gorillamuskeln und grauen Gestrüpplocken den Jeep. Hat der einen Dritte-Welt-Basar geplündert? Unmöglich kann sie diesen Kerl ernst nehmen. Und bei so jemandem soll sie wohnen?

Mit sieben ausgreifenden Schritten ist der Riese bei ihr und schaut forschend aus beträchtlicher Höhe auf sie herab – ja, ja, der Größenunterschied ist leider nicht zu leugnen. Ariane reckt ihr Kinn, schenkt ihm ihren kältesten Raubtierblick und verweigert eine mündliche Begrüßung.

Das folkloristische Schreckgespenst hingegen grinst amüsiert, hebt die rechte Hand und sagt: »Howgh!«

Soll das ein Witz sein oder wirklich dieser angebliche Indianergruß? Eins steht fest: Es ist eine Kampfansage. Wirklich, den Mann kann sie unmöglich ernst nehmen. Aber eine Kampfansage erwidern, das kann sie. Ariane hebt ihren Kosmetikkoffer an und drückt ihn dem Kerl in die Pranke. »Den können Sie nehmen.«

»Könnte ich«, sagt der Indianer. »Will ich aber nicht.«

Er lässt den Koffer fallen. Einfach fallen. Es klirrt bedenklich, als er auf dem Boden aufprallt. Der Grobian dreht sich um und kehrt zum Auto zurück. Täuscht sie sich, oder beben seine Schultern vor Lachen?

Na, warte, du kannst was erleben!, schwört sich Ariane. *Wenn ich mit dir fertig bin, taugst du allenfalls noch zum Bettvorle-*

ger. Oh ja, sie hat schon vielen Männern gezeigt, dass sie – mit Herausforderungen konfrontiert – über sich und, noch wichtiger, über die Männer hinauswächst.

Im Geschlechterkampf ist sie – von einer einzigen peinlichen Ausnahme abgesehen – ein Leben lang Siegerin geblieben.

18.

Gartenarbeit ist eine ziemlich schmutzige Angelegenheit. Weil Fenja nach dem Ausflug zum Bahnhof unzählige Tomatenpflänzchen mit seltsamen Namen wie *Sub Arctic Plenty*, *Alaska* und *Siberian Early* ausgebracht, sie mit Mist versorgt und mit Stroh gemulcht hat, muss sie sich umziehen, bevor gleich Harrys Lagerfeuer-Buhei mit Dagmar losgeht.

Kantereit hat zwar versprochen, auf Dagmar Acht zu geben und Harry zu bremsen, aber zur Sicherheit will Fenja dabei sein und einschreiten, wenn es zu haarig wird. Richtig duschen wird sie danach. Jetzt reicht eine kurze Katzenwäsche.

Sie schlüpft aus ihren erdverschmierten Klamotten, tunkt einen Lappen in eine Waschschüssel, reibt sich Oberkörper und Gesicht gründlich ab. Dann zerrt sie eine Jeans aus ihrer Reisetasche, schlüpft in die frische Hose und ein neues Sweatshirt. Sie muss aufpassen, um nirgends anzustoßen.

Kantereit hatte sie bezüglich der Platzverhältnisse vorgewarnt, weswegen sie mit leichtem Gepäck unterwegs ist. Die Blockhütte, die Harry ihr zugewiesen hat, ist ziemlich beengt. Mehr als ein schlichtes Holzbett, ein Waschstand, ein Klapptisch und ein Spiegel an der Wand und dazu ein Stuhl passen nicht hinein. Kleiderhaken an der Tür ersetzen einen Schrank. Gewöhnlich nächtigen hier wohl Gäste, die an Harrys Survivaltrainings teilnehmen oder Selbstversorgerferien machen wollen.

Ihr macht das karge Ensemble nicht viel aus, zu ihrer Bauwagenzeit hatte sie nicht viel mehr Platz zur Entfaltung. Auch

Dagmar und Herr Feining, die freilich pro Nase eine Zweier-Hütte bewohnen dürfen, sind mit ihrer jeweiligen Unterkunft zufrieden. Anders als Felix und Ariane ...

Fenja gönnt ihrem Spiegelbild ein schadenfrohes Grinsen, während sie ihre hochgebundenen Flechtzöpfe aus einem Tuch befreit und damit beginnt, Stroh und Zweige aus ihrem Haar zu zupfen. Felix ist kreidebleich geworden, als Harry den Jeep am frühen Nachmittag auf die Weide gefahren hat, auf der Harry und Ricardo nach und nach die zehn Gästehütten des Hofes gebaut haben.

Kaum aus dem Jeep heraus, ist dieser Clown ausgeflippt wie ein Teenager, dem man das Smartphone wegnimmt und den Internetzugang sperrt, zumal Harry verkündete: »Angekommen. Sie werden mitten in freier Natur leben. Ah, dieses Lüftchen hier oben. Einmalig.«

»Soll das ein Witz sein? Wir haben keine Campingferien bei den Pfadfindern gebucht«, hat Felix losgekreischt.

»Sie haben hier gar nichts gebucht, ich nehme Sie aus reiner Herzensgüte bei mir auf«, hat Harry seelenruhig gekontert. Was ihn Fenja ein wenig sympathischer gemacht hat.

»Hier muss es doch irgendwo ein richtiges Haus geben«, hat Felix weiter rumkrakeelt. »Diese Bruchbuden sind unzumutbar. Frau van Endert würde sich den Tod holen – und dazu der ganze Schmutz!«

Mit dem Schmutz meinte er die Natur ringsum, denn schmutzig ist hier gar nichts, weiß Fenja. Man muss seine Hütte lediglich einmal am Tag ausfegen, fertig. So einfach ist Saubermachen nur hier. Aus gutem Grund, denn die meiste Zeit hat man draußen zu tun. Und gegessen, gewaschen und geduscht wird im zehn Minuten entfernt liegenden Haupthaus.

Ariane ist beim Anblick der Hütten zunächst verstummt und zum Eiszapfen erstarrt, dann hat sie verlangt: »Sie fahren mich sofort in ein Hotel, Herr … Wie heißen Sie überhaupt mit Nachnamen?«

»Ich heiße einfach Harry. Sie können mich natürlich auch Chingachgook nennen, so wie Kantereit das seit Kindertagen tut. Mir macht das nichts. Und zu Ihrer Information: Hotels gibt es hier oben nicht.«

Während heftiger Verhandlungen, in denen Harry anbot, für Ariane und Felix Zelte in seinem Survivalcamp im hofeigenen Wald aufzuschlagen oder sie in der Scheune unterzubringen, sah es kurz so aus, als wolle Ariane ihn mit ihrem ohnehin lädierten Kosmetikkoffer verprügeln. Sie hat völlig die Fassung verloren.

Woraufhin Harry ihr ein Zimmer im Haupthaus zugesagt hat. Unterm Dach juchhe. Man darf gespannt sein, wie es Ariane gefällt, mit den Trappistenmönchen Klaus, Harry und Ricardo in einem über zweihundert Jahre alten, verwitterten Schwarzwälder Berghaus eine WG zu bilden.

Das urige Wohn-Stall-Haus mit dem tief herabgezogenen Walmdach und einem aus Naturstein gemauerten Vorratskeller steht quer zum Hang. Es hat sehr kleine Fenster mit Klappläden, weshalb es im Winter in der Stube sehr dunkel sein dürfte. Dafür steht dort ein herrlicher, von der Küche aus geheizter alter Kachelofen mit umlaufender Bank.

Über die Jahrhunderte beherbergte das Haus Tagelöhner- oder Bürstenmacherfamilien, die als Nebenerwerb, und um halbwegs satt werden zu können, ein wenig Landwirtschaft, meist Viehhaltung, betrieben. Dann hat Harrys Großonkel es übernommen, direkt nach dem Ersten Weltkrieg, aus dem er tief verdrossen, verstört und angewidert, wenn auch unverletzt zurückgekehrt war, fest entschlossen, der Welt auf immer den Rücken zu kehren. Woran er sich gehalten hat.

Fenja gefällt das traditionsreiche Haus, aber die derzeitige

Männerwirtschaft im Inneren ... Tja, ordentlich, organisiert und aufgeräumt geht anders. Mal sehen, was Ariane daraus macht. *Vielleicht entdeckt sie die tüchtige Hausfrau in sich*, kichert Fenja in Richtung Spiegel.

Felix hat sich widerwillig für die größte Blockhütte gegenüber der ihren entschieden und sich dann mit dem Smartphone auf die Suche nach Empfang begeben. Weiß der Teufel, wo der abgeblieben ist und mit wem er ...

Ein Klopfen unterbricht Fenja in ihren Gedanken, rasch schüttelt sie die Perlenzöpfe aus und reißt die Tür der Hütte auf. Auf dem zweistufigen Eingangstritt steht der einäugige Pirat und sieht so finster aus wie eh und je. Und was ist das? Hat der sich noch einen Buckel zugelegt? Nein, er trägt nur eine riesige leere Kiepe. Hinter ihm hechelt Nashoba, der Wolfshund, und schaut nicht minder bedrohlich aus. Der Pirat ist nicht nur einäugig, sondern anscheinend auch stumm.

»Was gibt's?«, fragt Fenja barsch, weil der Kerl von selbst nicht die Zähne auseinanderkriegt.

»Wir sollen Holz holen.« Begeisterung klingt anders.

Auch Fenja ist von der Idee nicht angetan. »Geht nicht, ich will pünktlich zu dem Schamanenzirkus.«

»Darum das Holz. Lagerfeuer.«

Kann der nur im Telegrammstil reden?

Nashoba unterstreicht Ricardos pampige Aufforderung mit einem Knurren. Oder meint er wen anderes? Im nächsten Moment nämlich löst er sich aus dem Bild, rennt unter heulendem Gebell nach rechts.

»Rufen Sie sofort diesen dämlichen Hund zurück!«

Oh. Felix ist zurück und sein übliches schrilles Selbst.

»Weg du Biest, weg, weg, weg! Kusch!«

Pirat Ricardo dreht sich im Zeitlupentempo zu Felix um.

»Schreien Sie den Hund nicht an. Nashoba hasst unfreundliche Menschen.«

Sagt ausgerechnet dieser Piesepampel, staunt Fenja.

Felix rast auf der Flucht vor dem Hund derweil auf seine Hütte zu. »Haben Sie das Viech auf mich gehetzt? Ich werde Sie verklagen, Sie … Sie Käpt'n Ahab!«, schreit er in höchsten Tönen, bevor er schnell wie ein Blitz in seinem Häuschen verschwindet und die Tür zuknallt.

Nashoba scheint mit dem Ergebnis seiner kleinen Jagd äußerst zufrieden zu sein. Schwanzwedelnd trottet er zum Piraten zurück und legt seinen riesigen Wolfsschädel keck zur Seite, als wolle er sagen: »Das habe ich gut gemacht, oder?«

Ricardo belohnt ihn mit einer Krauleinheit. »Also. Holz«, sagt er dann und hebt eine weitere Kiepe an, die Fenja bislang übersehen hat. »Oder muss ich Nashoba auch auf dich losjagen?«

Fenja verschränkt die Arme und erwidert seine Frage mit einem feindseligen Blick. Der kann sie mal, und ein Wolf, der mit dem Schwanz wedelt und sich kraulen lässt, macht ihr keine Angst.

»Jetzt komm schon. Ohne Lagerfeuer geht da gar nichts los«, bequemt sich Ricardo zu einer Erklärung.

Okay, entscheidet Fenja, wenn das so ist, geht sie mit.

Ricardo ist bereits mit langen Schritten unterwegs und gibt die Richtung vor.

»Warum willst du denn in den Wald?«, ruft Fenja ihm, noch immer in der Tür ihrer Hütte stehend, hinterher. »Die Stapelhütte steht doch beim Haupthaus?« Und das liegt in der entgegengesetzten Richtung.

»Wir brauchen heiliges Holz«, ruft Ricardo todernst zurück. »Und Zunderschwamm.«

Was auch immer das ist.

Heiliges Holz! Harry ist und bleibt ein ausgemachter Spinner, findet Fenja. Was soll's. Sie zieht die Tür hinter sich zu, steigt die Stufen hinab, schultert ihre Weidenkiepe und muss einen Schritt zulegen, um zu Ricardo und Nashoba aufzuschließen. Es geht bergan auf eine dunkle Fichtenschonung zu. Falls ich die *heilige* Holzsuche ein wenig herauszögere, überlegt Fenja, findet der Zinnober vielleicht gar nicht statt, oder Dagmar verliert die Lust darauf. *Na ja, das dürfte unwahrscheinlich sein,* sinniert sie beim Aufstieg. Einmal im Leben im Mittelpunkt der Aufmerksamkeit und einer Festzeremonie zu stehen, noch dazu in einem indianischen Hochzeitskleid, könnte für Frau Pöpsel der Erfüllung eines lang gehegten, klammheimlichen Traums nahekommen.

Fenja erinnert sich noch lebhaft daran, wie Dagmar sich und ihr an einem ihrer »Mädelsabende« in der Villa ihre Wunschhochzeitsfeier ausgemalt hat. In so zuckersüßen Bildern, dass Fenja Zahnweh davon bekommen hat. Dagmar muss schon in Jugendjahren alles durchgeplant haben – samt gütigem weißbärtigen Pfarrer, fünfstöckiger Torte, Rüschenkleid, Endlosschleier, Blumenbukett, schluchzenden Gästen, rosa Diamantring »und lauter lieben Menschen, die sich freuen und über mein Glück staunen. Das vor allem«.

Sogar die Tortenverzierung stand für Dagmar en détail fest: »Viele, viele rosa Sahnekrönchen, dazu kandierte Veilchenblüten und Röschen aus Marzipan. Im Haar würde ich die auch tragen, also nicht kandiert oder aus Marzipan, sondern in echt. Wobei Veilchen leider rasend schnell welken.« Traurig hat sie hinzugefügt: »Tja, ganz wie ich. Bin ja sozusagen ein mausetotes Veilchen. Wird wohl auf immer mein Traum bleiben, so eine Feier, dabei war ich ganze zwei Mal verlobt!«

Wenn Fenja sich richtig erinnert, hat Dagmars erster Verlobter ihr einmal Veilchen zum Geburtstag geschenkt, mit der Bemerkung, sie seien, »ebenso hübsch und bescheiden« wie Dagmar. Wenige Monate später hat er sie sitzengelassen, weil Dagmars Mutter nach einem Schlaganfall zum Pflegefall wurde. Die fürsorgliche Dagmar muss sich rührend gekümmert haben, ist schließlich wieder daheim ein- und später nie mehr ausgezogen. Nebenher hat sie als gelernte Buchhalterin den Handwerkerbedarfsladen ihres Vaters geschmissen. Der Laden war ebenfalls ein Pflegefall.

Der zweite Verehrer, der der inzwischen neunundvierzigjährigen Dagmar einen Antrag machte, war ein zehn Jahre älterer Krankentransportfahrer, der ihre Mutter vor deren Ableben zu Ergotherapie und Arztbesuchen abzuholen pflegte. Bis vor vier Jahren und bis zu seinem Tod – schwere Diabetes – hat er mit Dagmar in deren Elternhaus gewohnt. Ein weiterer Pflegefall für Veilchen Dagmar. Zum Altar haben die beiden es nicht geschafft.

Immerhin hat er seiner Verlobten etwas hinterlassen, denkt Fenja grimmig. *Erhebliche Spielschulden bei einem Online-Poker-Anbieter.*

»Ach, er hatte ja sonst nicht mehr viel vom Leben«, hat Dagmar ihn entschuldigt.

Mit finsterer Miene klemmt Fenja beide Daumen unter die Trageriemen der Kiepe, schiebt sie nach oben, weil sie ihr ins Kreuz drückt. Das Leben kann so verdammt unfair und grausam sein. Erst recht zu so gutgläubigen und gutmütigen Menschen wie Dagmar. Kein Wunder, dass für deren spätes Glück wohl eine Schamanenzeremonie mit einem durchgeknallten Indianer, einem zusammengefriemelten Talisman anstelle eines Eherings und bunten Hahnenfedern statt Veilchen im Haar genügen. Die Federn hat Dagmar am Nachmittag im Hühnerstall eingesammelt.

Fenja muss einem riesigen Kuhfladen ausweichen und einen

Schritt zulegen. *Kann es sein, dass Harry von Dagmars Mädchenträumen wusste, als er den Schamanenscheiß vorgeschlagen hat?*, durchblitzt es sie.

Nein, das ist ausgeschlossen, entscheidet sie, während sie gemeinsam mit Ricardo endlich in ein von dunklen Fichten dominiertes Waldstück eintaucht. Dagmar würde so was nie im Leben einem Mann anvertrauen. Hat sie selbst gesagt. »Nachher würde der Ärmste noch denken, ich wolle *ihn* heiraten. Gott, wäre mir das peinlich. Ich bin ja kein männermordendes Flittchen!«

Fenjas Fazit: Harry ist kein guter Samariter, sondern schlicht und einfach bekloppt.

Von wegen heiliges Holz.

19.

Ariane legt ihr Ohr an die Holzbohlentür, die ihr Dachzimmer vom Stiegengang trennt. Nichts zu hören außer dem Knacken und Knarren von Holz. Dieses alte Haus – eine Riesenbruchbude, um genau zu sein – scheint ständig zu ächzen und zu stöhnen, aber menschliche Geräusche sind nicht wahrnehmbar.

Ob sie es wagen kann hinunterzugehen? Aus ihrem winzigen Firstfenster hat sie vor über einer halben Stunden den Abmarsch einer seltsamen Prozession beobachtet: Harry, gekleidet wie ein Wilder und mit Federschmuck im Haar, dahinter Kantereit – dankenswerterweise in Zivil – und Feining im Smoking. Ganz zum Schluss kam dieser unheimliche Einäugige mit dem Wolfshund. Das Haus muss also leer sein.

Ariane richtet sich auf, holt tief Luft und schiebt den hölzernen Türriegel zur Seite, tippelt barfuß und auf Zehenspitzen zur Holzstiege. Sie schaut verstohlen nach unten, ein Stockwerk mit Schlafkammern liegt direkt unter ihr, wieder darunter liegen Stube, Vorratsräume und Küche.

Sie wartet noch einige Sekunden mit angehaltenem Atem. Sicher ist sicher. Muss ja keiner wissen, dass sie Hunger hat und was zu essen braucht. So peinlich es ist, momentan würde sie sogar für einen vulgären Münstertaler Bahnhofsburger morden.

Offiziell ist sie allerdings im Hungerstreik. Hier soll ja keiner denken, dass sie mit ihrer Unterbringung einverstanden ist oder sie widerstandslos akzeptiert. Schon gar nicht Hofherr Harry und ihr Schwager Klaus, dieser Verräter.

Entschlossen macht sie sich an den Abstieg, huscht über die

nackten Dielenbretter des ersten Stocks und dann hinab in den Eingangsflur. Angekommen.

Wo war noch mal die Küche?

Ariane versucht es rechter Hand, stößt eine angelehnte Tür auf. Nein, falsch geraten und, du lieber Gott, was herrscht in der Kammer für eine Unordnung, das reinste Tohuwabohu aus Wanderstiefeln, Skistöcken, Fischkeschern, Waschbottichen, Holzfässchen, Sauerkrauttontöpfen, riesigen Weckgläsern und alten Werkzeugen. Gute Güte, da hängen sogar ein altes Jagdgewehr und ein Patronengürtel, wahrscheinlich spielt dieser irre Harry gelegentlich Trapper. Der ganze Krempel ist ziemlich angestaubt und teilweise von Spinnennetzen umwoben.

Igitt.

Rasch zieht Ariane die Tür wieder zu und rüttelt an der benachbarten. Vergeblich, die ist fest verschlossen. Was sich dahinter wohl verbirgt? Sicher nicht die Küche. Hm, hat Kantereit nicht etwas von einem Arbeitszimmer erwähnt? Einem Zimmer, das nicht betreten werden darf?

Pff, das will sie auch gar nicht, sie will verdammt noch mal in die Küche! Hilflos schaut Ariane sich in der Diele um, von der ganze fünf Türen abgehen, die Eingangstür hinter einem Windfang nicht mitgerechnet.

Kantereit hat ihr bei der Ankunft den Weg zur Küche erklärt, aber sie hat natürlich nicht hingehört. *Was soll ich in einer Küche?*, hat sie gedacht. Sie hasst Küchen und all das, was es dort zu erledigen gibt – gewöhnlich für Frauen. Überdies hatte sie Kantereits philosophische Auslassungen darüber, dass man nicht durch das, was man besitzt, reich ist, sondern durch das, was man mit Würde zu entbehren weiß, gründlich satt. Mag sein, dass dieser absurd weltfremde Gedanke von Immanuel Kant stammt, aber Kant kann sie mal. Sie wollte nur noch auf ihr Zimmer, weg von den ganzen Irren.

Ihr sogenanntes Zimmer, wo sie unter Schrägen in einem unbequemen Metallbett aus Urgroßmutters Zeiten schlafen muss. Eine Zumutung, die jeder Beschreibung spottet. Wohin sie mit ihrem ganzen Gepäck soll, ist auch unklar. Da oben gibt es nur Kleiderhaken in einem Dachbalken und eine schäbige Bauerntruhe, unbemalt.

»Weil sich die hiesigen Bewohner solchen Luxus wie Kunsthandwerk nicht leisten konnten«, hat Klaus sie von oben herab belehrt. »Alles, was du in diesem Haus an Schnitzereien findest, hat Harrys Großonkel gefertigt.« Womit er klobige Holzstühle und Regale mit seltsamen Trollen, Märchenfiguren, Fratzen und ähnlichem Kinderkram meinte. Klaus Kantereit hält so was wahrscheinlich für Kunst, dabei ist es scheußlicher Krempel.

Ariane versucht die nächste Tür, diesmal linker Hand. Verdammt, auch nicht richtig. Dahinter gähnt nur ein dunkler Flur, aus dem ihr Heu- und Ziegengerüche entgegenschlagen. Muss der Weg zu den Stallungen sein. Gott, riecht das streng! Dabei liegen die Ställe ganze fünfhundert Meter vom Haus entfernt. Ob die Viecher dem Haus gelegentlich einen Besuch abstatten? Am Nachmittag hat sich ja auch ein Huhn in die Diele verirrt. Was sagt man nur zu derart primitiven Wohnverhältnissen? Das reinste Mittelalter.

Energisch stößt sie die nächste, deutlich breitere Tür auf. Ah, das wirkt schon besser. Die Stube mit dem Kachelofen. Jetzt fällt es ihr wieder ein: Von hier geht es nach rechts in die Küche, wo hoffentlich etwas halbwegs Essbares herumliegt.

Ariane taucht unter einer Wäscheleine durch, an der Kräutersträuße, Zwiebelzöpfe und nasse Wollsocken baumeln – Männer!

Sie erreicht eine mit bunten Blumen ungelenk bemalte Tür. Die Küchentür, wie sie sich erinnert. Sie drückt eine Klinke, schiebt die Tür auf und tut einen Entsetzensschrei. Was steht denn da für ein Scheusal mit weit ausgebreiteten Armen mitten im dunkel verrußten Raum? Keine weitere Schnitzfigur von Harrys Großonkel, so viel steht fest.

Es handelt sich um ein gefiedertes Scheusal mit Fransen, Perlen und einem … Was ist das? Ein Speer? Ist diese Erscheinung ein Mensch oder ein Tier oder ein Gespenst oder reine Einbildung?

Die Gestalt dreht sich beschwingt zu ihr herum, Fransen tanzen, Perlen hüpfen, ein langer Rock über ebenfalls befransten Hosen schwingt mit. »Oh, hallo, Frau van Endert. Wie finden Sie mein indianisches Hochzeitsgewand«, will Dagmar Pöpsel von ihr wissen. »Ich glaube, den Zeremonienstab lasse ich lieber weg, oder? Ich ziehe ja nicht in den Krieg, sondern zu meinem Einweihungsfest. Stellen Sie sich vor, ich bin die Erste von uns, die offiziell von Harry in die Hofgemeinschaft aufgenommen wird.« Ihre Stimme beginnt zu jubeln: »Mit Lagerfeuer, Trommeln, Waldmeisterbowle, Bärlauchsuppe, Rotwein und selbst geschossenem Hirschgulasch. Einen Talisman bekomme ich auch. Kommen Sie mit?«

Ariane schwankt. Dann kommt sie zu einem Entschluss.

Es ist eine Schande, aber das Hirschgulasch gibt den Ausschlag. Ob nun *selbst geschossen* oder nicht, sie hat verdammt noch mal Hunger!

Sie wird versuchen, sich heimlich eine Portion zu sichern, während Dagmar und der Rest der Irren ihren Sektenquatsch abziehen. Um irgendetwas Sektenhaftes muss es sich bei dieser sogenannten Aufnahmezeremonie schließlich handeln. Mit Speer und Trommeln! Wer hätte gedacht, dass Scharlatan Harry ein Guru ist. Auf so einen selbstverliebten, größenwahnsinnigen Schwachkopf kann auch nur Dagmar Pöpsel hereinfallen.

20.

Wie tief soll es denn noch in den Wald gehen?, fragt sich Fenja. Jetzt lesen sie schon seit zwanzig Minuten verwitterte Äste, Zweige und Kleinholz vom Waldboden auf. Streng nach Ricardos Anweisungen, es darf ja nur *heiliges Holz* sein. Zudem wird es hier im Wald immer dunkler. Ob der sie einfach verarscht?

Die Kiepen sind bereits ziemlich voll und schwer, aber Ricardo strebt unermüdlich voran. *Es reicht*, entscheidet Fenja, zieht die Kiepe von den Schultern, setzt sie ab und massiert ihren Nacken.

»Hör mal«, ruft sie dem Piraten hinterher, als der wenige Meter entfernt nach rechts abbiegen will, »die Kiepen sind knallvoll, mir reicht's, ich geh zurück!«

Ricardo dreht sich verärgert zu ihr herum. »Fehlt noch der Zunderschwamm.«

»Und was zum Teufel ist ein Zunderschwamm?«, fragt Fenja gereizt.

Ricardo kehrt widerwillig zu ihr zurück, setzt ebenfalls seine Kiepe ab, um den Erklärbär zu markieren. »Ist 'n Baumpilz. Wuchert an Stämmen, wird gekocht, dann kann man die filzige Mitte ernten und in Urin einlegen. Getrocknet fängt das Zeug dann jeden Funken, den man mit 'nem Feuerstein schlägt. Uralte Technik seit der Steinzeit.«

Erbost stemmt Fenja die Hände in die Hüften. »Du willst doch wohl nicht behaupten, dass unser Harry Feuerstein heute Abend erst noch Pilze kochen, in Pipi einlegen und trocknen will, bevor er sein bescheuertes Lagerfeuer anzündet? Zu deiner

Info: Die Steinzeit ist vorbei. Es gibt Feuerzeuge. Schon mal davon gehört?«

»Unser Zunderschwamm geht zur Neige, und wo wir schon mal da sind …« Er bricht ab. Oha, sie hat ihn ein wenig aus der Fassung gebracht, er sieht fast verlegen aus oder, nein, eher so, als lausche er nach irgendwas.

Fenja tritt an einen mächtigen Fichtenstamm heran, reißt eine schirmartige graue Wucherung mit feuerrotem Rand ab, hält sie angewidert hoch. »Ich nehme an, du meinst mit Baumpilz so was hier? Dann wären wir jetzt fertig.« Sie wirft das eklige Ding in ihre Kiepe.

Ricardo fängt sich wieder. »Das ist ein Fichtenporling, taugt als Heilmittel für Magen und Darm, aber wenn du ihn anzündest, schmilzt der nur. Nennt man Bruzzel–«

»Still«, unterbricht ihn Fenja und spitzt die Ohren. Jetzt ist ihr so, als habe sie ein Geräusch vernommen. Ja, hat sie. Ein Geräusch, das weit trägt und bis in den Wald hineinhallt: dumpfe, durchdringende Trommelschläge.

»Du Affe!«, faucht sie den Piraten an. »Du hast mich hochgenommen. Die Zeremonie hat schon begonnen.« Sie tritt ihre Kiepe weg. »Ich bin dann mal weg.«

Sie dreht sich um und will losrennen, als Ricardo sie von hinten mit eisernem Griff beim Handgelenk packt. Fenja braucht nicht mal eine Sekunde, um den Angriff zu beantworten. Sie dreht ihr Handgelenk nach Selbstverteidigungsmanier frei, macht eine halbe Drehung, hebt zugleich das linke Bein und setzt zu einem Roundhouse-Kick in Richtung von Ricardos Bauch an. Gelernt ist gelernt. In einem Kölner Kickboxstudio. Mit richtig harten Jungs.

Aber verdammt noch mal! Ricardo kann so was auch. Er weicht blitzschnell aus, bekommt mit eisernem Griff ihr linkes Fußgelenk zu fassen, wirft sie mit Schwung zu Boden. Zu allem

Überfluss bricht im selben Moment Nashoba durchs Gebüsch und stimmt ein anklagendes Heulen an. Es harmoniert perfekt mit den dunklen Trommelschlägen in der Ferne.

Mann, ist das peinlich, ärgert sich Fenja leicht benommen über sich selbst. Sie hat in letzter Zeit offenbar nicht genug trainiert. Ricardo steht jetzt direkt über ihr.

Uh, wenn Blicke töten könnten! Sein unbedecktes Auge blitzt wie Messerstahl und ist auch genauso grau. Stahlgrau.

»Versuch so was nie wieder«, knurrt er sie drohend an. »Das nächste Mal müsste ich dir wehtun!«

Das meint der ernst, sehr ernst. Scheint so, als habe er Erfahrung mit echten Kämpfen. Und mit schmerzlichen Niederlagen? Fehlt ihm darum das linke Auge?

Ricardo streckt ihr den rechten Arm hin, ein eigentlich unverdächtig sehniger, aber sehr kräftiger Arm, wie Fenja jetzt weiß. »Nun, komm schon, steh auf. Die Sache ist erledigt.«

Immerhin, die Geste eines fairen Siegers. Fenja greift nach Ricardos Hand, lässt sich aufhelfen und klopft sich vertrocknete Fichtennadeln vom Po, die genau wie der weiche Waldboden ihren Fall abgefedert haben.

Wieder hallen Trommelschläge in den Wald. Erst ein wildes Solo, dann stimmt eine ganze Gruppe ein. Nashoba ist nicht mehr zu halten, rennt pfeilschnell in Richtung Waldausgang. Ricardo schlägt, ohne zu zögern, im Laufschritt dieselbe Richtung ein, ohne seine Kiepe aufzunehmen.

»Was ist nun mit dem berühmten Zunderschwamm?«, kann Fenja sich eine provokante Frage nicht verkneifen. »Und dem *heiligen* Holz?«

»Können wir später holen«, ruft Ricardo über die Schulter zurück. »Gib Gas. Mich hat Harry mit der Holzsammelei auch ein wenig verarscht. Wenn wir uns beeilen, kriegst du den Rest der Zeremonie noch mit.«

21.

Kantereit ist früh um sechs aufgestanden, hat rasch mit den anderen gefrühstückt, das heißt mit allen Hofbewohnern außer Ariane. Seine Schwägerin zieht es vor, auf ihrem Zimmer zu bleiben und zu schmollen. Wahrscheinlich deshalb, weil er sie vorgestern nach dem Fest im Gebüsch erwischt hat – Harrys Gulasch schlingend! Kantereit kann sich ein Schmunzeln nicht verkneifen. So viel zu ihrem groß verkündeten Hungerstreik.

Nun, wie auch immer. Nach dem Ariane-freien Frühstück hat er seine arbeitsaufwendigen Aufgaben im Ziegenstall nahe beim Haus erfüllt. Langsam bekommt er Routine bei der Zitzensuche, und die bockigen Biester akzeptieren seine Melkmethode. Inzwischen ist es halb zehn, er ist erlöst und auf der Suche nach Bert Feining und Harry. Der will dem Pianisten heute Morgen die Angst vor Hickory, dem Westernpferd, nehmen. Interessante Idee, ausgesprochen interessant.

»Das Tier braucht mehr Gesellschaft, einfühlsame Gesellschaft. Niemanden, der laut und aufdringlich ist oder sich wie ein Trampeltier benimmt. Mit ein, zwei weiteren Pferden als Gesellschaft will ich es erst versuchen, wenn Hickory sich an einen Betreuer gewöhnt hat, der seinen Charakter genau beurteilen kann. Ich dachte da an Sie«, hat er Feining mitgeteilt.

Woraufhin Bert vor Schreck seinen warmen Hirsebrei – fürsorglich zubereitet von Dagmar – über Felix ausgehustet hat, der natürlich entsprechend hysterisch reagieren musste. *So ein Idiot*, ärgert sich Kantereit kurz und schlägt den Weg zu den

Viehweiden ein. Ein Vollidiot, wirklich. Harry hätte ihn nicht aufnehmen sollen. Momentan strolcht der sicher wieder auf der Suche nach Handyempfang durchs Gelände, anstatt sich nützlich zu machen. Zum Anpacken ist der sich zu schade, die reinste Platzverschwendung, dieser Kerl. Und was soll die ständige, meist vergebliche Rumtelefoniererei?

Wahrscheinlich wird Felix in Arianes Auftrag die Anwälte antreiben und beschimpfen, überlegt Kantereit. Eine sinnfreie Aufgabe, da der Milliardenbetrüger Eschberg nach wie vor spurlos verschwunden ist und die von ihm verwalteten Gelder, Immobilien und Aktien – oder das, was davon übrig ist – bis auf Weiteres eingefroren und unantastbar bleiben. Nun, Felix liegt sinnfreies Geschimpfe, zudem hängt seine Lebenslage komplett von Arianes künftigen Vermögensverhältnissen ab, die momentan sehr, sehr viel bescheidener zu sein scheinen, als er angenommen hat. Sie musste sogar die Marienburger Villa vermieten. Die Einnahmen dürften größtenteils für ihre transatlantischen Rechtstreitigkeiten draufgehen.

Wie auch immer. Wo war er vorhin stehen geblieben? Bei etwas eindeutig Interessanterem.

Ach ja, bei Harrys Idee, Pferd Hickory mit Feining, dem Feinfühligen, zu paaren – na ja, nicht wirklich zu paaren, natürlich –, aber sie einander näherzubringen. Ja, das ist eine interessante Idee, wenn man bedenkt, wie zutraulich die Hühner, Gänse und Enten auf Feinings Pflege reagieren und er auf sie. Noch erstaunlicher ist, was die vorgestrige Einweihungsparty – pardon, die indianische Aufnahmezeremonie für Frau Pöpsel – aus Dagmar gemacht hat.

So strahlend glücklich wie am Abend des Festes hat Kantereit das alte Mädchen noch nie gesehen. Hübsch war sie auch, trotz des merkwürdigen Indianergewands. Wirkte richtig aufgeblüht, die Gute. Womit ihm eine riesige Last von der Seele genommen ist. Er hätte mehr Vertrauen in Chingachgook haben sollen, das ist ihm nun klar. Niemandem kann er mehr vertrauen. So war's schon immer.

Was wäre er nur ohne seinen besten Freund aus Kindertagen?

Kantereit nimmt beschwingt einen kleinen Holztritt und steigt über den Zaun der Kuhwiese. Erstaunlich, wie viele wilde Blumen hier schon wachsen und wie viel Gesumm und Gebrumm über dem Blütenmeer herrscht. Ah, die da sehen nach Harrys Honigbienen aus. Fleißige Tierchen, wenn auch etwas aggressiv dieses Jahr, wie sein imkernder Freund ihn gewarnt hat.

»Unter meine gemütlichen Buckfastbienen hat sich ein Schwarm dunkler Heidebienen gemischt und in eins der Völker eingekreuzt. Weiß der Kuckuck, wo die herkamen. Na ja, die dunklen Nachkommen sind jedenfalls üble Stechteufel, verdammt angriffslustig und schnell in Rage.«

Deshalb hat er die Stöcke weit vom Haus weg an einen Waldrand versetzt und die Bienenkönigin des Barbarenvolks gegen eine begattete Buckfastbiene – eine Rasse, die sich den Züchtungsversuchen eines verblichenen englischen Mönches verdankt – ausgetauscht. Bis sich deren friedfertige Genetik durchsetzt und sich nur noch sanftmütige Immen entwickeln, kann es jedoch etwas dauern, meint Harry. Wie auch immer. Das Exemplar zu seinen Füßen scheint eindeutig zu den klösterlichen Kuschelbienen zu gehören, findet Kantereit.

Ein nettes Tierchen. Man ist fast versucht, es zu streicheln.

Überhaupt, ein prächtiger Morgen heute, sonnig und gerade richtig warm. Nie im Leben hätte er vermutet, dass es auf fünfhundertfünfzig Höhenmetern Ende Mai schon so bunt und lebhaft zugeht. Bislang war er nur im Spätsommer hier.

Harry sagt, die Lage seines Mini-Hofes an einem Sonnenhang sei nichts gegen einige Selbstversorgerprojekte, die in Österreich, im Allgäu oder der Schweiz auf tausend Meter hohen Bergen wirtschaften und teilweise sogar Zitronen anbauen. »Gegen diese Meister bin ich ein blutiger Anfänger.«

Da ist er zu bescheiden. In einigen von Harrys Gemüsebeeten gibt's doch auch schon was zu ernten, zwar keine Südfrüchte, aber zumindest Rhabarber, Mangold und dergleichen mehr. Darum soll Dagmar sich heute kümmern. Sie soll für den Abend ein Frühlingsessen inklusive Wildpflanzen kochen. Ob das was wird? Harry hat ihr ein Pflanzenbestimmungs- und ein entsprechendes Kochbuch dagelassen.

Kantereit hebt die Schultern. Das Erstaunlichste ist, dass Dagmar ihm und allen Hofbewohnern mit ihrem neu gewonnenen Selbstvertrauen »ein Festmahl« versprochen und die dumme Gasexplosion bei ihren letzten Kochversuchen in der Villa mit keinem Sterbenswörtchen erwähnt hat. Heute will sie Vorsuppe, Hauptgang und Nachspeise auftischen. Ziemlich mutig. Sie muss immerhin sieben Personen bekochen, falls Ariane auch auftauchen sollte. Man darf auf das Ergebnis gespannt sein.

Gegessen wird, was auf den Tisch kommt, nimmt Kantereit sich frohgemut vor, denn allein der Genesungserfolg von Dagmar zählt und freut ihn ungemein. Er quert die Wiese und gönnt sich ein Päuschen, um Sassafraß und Pimpinelle ausgiebig zu tätscheln. Die beiden Kühe sind wirklich zwei reizende alte Damen. Bisschen knochig, aber für Zuneigungsbekundungen dankbar.

Genau wie Dagmar, durchblitzt es ihn.

Ups, schlechter Vergleich. Dagmar ist nun wirklich keine alte Kuh oder knochig. Nein, nein, sie ist zierlich und an genau den richtigen Stellen gemütlich gepolstert, würde er sagen. Aber so etwas sagt man heute natürlich nicht mehr.

Noch einmal kehren seine Gedanken zum Festabend zurück. Zugegeben, Harrys Aufzug mit Federschmuck und Gesichtsbemalung war albern, genau wie sein indianischer Singsang, die Räucherrituale und der Talisman aus Federn, Blättern und einer roten Glasscherbe für seinen Schützling.

Harry hat die begeisterte Dagmar außerdem feierlich darüber informiert, dass sie laut indianischer Mythologie ein Specht und Mitglied des Froschclans und somit zu tiefen Empfindungen und großer Hingabe fähig sei.

Was auch immer dieser Spechtquatsch bedeuten soll.

Immerhin hat Harry Dagmars Charakter nicht schlecht getroffen, und vor der im Abendlicht erstrahlenden Bergkulisse war die Zeremonie eindrucksvoll. Kantereit muss griemeln. Harry ist ein verflixter Tausendsassa. Am allerbesten war die abschließende Trommelei.

Ja, die war wirklich gut.

Wer hätte gedacht, dass es unter Harrys Schwarzwälder Nachbarn, von denen einige zu Gast waren, durchaus begabte Trommler gibt? Bei Schwarzwald und Musik denkt man doch automatisch nur an Blaskapellen und die Zither. Also, er zumindest.

Falsch gedacht!

Er selbst hat sich an einer Art riesigem Tambourin mit Holzschlegel versucht. Wenn man erst einmal im Rhythmus ist, wirkt das Eindreschen auf Trommelfelle erstaunlich belebend.

Schade, dass Fenja es nicht auch probiert hat, aber die war sauer, zu spät dran und ist irgendwann sang- und klanglos verschwunden. Na, mit der wird er die Tage noch mal reden. Ihr erklären, dass Harry eben Harry und keineswegs so durchgeknallt ist, wie es manchmal den Anschein hat. Nein, sein Wahnsinn hat durchaus Methode, wie es so schön bei Shakespeare heißt, und immerhin lauscht Fenja seinem besten Freund höchst aufmerksam, wenn er das Landleben, Ackerbau und Viehzucht erläutert oder vom Schwarzwald erzählt. Ein ermutigendes Anzeichen dafür, dass ihr Wissensdurst wieder erwacht. Ihre Tatkraft stellt Fenja zudem bei der Hofarbeit unter Beweis. Sie schafft bei Weitem mehr weg als er mit seiner Ziegenmelkerei. Steht zu hoffen, dass Fenja irgendwann wieder ganz die Alte wird und sie allmählich ins Gespräch miteinander kommen. Hm. Ein Anlass wäre vielleicht die Sache mit dem mysteriösen Brief seines Vaters, der Fenja so verstört hat.

Der Brief ist Kantereit erst heute Morgen wieder eingefallen, als er nach der Ziegenmilchanlieferung im Käsehof noch nach Münstertal gefahren ist, um Harrys postlagernde Briefe abzuholen.

Dieser alte Gauner neigt auch mit seiner Post zur Geheimniskrämerei. Er will nicht, dass alle Welt weiß, wer er wirklich ist. Kommt angeblich seiner Forschungsarbeit zugute, weil die Menschen sich dann natürlicher verhalten. Worauf er als studierter Ethnologe natürlich Wert legt.

Wie auch immer. Fenja hat nie mehr von ihrem Brieffund in der Villa gesprochen, das Thema einfach unter den Tisch fallen lassen, oder – was wahrscheinlicher ist – sie hat das Thema vergessen. Wird wohl nicht so wichtig sein. Es gibt auf dem Hof schließlich genug anderes zu tun. Seit dem frühen Morgen ist sie schon mit Ricardo unterwegs, um Brennnesseln zu sensen und zusammen mit Regenwasser zur Vergärung in Fässer zu füllen. Angeblich ergibt das einen grandiosen Flüssigdünger für alles, was hier grünt und blüht.

Danach sollen die beiden Harrys Jeep zur Reparatur bringen. »So ein kleiner Ausflug«, hat Harry augenzwinkernd bemerkt, »fördert die Freundschaft, und Fenja braucht neue Freunde, die zu ihr passen, sie weiterbringen.«

Was er damit wohl wieder meint? Egal, Kantereit wird sie so bald als möglich auf den mysteriösen Brief ansprechen, ein hervorragender Vorwand für ein unverfängliches Gespräch.

Er verabschiedet sich mit einem Klapps auf die Hinterteile von Sassafraß und Pimpinelle. Weiter geht es über den nächsten Tritt und einen kleinen Bach, in dem Harrys Gänse planschen, dann vorbei an weiteren Geflügelgehegen mit Freilauf. Selbstredend hält Harry auch Truthähne. Das Federvieh hat wie immer mächtig was zu beschnattern. Wassertränken und Futterschalen sind gefüllt, Salatreste liegen herum – womit klar ist, dass Feining genau wie er seine Morgenpflichten erfüllt hat. Kantereit blickt sich suchend um.

Ah ja, und da stehen sie auch schon. An das Gatter von Hickorys Koppel gelehnt, wiegen Harry und Bert Feining behutsam die Köpfe hin und her. Nicken dann simultan, schütteln anschließend gemeinsam den Kopf. Warum das?

Plagt die ein steifer Nacken? Und warum senken die jetzt beide die Köpfe und wenden wie in Zeitlupe den Blick voneinander ab? Auch das noch: Sie scharren mit den Füßen.

Genau wie Hickory.

Fehlt nur noch, dass alle drei gemeinsam wiehern.

Harry!

22.

»Guten Morgen, auch schon aufgestanden? Soll ich Ihnen ein Schinkenbrot zurechtmachen?«

Ist man in diesem Haus denn niemals allein? Ariane fährt erschrocken von der altertümlichen Brothange in der Herdecke zurück, die sie soeben auf der Suche nach etwas Essbarem abtasten wollte.

Diskret, versteht sich, und ohne Publikum. Gestern Nacht hat das geklappt, und als sie vor fünf Minuten hereingeschlichen ist, war auch niemand hier. Sie dreht sich so hoheitsvoll wie möglich um, sagt: »Guten Morgen.«

Mal wieder steht Dagmar Pöpsel mitten in der Küche. Mit einem Kehrblech bewaffnet und irgendeinem Unkrautstrauß in der Hand, aber dankenswerterweise ohne Indianerkleid. In Jeans, T-Shirt und mit Blümchenschürze ist sie halbwegs normal bekleidet. Von den Gummistiefeln an den Füßen und Harrys Talisman aus Hühnerfedern, einer kleinen Spechtschwinge, einem Karneol und Perlen, der auf ihrer Brust baumelt, mal abgesehen.

Ariane fasst sich. Angriff ist die beste Verteidigung. »Was machen Sie denn hier?«, fragt sie in mild scharfem Ton.

»Oh, ich?«, stellt Dagmar eine selten dämlich Gegenfrage. »Ich habe eben den Windfang ausgekehrt und die Treppen draußen gefegt. Harry hat mir erzählt, dass man das auf Bali so macht. Man reinigt an jedem Morgen den Eingang des Hauses, damit sich jeder willkommen fühlt. Das ist ein Ritual. Und dann pflückt man frische Blumen und stellt sie in eine heilige Ecke.«

Also darum das Unkrautbündel in Dagmars linker Hand, schließt Ariane messerscharf.

»Wunderbarerweise haben wir hier noch einen alten Herrgottswinkel«, sagt Dagmar und deutet in eine finstere Ecke neben dem Herd, die mit viel ungelenkem Schnitzhandwerk von Harrys Großonkel gestaltet ist. Die meisten Figuren erinnern weniger an Christus denn an alberne Dämonen.

»Da stelle ich mal die Blümchen auf«, bemerkt Dagmar. Sagt's und eilt nach einem Wasserglas, das sie befüllt und in dem sie die blühenden Unkräuter arrangiert. Mit viel Liebe stellt sie das kümmerliche Sträußchen unter einem verwitterten und ziemlich missmutig dreinschauenden Jesus am Kreuz ab.

Kaum ist Dagmar fertig, dreht sie sich beschwingt wieder zu Ariane. »Das ist doch gleich viel hübscher. Gibt dem Raum eine freundliche Stimmung.«

Na ja, ob der Gekreuzigte das wohl auch so empfände? Überhaupt ist in dieser düsteren, unordentlichen Arme-Leute-Bude nicht viel zu retten, findet Ariane.

»Und?«, fährt Dagmar munter fort. »Was möchten Sie essen? Sie müssen doch halb verhungert sein. Zuletzt habe ich sie vorgestern vom Hirschgulasch kosten sehen. Harry muss mir unbedingt das Rezept verraten, so was von lecker!«

Himmel, ist die penetrant fröhlich, aber nun, überlegt Ariane, warum sollte sie Dagmars Angebot, ihr ein Frühstück zu machen, nicht annehmen? Noch vor zehn Tagen gehörte diese Frau schließlich zu ihrem Personal, und – nicht zu vergessen – sie hat ihr Zimmer in Brand gesetzt, ihre Villa in Gefahr gebracht. Frau Pöpsel ist ihr also einiges mehr schuldig als ein popeliges Frühstück.

»Ich nehme Schinken ohne Brot, dazu einen Espresso und etwas Obst«, gibt sie eine Bestellung auf und begibt sich zu einem riesigen Holztisch bei den hier üblichen winzigen Fenstern. Scheint ein Arbeitstisch zu sein. Na, wenigstens hat Dagmar ihn offenbar ordentlich sauber geschrubbt, ob nach Bali-Riten oder nicht, ist wurscht.

Dagmar verharrt reglos in der Mitte des Raumes und starrt sie nur an.

»Was ist?«, fragt Ariane leicht verärgert.

»Ein *Bitte* könnte nicht schaden. Ich bin nicht Ihre Dienstbotin, Frau van Endert. Ich habe Ihnen lediglich etwas zu essen angeboten, weil sie mir leidtun und ich so guter Stimmung bin.«

Das darf ja wohl nicht wahr sein! Sie, Ariane van Endert, tut diesem lächerlichen Nichts leid? Einer Frau mit Erbsenhirn, die auf einen suspekten Guru wie Harry hereinfällt, sich mit Hühnerfedern schmückt und balinesisch putzt?

Eigentlich müsste man die Polizei rufen, um Harry und seinem kruden Clübchen das Handwerk zu legen. Felix allerdings meint, dazu sei es noch zu früh. »Solange deine Vermögensverhältnisse nicht geklärt sind, sollten wir hier keinen Streit suchen«, sagt er. »Ein Weilchen müssen wir noch in Deckung bleiben, bis unsere neue PR-Strategie steht. Ich habe da schon sehr lukrative Ideen mit viel Potenzial. Du wirst dieses Drama nicht umsonst durchleiden müssen, vertrau mir.«

Schön und gut, aber wenn man sie weiter reizt, kann sie für nichts garantieren. Momentan gilt jedoch die Regel »Der Klügere gibt nach«, sonst stirbt sie den Hungertod.

Ariane ringt sich ein verbindliches Lächeln ab. »Nun gut. Dann also: Könnte ich *bitte* einen Kaffee, ein wenig Schinken und Obst mit einem gesunden Milchprodukt bekommen, meine Liebe? Natürlich nur, wenn es Ihnen keine Mühe macht.«

Dagmar wirkt befriedet. Sie stellt das Kehrblech bei einem Spülbecken ab, angelt einen runden Brotlaib aus der Hange und setzt Kaffeewasser auf. In einem zerbeulten Aluminiumkessel. Nicht zu glauben, ist Sekten-Harry sogar zu geizig für einen elektrischen Wasserkocher? Strom immerhin gibt es hier doch.

Zehn Minuten später steht ein akzeptables Frühstück vor Ariane. Gut, der Schinken ist ein wenig dick aufgeschnitten, die Apfel- und Birnenhälften sind nicht einwandfrei, wahrscheinlich handelt es sich um Lagerobst, und der Quark riecht streng nach Ziegenmilch, aber dafür duftet der Kaffee gut. Und Kaffee ist für Ariane das Wichtigste am Frühstück. So belebend.

Dagmar nimmt ihr gegenüber Platz. *Bisschen sehr vertraulich, die Dame*, findet Ariane, während sie mit Messer und Gabel die erste Schinkenscheibe angeht. Oha, die ist ja butterzart und nicht so durchdringend geräuchert wie im Schwarzwald bisweilen üblich. Annehmbar, durchaus annehmbar. Mit Melone wäre er köstlich.

»Schmeckt's? Ist alles bio«, sagt Dagmar und deutet auf das Frühstück. »Den Schinken bekommt Harry von einem Bauern aus der Gegend. Weil er die Schweine glücklich macht.«

Ariane kaut und schluckt, schaut irritiert auf. »Wer, der Bauer?«

»Der sicher auch, aber ich meinte Harry.« Ihr Blick bekommt etwas Schwärmerisches. »Der versteht sich auf das Seelenleben von Menschen und Tieren.«

»Wie bitte?«

Dagmars ganzes Gesicht beginnt zu leuchten: »Harry kümmert sich um das körperliche und seelische Wohlbefinden der Tiere. Mit Kräutermedizin und Ritualen, das hat er bei kanadischen Indianern gelernt – oh, pardon, so sagt man heute natürlich nicht mehr. Außerdem schenkt er den Schweinen Spielzeug. Schweine sind nämlich sehr sensibel und intelligent und …«

Ariane hört nicht weiter hin.

Unfassbar, dieser Sektenguru gibt also auch den Schweinepriester? Und die Menschen fallen auf *so was* rein? Fast muss man diesem abgefeimten Betrüger Respekt zollen, er weiß die Dummheit der Menschen wirklich zu nutzen. *Köstlicher Schinken im Tausch gegen geschmacklosen Schamanenquatsch, alle Achtung!*

»Wie wäre es also, wenn Sie mir heute helfen?«

Wie? Ariane reißt sich von ihren Gedanken los. *Helfen?*

»Wobei?«, fragt sie lauernd.

»Na, beim Gemüsernten, Kräutersammeln und Kochen. Ich würde auch gern etwas von dem Rhabarber einwecken, der hinterm Haus steht. So ein leckeres Obst darf man doch nicht verschwenden –«

»Rhabarber ist ein Gemüse«, korrigiert Ariane, bevor sie sich bremsen kann. Nun ja, gelernt ist eben gelernt.

»Ach, ehrlich? Na, egal, hinterm Haus wuchern jedenfalls Unmengen davon. Ist ja ein Aufwasch, das einzukochen, wenn der Herd erst mal befeuert ist. Holz haben wir genug.«

Ariane kommt nicht ganz mit. Sie soll hier *arbeiten*? Noch dazu wie im Mittelalter? An einem stinkenden Holzofen? Kommt gar nicht infrage, sie ist doch keine Küchenmagd, und Rhabarber einmachen wird sie nie, nie mehr in ihrem Leben. Allein die Schälerei. Danke, nein, als Kind und junges Mädchen hat sie so oft mit Weckgläsern und Einmachgummis hantieren müssen, dass es für ein ganzes Leben reicht!

»Tut mir leid«, sagt sie nach einem letzten Schluck Kaffee, »aber das ist nicht möglich. Ich muss heute hinunter nach Münstertal fahren. Äh … Briefmarken kaufen. Man muss ja ein paar Postkarten schreiben, wenn man in Urlaub ist.«

Als ob, fügt sie im Stillen hinzu. So was Spießiges würde sie im Leben nicht tun.

»Das ist unmöglich«, sagt Dagmar bedauernd. »Sie haben doch gar keine Fahrgelegenheit, oder?«

»Felix wird sich Harrys Jeep ausleihen. So schwer kann der ja nicht zu bedienen sein«, erwidert Ariane verstimmt. Wieso muss sie ihre Pläne überhaupt diskutieren? Noch dazu mit Dagmar?

Und natürlich will sie nicht nach Münstertal, um Briefmarken zu kaufen. Nein, sie will zum Supermarkt. Sie braucht eigene Essensvorräte, um sich Situationen wie diese hier zu ersparen – und damit Felix eine stabile Handyverbindung findet, um ungestört mit New York und ihren Anwälten zu telefonieren. Irgendwann muss sich da doch mal was Positives tun.

»Den Jeep können Sie nicht bekommen, den braucht Ricardo heute Vormittag noch. Er soll Fenja zeigen, wie man ihn fährt, und dann zur Werkstatt in Staufen bringen«, entgegnet Dagmar. »Sie könnten natürlich hinunterwandern, aber das dauert von hier aus ordentlich über eine Stunde, und zurück geht es steil bergauf. Wollen Sie sich das wirklich zumuten?«

Wandern? Über Stock und Stein? Ariane graust es, auch diesbezüglich verfügt sie über ein Arsenal scheußlicher Kindheitserinnerungen. Überdies hat sie nur ihre Armani-Laufschuhe dabei. Die sind viel zu schade für alberne Bergtouren. Das Wandern kann Felix alleine erledigen. Sie wird ihm eine Einkaufsliste mitgeben, beschließt Ariane. Genau, sie wird sich einfach mal ein wenig ausruhen.

Dabei liegt ihr ausruhen so gar nicht. In ihrer Dachkammer langweilt sie sich zu Tode. Ariane runzelt nachdenklich die Stirn. Vielleicht wäre es gar keine so schlechte Idee, sich hier vorübergehend eine Aufgabe zu suchen, die ihren Talenten entspricht. Etwa das Kommando über Dagmar, deren geplante Ernte, die Kräuterexpedition und die Kocherei zu übernehmen.

Ganz unerfahren ist sie in solchen Dingen schließlich nicht. Im Gegenteil.

Sie lässt kurz ihren Blick durch die unordentliche, rauchgeschwärzte Küche mitsamt den selbstgezimmerten Schnitzwerkmöbeln gleiten. Gründlich aufräumen und alles durchputzen könnte die Frau auch mal. Natürlich nicht auf Harrys balinesische Art. Ariane hätte da weit effektivere Anweisungen. Langsam erwärmt sie sich für ihre Idee.

Ja, das Haus und Dagmar auf Vordermann zu bringen, hat einen Reiz, und sie ist eine geborene Führungskraft. Nebenher könnte sie weitere Nachforschungen über den esoterischen Hochstapler Harry vornehmen. Zum Beispiel, indem sie Dagmar aushorcht.

Harry und seinen indianischen Hokuspokus zu entlarven wäre ein ausgesprochen vergnüglicher Zeitvertreib, und ein wenig Vergnügen hat sie sich redlich verdient.

Ihr Entschluss ist gefasst, jetzt ruft die Pflicht. Am besten sie beginnt mit ein wenig Zuckerbrot. Dagmar ist eine Eins-a-Kandidatin für Zuckerbrot, die Peitsche holt sie dann heraus, wenn die Frau handzahm ist.

23.

»Okay, Handbremse gelöst? Dann jetzt den Fuß vom Bremspedal, die Kupplung langsam kommen lassen und gleichzeitig Gas geben!«, ruft Ricardo von draußen durchs Seitenfenster.

Als ob ich das nicht wüsste!, ärgert sich Fenja. *Anfahren am Berg ist keine Raketenwissenschaft*. Oder doch? Der Motor gerät ins Stottern, die Kupplung kommt viel zu abrupt und ruppig, der Wagen fährt nur holprig an. Herrje, jetzt beginnt der Motor zu rütteln, stirbt ab. Mist, ist das peinlich! Sie ist doch keine Fahranfängerin, findet sich normalerweise prima zurecht im heftigsten Straßenverkehr und kommt mit jedem Auto klar, hat sogar schon Kleinlaster gefahren.

Fenja zerrt an der Handbremse, tritt außerdem kräftig aufs Bremspedal, um nicht rückwärts den steinigen Abhang hinabzurollen, den Ricardo zur Fahrübungsstrecke erkoren hat. Kölner Steigungen – soweit vorhanden – sind doch etwas ganz anderes als steile Schwarzwaldanhöhen. Verärgert zupft sie den Tuchturban zurecht, mit dem sie ihre Perlenzöpfe bei der Hofarbeit zu bändigen pflegt.

»Hey, etwas mehr Gefühl beim Anfahren«, verlangt Ricardo. »Du hast doch Gefühle, oder?«

Was soll denn bitte der dumme Spruch? Natürlich hat sie Gefühl, also Fahrgefühl, und ein einwandfreies Konzentrationsvermögen. Genau das ist hier gefragt, keine dämlichen Kommentare.

Fenja startet den Motor erneut, konzentriert sich auf das Wechselspiel ihrer Füße auf Bremse und Kupplung, greift zur

Sicherheit das Lenkrad fester. Also, ersten Gang rein, Kupplung mit dem linken Fuß halten, rechten Fuß leicht von der Bremse lösen, dann sanft Gas geben. Der Wagen holpert wieder ein wenig nach vorn, Fenja gibt die Bremsen ganz frei, gibt mehr Gas, und – voilà – der Jeep fährt brav bergan, sie wählt ein sportlicheres Tempo, umlenkt souverän ein paar größere Felsbrocken, genießt die Herrschaft über das massive Gefährt. Ricardo ist längst aus dem Rückspiegel verschwunden.

Soll der mal schön zu Fuß folgen.

Oben auf dem Hügelkamm bremst sie ab und kuppelt aus. *Wow, was für ein Blick!* Fasziniert schaut sie hinab ins Nachbartal. Nicht, dass es sich landschaftlich stark von Harrys Tal unterscheidet. Auch hier reichen sattgrüne Hänge bis hoch hinauf zu den dunkel bewaldeten Bergkuppen, sind steil ansteigende Weiden mit Kühen oder Ziegen betupft, die durch beständiges Grasen verhindern, dass der Schwarzwald bis in die Täler hinab wieder zu jenem Urwald wird, der er vor achthundert Jahren war. Bevor er über Jahrhunderte rigoros abgeholzt wurde, um Häuser zu bauen und zu beheizen, um in Holland Schiffe und Masten zu konstruieren oder Möbel, Altäre und weiß Gott was noch zu schreinern. Mittlerweile ist fast jeder Baum im Schwarzwald von Menschenhand gepflanzt.

Oja, sie passt gut auf, wenn Harry vom Landleben und vom Schwarzwald erzählt. Das kann er gut, und sie lernt gern dazu.

Die Weidewirtschaft, so hat er ihr jüngst erklärt, ist ein immens wichtiger Beitrag der Schwarzwälder Kleinbauern zur Landschaftspflege, der dem Staat viel Geld spart und für den idyllischen Anblick sorgt, den die Feriengäste lieben. Neben den Weiden, die immer auch Augenweiden sind, komplettieren Streuobstwiesen in letzter Blüte, Laubbaumgruppen und kleine Gehölze das Bild unter ihr.

Eines ist dort unten im Nachbartal entschieden anders als

in Harrys Tal: Es ist belebter. Auf drei, vier Hangplateaus gibt es größere Bauernhöfe, in der Talsohle kann Fenja zwei kleine Ortschaften ausmachen samt Kirchen mit Zwiebeltürmchen und dazu viele Wanderwege, die sich zu den Tannenhöhen ringsum hinaufschlängeln.

»Na endlich!«, stößt Ricardo neben ihr durchs offene Fahrerfenster hervor. Er klingt ein wenig atemlos, muss die Anhöhe im Sprint genommen haben. »Ich denke, man kann dich auf die Straßen hier loslassen.«

Er nickt mit dem Kopf in Richtung des unter ihnen liegenden Tales. »Da entlang kommen wir auf die Landstraße nach Staufen. Lust auf eine Ortsbesichtigung? Lohnt sich, und ich muss sowieso hin, die Kupplung austauschen lassen, dauert etwa vier Stunden.«

Fenja fährt im Sitz auf. »Du *weißt*, dass die Kupplung eine Macke hat? Warum hast du mir das nicht gesagt?« Dieser Idiot hat sie also mal wieder ausgetrickst so wie vorgestern beim Holzsammeln für Dagmars Fest.

»Ich hab nichts davon gesagt«, erwidert Ricardo grinsend, »weil ich mir sicher war, dass eine verwegene Frau und Kampfsportlerin wie du die Karre schon meistert. Und das hast du.« Er umrundet den Wagen und steigt über die Beifahrertür ein.

Was sagt man dazu? *Nichts*, entscheidet Fenja, der Kerl soll nicht glauben, dass sie sich leicht provozieren lässt. Und wie zur Hölle sollen sie gemeinsam *vier* Stunden Zeit totschlagen? Gruselige Vorstellung.

»Eine Stadtbesichtigung wäre eine gute Gelegenheit, uns näher kennenzulernen. Staufen ist eine recht hübsche Stadt, jede Menge Bauepochen und fantastische alte Handwerkskunst«, kommt Ricardo ins Plaudern, während er am Sicherheitsgurt zerrt. Hat der heute Quasselwasser getrunken?

Nein, er redet im Auftrag von Harry, wie seine nächsten Erläuterungen verraten: »Harry will, dass wir gemeinsam einen Offenstall für Hickory planen und bauen. Ziemlich großes Ding. Feining wird demnächst zwei Stuten zukaufen, damit unser verschrecktes Zirkuspferdchen nicht mehr allein ist. Was meinst du? Wäre eine gute Gelegenheit, deine Architekturkenntnisse mal praktisch anzuwenden. Ich steuere meine Schreinerexpertise und bauliches Können bei.«

»Kein Interesse«, knurrt Fenja. »Außerdem kenne ich mich mit Ställen nicht aus.«

»Das könnten wir ändern.«

»Nein.«

»Schade«, gibt Ricardo sich geschlagen. »Würde gern mal näher mit dir zusammenarbeiten.«

Der Rest ist Schweigen.

Näher zusammenarbeiten! Bloß das nicht. Schon gar nicht, wenn er in so einem anzüglichen Ton davon redet. Will der sie anmachen, oder was? Sie wird sich in Staufen sofort von Ricardo absetzen, so viel ist klar. Fenja kuppelt ein, und ab geht es den schmalen Wirtschaftsweg hinab ins Tal. Insgeheim betet sie darum, dass ihr hier kein Trecker, keine Landmaschine entgegenkommt. Ein Ausweichmanöver auf so steilen, schmalen Wegen dürfte schwierig sein.

Na, wahrscheinlich hat sie Glück. Wie hat Harry so schön gesagt? »Traktoren und Mähmaschinen taugen für Bergwiesen auf extremen Steilhängen nicht viel, die würden bei Schräglage schlicht umkippen.« Deshalb pflegt er seine anderthalb Hektar große Heuweide im Frühjahr und Herbst mit einem Trupp Freiwilliger in Handarbeit zu sensen, was eine Woche hartes Schuften inklusive Auflesen, Binden und Abtransport bedeutet.

»Ich kenne genug Menschen, die solche Herausforderungen lieben«, behauptet Harry. »Wenn man es richtig angeht, hat das Mähen etwas Meditatives. Und die anschließenden Feste sind die Höhepunkte des Hoflebens.«

Na denn. Das Sommerwendfest im Juni wird sie wohl noch mitmachen, aber im Herbst wird sie ganz sicher nicht mehr hier sein, das steht für Fenja fest. Wo genau sie dann sein wird, allerdings nicht. Anderes Thema.

»Wie lange brauchen wir von hier bis Staufen?«, fragt sie Ricardo, als auf halber Strecke nach unten der Weg endlich weiter wird. *Und was überhaupt ist Staufen – eine große oder kleine Stadt oder ein Dorf?*, fügt sie insgeheim hinzu, stellt die Frage aber nicht. Sie will in Ricardos Gegenwart keineswegs die Ahnungslose geben.

»Dauert knapp vierzig Minuten. Normalerweise braucht man nur halb so lang, aber ein ganzer Straßenabschnitt ist gesperrt, wir müssen einen Umweg um ein paar Berge nehmen. Liegen dir enge Kurven und schmale Straßen mit Gegenverkehr, oder soll ich unten übernehmen?«

Nur nicht provozieren lassen, befiehlt sich Fenja. »Ich schaff das, kein Problem«, sagt sie entschlossen, fasst das Lenkrad fester und konzentriert sich doppelt auf die Strecke. Darüber hinaus dürfte sie mit zwei gesunden Augen besser für schwierige Strecken gerüstet sein als Captain Holzauge. Apropos.

»Darfst du mit der Augenklappe überhaupt Auto fahren?«, fragt sie und bemerkt zu spät, dass sie nun ziemlich provokativ klingt.

»Mach dir darüber mal keine Sorgen«, winkt Ricardo gelassen ab. »Ich hab die Erlaubnis. Mein gesundes Auge ist adlerscharf.«

Ohne den Blick vom Holperweg nach unten abzuwenden, hakt Fenja mit einer Frage nach, die sie schon lange brennend interessiert: »Wie hast du das andere überhaupt verloren?«

»Wie kommst du darauf, dass ich ein Auge verloren habe?«, stellt Ricardo eine dumme Gegenfrage und verfällt in feindseliges Schweigen.

Soll er doch. Schweigen kann sie auch. Sehr gut sogar. Davon abgesehen erfordert die Talfahrt auf unbefestigter Strecke ihr ganzes Fahrgeschick.

24.

»Nicht zu fassen, der ist wirklich auf der Koppel«, sagt Kantereit kopfschüttelnd, nachdem Feining zögernd das kleine Gatter zu Hickorys Auslauf geöffnet hat und hindurchgeschlüpft ist.

Viel weiter ist der schmächtige Pianist allerdings noch nicht gekommen. Er verharrt reglos am Rand von Hickorys Privatweide, während das Pferd am gegenüberliegenden Rand nervös – oder wütend? – an einem Haselstrauch herumzupft. Holla, jetzt schnaubt der sogar ohrenbetäubend, klingt nicht nach einem freundlichen Willkommensgruß!

»Glaubst du, das Tier wird fuchtig oder greift gleich an?«, fragt Kantereit seinen Freund Harry mit leichter Sorge. Immerhin ist Feining sein Patient.

»Iwo«, winkt Harry bierruhig ab. »Gibt kein friedlicheres Pferd als Hickory. Er hat zwar Flausen im Kopf und ist stolz wie ein Spanier, aber auf die ruhige, verächtliche Art, kein heißblütiger Andalusier oder unberittener Mustang, der mal eben so mit Vollgas losjagt. Natürlich ist Hickory wie alle Pferde ein geborenes Fluchttier. Ein unbedachter Schritt in seine Richtung, und er macht die Fliege, aber nicht presto, eher adagio.«

»Und was, wenn er doch durchgeht und unseren Pianisten niedertrampelt?«, hakt Kantereit skeptisch nach. Er hat in seiner Praxis mit vorgeblich harmlosen Klienten, also wirklich stillen Wassern, schon einiges erlebt. Gerade furchtsame Naturen können, einmal auf dem falschen Fuß erwischt oder scheel angeguckt, in wahre Tobsuchtsanfälle geraten. Oder, um im Bild zu bleiben, mit ihnen gehen urplötzlich die Pferde durch. Und wie. Den Spruch gibt's ja nicht umsonst. In seinen Augen wirkt Hickory recht ängstlich und fühlt sich mit dem ungewohnten Besuch unwohl. »Verängstigte Tiere sind doch mordsgefährlich, oder?«

»Du hast als Steppke zu viel Winnetou geguckt und billige Westernheftromane gelesen«, murmelt Harry. »Feining ist kein brutaler Sporenritter oder Lasso-Cowboy, der die Pferde scheu macht. Im Gegenteil. Er ist ein Meister der leisen Töne und stillen Bewegungen, das merkt man sofort. Außerdem hat er Talent zum genauen Hinhören.«

»Was bei einem Klavierspieler seiner Güte kein Wunder ist«, wirft Kantereit ein.

Harry nickt. »Genau. Er hat auch meine kurze Einweisung in die Pferdesprache sofort verstanden. Wenn Feining wiehert, klingt das wie Musik.«

»Du hast ihn *wiehern* lassen?«, fragt Kantereit konsterniert.

Harry zuckt mit den Schultern. »War seine Idee, nicht meine. Du weißt ja, wie kreative Menschen sind: Sie legen Wert auf eigene Einfälle. Und ich finde, es ist ein erster Fortschritt, dass Feining wieder kreativ wird.«

Kantereit akzeptiert diese Erklärung mit einem Grummeln.

Harry klopft ihm beschwichtigend auf die Schulter: »Schau einfach zu, und genieße diese Begegnung der besonderen Art. Ich denke, wir haben hier einen werdenden Mozart des gewaltfreien Horsemanship vor uns. Diese Geduld! Würde mich nicht wundern, wenn er Hickory in wenigen Tagen an den Strick gewöhnt und am Ende sogar wieder unter einen Sattel bringt. Decke und Halfter würden freilich genügen.«

»Feining soll ein wildes Pferd reiten?«, entfährt es Kantereit heftig und nicht eben leise.

»Schschtt, nicht so laut, du Trampeltier«, warnt Harry flüsternd. »Hickory legt bereits die Ohren an. Er ist ein Lauscher mit exzellentem Gehör. Du verdirbst noch alles mit deinem unkontrollierten Geschrei.« Energisch zieht er seinen Freund vom Zaun weg und dirigiert ihn ans andere Ende der Weide. »So, hier können wir uns unterhalten.«

Immer noch erregt stößt Kantereit hervor: »Der Mann ist über sechzig! Und hatte vor wenigen Jahren einen Schlaganfall.«

»Von dem er sich dank dir und hervorragender Rehabilitationsarbeit körperlich prachtvoll erholt hat. Nur seelisch hakt es noch. Deine Worte, mein Freund.«

Kantereit verstummt grollend, beobachtet mit einer Mischung aus Besorgnis und wachsender Faszination, wie Feining einen kleinen Seitwärtsschritt macht. Mit einer Seelenruhe und Konzentration, die erstaunlich ist. Weit wird er in diesem Tempo allerdings nicht kommen.

Der steht doch mehr, als dass er geht, findet Kantereit, *und er wendet zugleich den Kopf von Hickory ab, tut, als studiere er Grashalme. Jeden einzelnen.*

»Hervorragende Technik, Monty wäre begeistert«, lobt Harry.

»Du meinst diesen Ex-Rodeoreiter Monty Roberts? Lebt der Kerl überhaupt noch?«

Harry nickt. »Ist sechsundachtzig und meines Wissens noch immer im Geschäft. Den kennst du?«

Kantereit bestätigt mit einem Kopfnicken. Die Welt von Cowboys und Indianern ist immer noch sein Hobby, was er gewöhnlich für sich behält, natürlich nicht gegenüber Harry. »Hab einiges über ihn gelesen, nachdem ich den Film gesehen hatte. Bisschen schmalzig, aber Robert Redford in der Rolle von Monty war Weltklasse.«

»Pff«, macht Harry, »der ist zwar ein großartiger Schauspieler, aber nichts gegen einen echten Pferdeflüsterer. So einen muss man live erlebt haben.«

»Kennst du einen, also außer Monty, der in meinen Augen auch nicht gerade ein Heiliger, sondern mehr ein geriebener Geschäftemacher ist?«

Harry nickt erneut. »Klar, ein kanadischer Freund von mir ist ein Cree mit Vorfahren unter den reitenden Prärieindianern. Er arbeitet nach einer ähnlich sanften Methode. Geduld statt Gewalt, und Beziehung kommt vor Erziehung. Allerdings ist Saganash nicht als teuer bezahltes Showpferd vor Riesenpublikum unterwegs wie Monty. Er heißt nicht umsonst Kawacatoose mit Vornamen.«

»Soll heißen?«, fragt Kantereit, der natürlich um die sprechenden Namen der Natives weiß.

»Kawacatoose heißt so viel wie ›armer Mann‹. Saganash, sein Vorname, bedeutet in etwa ›weißer Mann, Europäer‹, da in der langen Ahnenlinie meines Freundes auch ein französischer Trapper auftaucht. Saganash ist eine Art medizinischer Kollege von dir, ein Schamane mit heilenden Händen, der oft ohne Bezahlung arbeitet. Ganz einfach, weil er die Gabe besitzt. Ein Mann wie Monty Roberts wäre ihm ziemlich suspekt, weil der Druck auf die Tiere ausübt und sie um der Effekte willen manipuliert.«

Nicht ganz anders, als du, der große Menschenmanipulator, es machst, denkt Kantereit insgeheim, sagt es aber nicht, dazu hat er Harry viel zu gern. Immerhin zieht auch Harry seine Show nicht gegen Mordshonorare ab, sondern umsonst, dient sich nicht wie Pferdeguru Monty der britischen Queen als Zuchtberater an oder bringt panische Renn- und Zuchtpferde wieder auf Trab, damit sie ihre gewinnbringenden stressigen Karrieren bis zum Umfallen fortsetzen können.

Was Kantereit am echten Monty wesentlich verwerflicher findet, ist, dass er seine Methoden mittlerweile auch zum Training menschlicher Mitarbeiter für Freizeitparks und einen deutschen Automobilhersteller anbietet. Man kann sein Streben nach Ruhm und Geld durch Dressurakte – so sanft sie sein mögen – auch übertreiben.

Sieh an, Feining wagt einen weiteren Schritt! Diesmal schon mutiger, nämlich in die ungefähre Richtung von Hickory. Allerdings ohne dem Tier in die Augen zu schauen, was ein fataler Fehler wäre, wie Harry kurz erläutert. »Hickory muss sich zuerst für ihn interessieren, nicht umgekehrt.«

Wieder stoppt Feining, erstarrt zu einer Bildsäule, die Augen hat er noch immer vom Pferd abgewendet. Anders als Hickory, der sucht erstaunlicherweise erstmals kurzen Blickkontakt, schüttelt dann seine Mähne und beginnt gemächlich zu grasen und entspannt zu äpfeln.

Alle Achtung, das sieht nicht mehr nach Angst aus und noch weniger nach einem bevorstehenden Tobsuchtsanfall, findet Kantereit.

Feining hingegen wendet sich leicht ab und strebt in eine andere Richtung, weg vom Pferd.

»Verflucht, jetzt kriegt er es doch mit der Angst zu tun«, mutmaßt Kantereit.

»Unsinn«, entgegnet Harry. »Feining macht alles richtig. Er gibt Hickory die Gelegenheit, sich ihm anzuschließen – so er das möchte. Aus Neugier oder weil er seinem angeborenen Herdentrieb folgt. Schau hin!«

Nicht zu fassen, der scheue Appaloosa löst sich tatsächlich vom Haselnussstrauch und trottet in die von Feining eingeschlagene Richtung. Feining scheint etwas vor sich hinzumurmeln, Hickorys Ohren drehen sich in die Richtung des Gemurmels oder Geflüsters.

»Brabbelt der jetzt irgendwelche von deinen Indianersprüchen?«, will Kantereit wissen.

»Nein«, Harry schüttelt den Kopf. »Feining singt.«

»Feining singt für ein *Pferd?*«

»Das war noch so eine Idee von ihm. Irgendwas von Brahms schwebte ihm vor. Die *Vier ernsten Gesänge* glaube ich. Ich hoffe er hat eine schöne Bassstimme. Hickory hasst schrille Töne. Ist eben ein echter Kerl.«

25.

»Veilchen, hier gibt's ganz, ganz viele Veilchen, Frau van Endert. Meine Lieblingsblümchen!«, jubelt Dagmar. »Ich wollte immer Veilchen für meinen Brautstrauß, wissen Sie?«

Welchen Brautstrauß?, fragt sich Ariane. Bis zum Traualtar hat die dumme Trine es doch nie geschafft. Dafür hat sie es jetzt umso eiliger.

Dagmar lässt ihren Korb mit den gesammelten Wildkräutern – und ihren ungenießbaren Unkräutern! – auf den Weg plumpsen und rennt auf eine Hangwiese am Waldrand. Nicht zu fassen.

Ariane stellt fest, dass sie zwar nicht mit ihren Kräften oder Plänen oder ihrer Befehlsgewalt, aber mit ihren Nerven sehr, sehr bald am Ende sein wird. Seit bald zwei Stunden sind sie nun schon unterwegs. Über eine Stunde davon hat Dagmar zunächst nach ihren Anweisungen das Gemüse beim Haus ausgemacht. Die Anweisungen waren bitter nötig, denn Dagmar kann eine Rhabarberstange nicht von Mangold und Spinat nicht von Unkraut unterscheiden. Gemüse und Co. sind in natura und ohne erklärendes Schild komplettes Neuland für sie.

Das beweist auch diese Kräuterwanderung. Gerade eben wollte das Dummchen hochgiftige Maiglöckchenblätter als Bärlauch pflücken. Unfassbar, wie gefährlich ungebildet diese Frau ist! Und jetzt fängt dieses zutrauliche Riesenschaf doch tatsächlich an, die lila Winzblumen zu pflücken. In ihrem maßlosen Ehrgeiz, sich als großartige Köchin zu beweisen, will

Dagmar als Vorspeise unbedingt eine Wildkräutersuppe mit frischem Rahm servieren. Aber doch bitte nicht mit Veilchen!

In der Küche türmen sich Berge von Rhabarber, die Dagmar nach Arianes Anweisungen putzen, schälen und teilweise zu einem Kuchen oder Crumble für ihr groß angekündigtes Dinner verarbeiten will. Den Rest will sie einwecken.

»Können Sie denn überhaupt einkochen?«, hat Ariane sie gleich zu Anfang gefragt. Ganz einfach ist es nämlich nicht, wie sie seit Kindertagen weiß. Und überdies fürchterlich arbeitsintensiv.

»Ach, das finde ich schon raus«, hat Dagmar unbekümmert abgewunken. »Wie meine Uroma zu sagen pflegte: ›Dumm darf man sein, man muss sich nur zu helfen wissen.‹«

Mit anderen Worten: Sie wird diesem Dummchen einiges zu erklären haben. Ein Berg Kartoffeln, Lagergemüse, jede Menge Spinat, Salate und frische Kalbskoteletts warten ebenfalls auf die Zubereitung und Dagmar.

»Sie sagen mir, wie alles geht, dann kann nichts schiefgehen«, hat Frau Pöpsel sie beim Rhabarberausmachen denn auch treuherzig angestrahlt. Willig ist sie, da kann man nicht meckern.

Tja, was so ein wenig Zuckerbrot bei der Personalführung doch alles ausmacht, lobt sich Ariane im Stillen. Dagmar hat auf ein wenig Lob und Schmeichelei allerdings so handzahm und enthusiastisch reagiert, dass sie die Frau am liebsten gepackt und geschüttelt hätte. Hat die denn gar keinen Stolz? Sie ist derart bedürftig, dass es Ariane graut. Kein Wunder, dass die gute Dagmar auf gleich zwei Totalversager als Verlobte hereingefallen ist, wie das Plappermaul ihr anvertraut hat. Ein Mal könnte man ja als Versehen durchgehen lassen. So was ist selbst ihr in ihren jungen, dummen Jahren passiert, aber zwei Mal? Nein!

Ariane war nach dem ersten Mal und ihrem beinahe suizidalen Liebeskummer gründlich kuriert. Hat sich besonnen und aus ihrem Leben und ihren Ehen eine grandiose Erfolgsstory gemacht – anders als dieses unbelehrbare Schaf!

Tragisch, wirklich tragisch, wenn Frauen ihre Nachthemden mit mehr Sorgfalt und Verstand auswählen als ihre Männer. Wie schon Coco Chanel wusste.

Und dazu Dagmars lebenslange Rolle als Schmerzensmutter der Krankenpflege. Wie kann man sich nur freiwillig so zum Opferlamm machen? Und nun gerät dieses Schaf wegen ein paar kümmerlichen Veilchen außer Rand und Band.

So geht das nicht. Zeit nach dem Zuckerbrot mal die Peitsche ins Spiel zu bringen, beschließt Ariane.

»Dagmar, kommen Sie sofort zurück!«, ruft sie die Blümchenpflückerin vom Rand der Wiese her scharf zur Ordnung.

»So-fo-hort!«, ruft Dagmar fröhlich, pflückt noch fünf Veilchen und kommt zurückgerannt. Das wollte Ariane ihr aber auch geraten haben.

»Sind die nicht wunderhübsch? Und wie die duften. Ich wollte früher immer Veilchen im Brautstrauß. Es sind meine liebsten Blümchen«, schwärmt Dagmar und hält Ariane ihr Sammelgut direkt unter die Nase. »Haben Sie eine Idee, wie wir die für eins meiner Gerichte verwenden können? Ich meine, zu Spinat und Kohl und dem ganzen Gemüse passen sie schlecht. Ah, ich hab's, wir könnten sie unter einen Salat mischen.«

Und dann einem Haufen hungriger Hofarbeiter solchen Quatsch servieren? Wo denkt diese dämliche Trine nur hin? »Veilchen«, sagt Ariane hoheitsvoll, »sollte man allenfalls für Süßspeisen kandieren.«

»Oh ja, oh ja«, freut sich Dagmar und klatscht begeistert in die Hände, nachdem sie die lila Blüten in ihrem Kräuterkorb abgelegt hat. »Das machen wir. Sie müssen mir nur erklären, wie!« Sie bückt sich erneut zum Korb hinab und beginnt zärtlich die Blümchen zu sortieren.

Also langsam reicht es mit dem Gottvertrauen oder besser Küchengottvertrauen, das dieses Kind in sie legt, findet Ariane. Große Maîtres de Cuisine sind zwar wahre Feldherren als Arbeitgeber, aber sie hat nicht im Ernst vor, sich vollkommen auf das Ressort Kochen zu konzentrieren. Zumal die Küche erst einmal gründlich entmistet und geputzt gehört. So wie das komplette Haus.

Vor allem Harrys Geheimzimmer, setzt Ariane in Gedanken hinzu. Dagmar behauptet, hierfür einen Schlüssel zu haben. Sie mag ein vertrauensseliges Schaf sein, aber dieser Harry ist ein Riesenhornochse! Ariane gönnt sich ein genüssliches Schmunzeln. Wer hätte gedacht, dass er es ihr derart leicht machen würde, ihn auszuspionieren. Ihr den Schlüssel dazu per Dummchen Dagmar praktisch auf dem Silbertablett zu servieren … Selbst schuld. Jetzt muss sie Dagmar nur noch zurück in die Küche und ans Arbeiten bringen und ihr Harrys Schlüssel abschmeicheln. Kinderspiel.

Zunächst gilt es jedoch, Frau Pöpsel von hier wegzulotsen.

»Veilchen zu kandieren beansprucht enorm viel Zeit und sehr viel Fingerspitzengefühl, Frau Pöpsel. Sie sollten sich nicht mit so etwas überfordern.« Ihre eigene Mutter konnte so etwas. Ach, die konnte sogar aus Löwenzahn ein Festmahl zubereiten, aber doch nicht eine Dagmar! »Wir nehmen die Veilchen als Tischdekoration, und nun kommen Sie endlich, wir müssen zurück zum Haus, sonst werden wir heute Abend niemandem irgendetwas zu essen servieren.«

Irgendwo im Tal schlagen Glocken an, läuten die Mittagszeit ein.

»Hören Sie das? Elf Uhr«, drängt Ariane. »Höchste Zeit, sich an den Rückmarsch zu machen.

Dagmar nestelt weiter in ihrem Korb herum, richtet sich endlich auf – mit einer Banane in der Hand. »Ich würde sagen, es ist höchste Zeit für einen Snack. Mögen Sie auch? Ich habe zwei mitgenommen.«

»Nein, danke. Sie können Ihre Banane gerne im Gehen verzehren, aber Sie müssen jetzt endlich in die Küche!«

»Nicht, bevor ich noch richtigen Bärlauch aus dem Wald geholt habe. Harry liebt Bärlauch, und Sie haben doch gesagt, Bärlauch gibt es in Wäldern. Und gleich da drüben ist ein Wald.«

Ariane verdreht die Augen. Es reicht! »Bärlauch gedeiht in lichten Buchenwäldern. Das da vorne«, sie deutet zum Waldrand, »ist überwiegend ein Nadelwald. Tannen und Fichten, Sie verstehen? Davon abgesehen, habe ich hier bereits ein großes Bündel wilde Knoblauchrauke, die tut's auch.«

»Ach, irgendwo da drin wachsen bestimmt Buchen und Bärlauch«, insistiert Dagmar und stürmt einfach bergan.

So was, das Schaf wird bockig, grollt Ariane.

Ärgerlich scheucht sie eine Biene beiseite, die wie aus dem Nichts aufgetaucht ist. Lästiges Biest. Ariane setzt sich widerwillig in Bewegung. Sie muss Dagmar einfangen und zur Räson bringen. Gott, diese blöde Biene, die klebt ja geradezu an ihr und summt ganz sonderbar. Jetzt sind es sogar schon zwei. Hier muss irgendwo ein Nest sein.

26.

Kaum zu glauben, staunt Kantereit. Feining muss eine ausgezeichnete Bassstimme haben, zumindest in Hickorys sensiblen Pferdeohren. Eine halbe Stunde ist vergangen, und dank Feinings konzertantem Gesang beginnt auf der Weide eine seltsame Art von distanziertem Pferd-folgt-Mann-Spaziergang im Stop-and-go-Verfahren. Beide Beteiligten sehen aus, als hätten sie alle Zeit der Welt, um in trautem Einvernehmen einfach so vor sich hinzutrotten.

»Langsam glaube ich, dass du Wunder bewirken kannst«, lobt Kantereit seinen Freund. »Erst Dagmar Pöpsels wundersame Verwandlung und nun Bert Feinings Wiedergeburt als Pferdeflüsterer. Wirklich, lauter Wunder.«

Irgendwo unten im Tal schlagen wie zur Untermalung seiner Feststellung Glocken an, läuten elf Uhr.

»Hast du die auch bestellt?«, scherzt Kantereit. »Ich denke, ich mache meine Praxis endgültig dicht und schicke meine letzten Patienten zu dir, dem Wunderheiler.«

»Red kein Blech, Mann. Deine schulmedizinischen Eingriffe und deine Hartnäckigkeit haben die meisten deiner Patienten gerettet«, wehrt Harry erzürnt ab. »Was ich ab und an beitrage, ist nur simple Küchenpsychologie. So, wie du mir die einsame, ungeliebte Dagmar und ihren erlernten Hang zu Pflegefällen geschildert hattest, war klar, dass sie einfach mal gefeiert werden musste. Am besten als Mittelpunkt einer prachtvollen Zeremonie vor geneigtem Publikum. Das Thema Einsamkeit ist dank unserer kleinen Hofgemeinschaft sowieso erst mal passé.

Was Feining angeht: Der braucht neue, authentische Erfolgserlebnisse, die seine Künstlerseele befriedigen. Der Umgang mit Tieren wie Hickory erfordert ein hohes Maß an Empfindsamkeit und Einfallsreichtum, er verfügt über beides. Außerdem ist er ein enorm mutiger Mensch.«

»Ich habe ihn nur als enorm entmutigten Menschen kennengelernt«, zweifelt Kantereit.

»Nach einem schweren Schlaganfall, der ihn für lange Zeit seine Freiheit gekostet und ihn all seiner Fähigkeiten beraubt hat«, gibt Harry zu bedenken. »Aber ein Mann, der sich entschieden hat, sein Glück als Musiker zu versuchen, um in dieser Welt als Künstler zu bestehen, ist sehr mutig.«

»Ja, und damit war Feining über Jahre durchaus erfolgreich«, vollendet Kantereit den Gedanken. »Zwar kein weltberühmter Solokünstler oder Starpianist, aber ein gefragter Theatermusiker.«

»Genau, und das nur, weil Feining im Grunde seines Herzens ein Puma ist. So wie du übrigens auch. Ausdauernd, zielstrebig und fähig, Großes zu leisten, dabei allerdings häufig zu sensibel. Feining brauchte einfach eine neue Herausforderung, die zunächst nichts mit Musik zu tun hat.«

»Puma? Ich bin doch kein Puma. Ist das jetzt wieder so ein Indianerquatsch?«, fragt Kantereit unwirsch.

Harry wiegt den Kopf. »Ja und nein. Sagen wir es mal so: Ich habe bei meinen Studien, meinen vielen Reisen und Aufenthalten bei sogenannten Naturvölkern gelernt, intuitiven Einsichten zu vertrauen und um die Ecke zu denken, mehr nicht. Wie diese Menschen es schaffen, die Geschicke der Welt und unser Seelenleben so hellfühlig zu begreifen, wird mir letztendlich ein Rätsel bleiben. In etwa wie die Pyramiden von Gizeh. Ich weiß nur, dass die Richtung ihres Fühlens und Wahrnehmens oft stimmt.«

»Du willst also sagen, dass deine ganzen Indianergeschichten nur Imitation und Hokuspokus sind?«

Harry seufzt. »So würde ich das nicht ausdrücken. Ich vereinfache manches nur gewaltig oder reduziere gewisse Zeremonien zu einer Art heilsamer Folklore. Eigentlich ein Unding. Ich bin wahrlich kein Esoteriker, aber wie du weißt, sind die meisten Menschen für Kitsch und Klischees empfänglicher als für seriöse anthropologische und ethnologische Forschungserkenntnisse, die mühsam zu erarbeiten sind. Ein wenig Winnetou kommt besser an als tiefgründige Wissenschaft.«

»So wie Chingachgook anstelle von Professor Harry«, scherzt Kantereit.

»Genau. Wobei ich dir diesen Spitznamen ziemlich übel nehme. Wie du sehr wohl weißt, ist der historische Chingachgook umstritten und wird von vielen kanadischen Natives nicht als ›edler Wilder‹ betrachtet, wie ihn James Fenimore Cooper beschrieb, sondern weit realistischer als geriebener Taktierer und Verräter, der etliche seiner Brudervölker ans Messer lieferte, als er sie in sinnlose Kriege gegen die britischen Eroberer verstrickte.«

»Was so gar nicht deinem Charakter entspräche, da gebe ich dir recht«, findet Kantereit und klopft seinem Freund auf den Rücken. »Du bist der loyalste, verlässlichste Mensch, den ich kenne. Es macht mich stolz, dein bester Freund zu sein.«

Harry hebt den Blick, schaut peinlich berührt weg. »Vorsicht, Klaus«, sagt er, »wie jeder Mensch habe auch ich meine dunklen Seiten und Geheim– Nanu, wer treibt sich denn da oben beim Wald rum? Und ausgerechnet an dieser Stelle.«

Kantereit folgt Harrys Blick. »Ach, das sind doch nur Dagmar und … ich glaub's ja nicht! *Ariane?* Wie haben die zwei sich denn gefunden, noch dazu zum Spazierengehen?«

»Hoffentlich gibt das kein Unglück«, murmelt Harry finster.

»Nur, wenn Ariane mal wieder Streit sucht, Dagmar ist lammfromm«, merkt Kantereit an.

»Das meine ich nicht. Ich hatte gehofft, die beiden würden nur bis zu den Rhabarberbeeten am Haus vordringen, dort ein kleines Scharmützel ausfechten und darüber zu einem ersten Durchbruch miteinander gelangen. Sie könnten enorm voneinander profitieren. Ein ideales Paar, die zwei. Aber nicht da oben.«

Kantereit schweigt vollkommen verblüfft. Dagmar und Ariane ein ideales Paar? Die beiden verbindet nun wirklich nichts!

Und ist es zu glauben? Den gemeinsamen Ausflug dieses unwahrscheinlichen Duos scheint Harry auch mal wieder auf den Weg gebracht zu haben. Fragt sich, zu welchem Zweck und wer von den beiden was lernen oder gesundheitlich und seelisch davon profitieren soll. Doch gewiss nicht die arme Dagmar.

Kantereits Augen gleiten zum Berg zurück. Er stutzt. »Hallo, was ist denn jetzt passiert? Wieso laufen die einander so aufgeregt nach? Sieht aus, als spielten sie Nachlaufen auf die harte Tour. Und was hat Felix plötzlich dort verloren? Noch dazu mit einer Wandertruppe? Spielt der neuerdings Bergführer? Der kennt sich hier doch überhaupt nicht aus.«

»Der gibt den Sportreporter«, schlägt Harry vor. »Seinen Gesten nach zu urteilen, erläutert Felix den Ablauf des Geschehens.«

Dagmar und Ariane liefern sich tatsächlich eine enorm sportliche Verfolgungsjagd. Dagmar rast hakenschlagend wie ein Hase in rasantem Tempo und panisch um sich schlagend am Waldsaum entlang und vor Ariane davon. Diese rennt zielstrebig im leichten Joggingtrab immer hinterdrein, nimmt dabei kleine Hindernisse im Sprung. In welcher Absicht ist Kantereit schleierhaft.

Vollkommen reglos – von seinen Ausführungen abgesehen – steht hingegen Felix umringt von einem Trüppchen Unbekannter mit Rucksäcken am Berghang. Ganz so, als wollten sie einen Sicherheitsabstand von der Treibjagd zweier wild gewordener Furien halten.

»Besser, wir schauen mal nach«, knurrt Harry und setzt sich in Bewegung. »Da oben kann es leicht gefährlich werden. Teufel auch, da sollten sie nun wirklich nicht hin! Die müssen meine Warnschilder komplett übersehen haben.«

27.

Fenja ist verzaubert, geradezu berauscht vom Schwarzwald-Städtchen Staufen. Was nicht an dem Schoppen Markgräfler Gutedel liegt, den sie sich nach einem über zweistündigen Besichtigungsmarathon durch die Altstadt gönnt.

Staufen, am Fuß eines herrlichen Weinbergs gelegen, auf dem majestätisch eine Burgruine samt Palas und Ringmauer thront, ist hinreißend schön, wenn auch für ihren Geschmack ein winziges bisschen zu puppenstubig saniert, dafür aber wohltuend gemächlich. Die Zeit scheint nachgerade stehen zu bleiben, wenn man sich ein wenig vom trubeligen, denkmalgespickten Marktplatz – dem Touristenhotspot – entfernt.

Fenja sitzt in einem ländlich still anmutenden Gässchen im Schatten der katholischen Martinskirche, einem weiß verputzten, dreischiffigen gotischen Bau mit einem flankierenden Glockenturm, der Ruhe und Erhabenheit ausstrahlt.

Vor einem Seitenschiff der Basilika darf ein winziges Café einen Terrassenbetrieb mit wenigen Tischen und Stühlen betreiben. Ein ausgesprochen meditativer Rückzugsort, wie Fenja findet, obwohl sie mit Religion nicht viel am Hut hat. Sie schlägt den Stadtführer auf, den sie sich vorhin im Rathaus – einer Perle der badischen Renaissancearchitektur, wie es im Büchlein heißt – besorgt hat, und nippt erneut an ihrem Wein.

Ricardo hat die Kirche als Treffpunkt für die Rückfahrt vorgeschlagen. Warum er ausgerechnet eine Kirche und nicht den verkehrsgünstigeren Bahnhofsvorplatz oder die Hauptstraße hinter dem Markt gewählt hat, bleibt mal wieder sein Geheimnis. Ein wenig seltsam ist die Ortswahl schon, es mangelt hier an Parkmöglichkeiten und wimmelt von Einbahnstraßen und Sackgassen. Ob Ricardo in der Kirche noch etwas vorhat? Unwahrscheinlich. Er ist genau wie sie nicht eben die Verkörperung eines gläubigen Kirchen- oder Religionsfans.

Na, ist sein Ding, sie wird gewiss nicht nachfragen. Der Kerl kann ihr gestohlen bleiben. Eben haben die Kirchenglocken den Mittag eingeläutet. Sie hat also noch über eine Stunde Zeit, bis der nervige Pirat hier aufschlägt.

Gut so, sie braucht ihn nicht als Fremdenführer, im Gegenteil, sie kann sich fantastisch allein amüsieren, wie der hinter ihr liegende Vormittag beweist. Fenja leert ihr Glas, die Kellnerin serviert ihr ein Stück Elsässer Speckgugelhupf, und Fenja bestellt – warum nicht? – ein weiteres Glas Gutedel.

Gott ist dieser Guglhupf köstlich und das zweite Glas Wein ebenfalls. Wirklich unglaublich, wie belebend so ein Urlaubsvormittag im Alleingang auf sie wirkt. Erst recht, weil sie seit mehr als drei Wochen praktisch ständig unter Menschen war. Ein echtes Novum, seit sie vor einem halben Jahr ihr Studium hingeworfen und sich in ihrer Bude verkrochen hat. Auf Harrys Hof gefällt es ihr besser als gedacht, aber ein wenig Raum fürs Alleinsein braucht sie.

Nachdem sie Ricardo in der Werkstatt hat stehen lassen, ist Fenja zunächst den Schlossberg hinaufgewandert. Von oben hat man einen herrlichen Blick ins Tal, nach Westen in die Rheinebene, nach Osten auf die sich hochtürmenden Berge des Hochschwarzwaldes und nach Süden hin auf Staufens Altstadt, die sie danach gründlich erkundet hat.

Sie ist durch mittelalterliche Gässchen und Rundbogentore spaziert, hat Fachwerkhäuschen, spätgotische und barocke Wohnbauten, Renaissancegiebel und das beeindruckende Marktplatzensemble samt Brunnen bewundert. Alles hier wirkt angenehm bunt, fröhlich und einladend, sie fühlt sich ein wenig wie im sonnigen Süden, vor allem der vielen Straßencafés und Freiluftrestaurants wegen, die gut besucht sind. Von Einheimischen und von Feriengästen.

Doch auch in diesem idyllischen Paradies scheint der Teufel sein Handwerk auszuüben, wie ihr der Stadtführer verrät. Von verheerenden Kriegen, Bränden, Hungersnöten und Seuchen mal abgesehen, soll Mephisto höchstpersönlich in Staufen den echten Doktor Faustus ins Jenseits befördert haben. Der Legende nach sprengte sich der Alchemist mit dem Teufelspakt im hiesigen Gasthaus Löwe beim Goldmachen in die Luft. Kleiner Laborunfall sozusagen. Goethe hat sich mit Fausts dramatischem Ende später ein wenig mehr Mühe gegeben.

In jüngster Zeit – und das ist leider keine Legende – haben Erdwärmebohrungen zu Hebungs- und Senkungsrissen an mehr als zweihundertfünfzig, teils denkmalgeschützten Gebäuden geführt. Das Städtchen, erfährt Fenja, kämpft nach wie vor mit den Folgen und massiven Schäden, befürchtet – ähnlich wie Venedig – unersetzliche Verluste an Baudenkmälern und damit seinen Untergang als Urlaubermagnet. Die Stiftung »Staufen darf nicht zerbrechen« sammelt Geld für die Rettung der Stadt. Was dringend benötigt wird.

Fenja hat einige der Risse entdeckt und wüsste als ehemalige Architekturstudentin gerne mehr über die Sanierungsmaßnahmen und -methoden. Ja, die Geschichte weckt ihre Neugier. Ob sie noch rasch in die hiesige Buchhandlung gehen und nach Fachliteratur fragen soll? Etwas wissenschaftliche Lektüre wäre eine schöne Abwechslung zur Hofarbeit bei Harry, und die Abende werden merklich länger.

Fenja konsultiert kurz ihr Smartphone. Zweiundzwanzig Minuten nach zwölf. Okay, die Zeit dürfte reichen. Rasch leert sie ihr zweites Glas Wein, winkt der Kellnerin und zahlt. Hoppla, während sie sich erhebt, bemerkt sie, dass zwei Schoppen Gutedel bei mittäglichem Sonnenschein nicht nur erfrischend sind, sondern durchaus Wirkung haben. Ein wenig schwindelig steuert sie den Weg zum Markt an, umrundet – schon trittsicherer – das Seitenschiff, um das Kirchenportal in Richtung Marktstraße zu passieren, und prallt zurück.

Vor dem Portal der Basilika steht mit dem Rücken zu ihr Ricardo, drückt die schwere Klinke herab und schlüpft ins Gotteshaus. Was zum Teufel – oh, pardon, war nicht so gemeint – hat der Kerl in einer Kirche zu suchen? Ein Gespräch mit dem Pfarrer, die Gelegenheit zur Beichte oder zum stillen Bußgebet?

Die Buchhandlung ist vergessen, Fenja muss einfach herausfinden, was der Möchtegernpirat da drinnen zu suchen hat. So rasch es ihr leicht benebelter Zustand zulässt, eilt sie zum Portal. Sie öffnet behutsam den linken Torflügel und taucht geräuschlos in die Stille des Kirchenschiffs ein.

Fenja verharrt im Schatten einer Orgelempore über ihr. Sie muss zwinkern, um sich an das weiche Dämmerlicht im Inneren des Gotteshauses zu gewöhnen. Dabei ist es hier so dunkel nicht – dank weiß gekälkter Wände und hoher Kreuzgewölbedecken. Überdies sind die hohen Spitzbogenfenster größtenteils nicht buntverglast, sorgen mit Klarglas für eine fast heitere Helligkeit.

Vielleicht sind die Glasmalereien genau wie Teile der ursprünglich gotischen Innenausstattung und Ornamentik einem Brand oder Kriegsplünderungen zum Opfer gefallen, kombiniert Fenja, während ihre Augen die schlichten Kirchenbänke links und rechts vom Mittelgang nach Ricardo absuchen. Vergeblich.

Oder – so durchblitzt es sie mit Blick auf eine eindeutig barocke Heiligenfigur – der ganze Bau wurde erst in späteren Jahren, möglicherweise im 19. Jahrhundert auf Neugotisch umgetrimmt. Ihre Kenntnisse in Kirchenarchitektur sind weniger als bescheiden. Sakrale Architektur ist so gar nicht ihr Ding.

Egal. Wo zum Kuckuck ist Ricardo?

Ihr Blick eilt unter einem riesigen Holzkreuz hindurch, das vom Gewölbe herabhängt, zum Chorraum. Kein Ricardo in Sicht, versteckt der sich in der Sakristei?

Hoppla, nein. Rechts vom Chorraum bei einem Seitenaltar entdeckt Fenja den Piraten, tief versunken – wie es scheint – in die Betrachtung zweier Heiligenfiguren, die auf einem weiß abgedeckten Steinblock thronen, im Hintergrund ist eine weitere, vergoldete Schnitzfigur zu erkennen. Betet der die an oder was?

Fenja kann nicht anders, sie muss näher ran und Ricardos Geheimnis lüften. Wie magisch angezogen schleicht sie sich über die roten Fliesen des Mittelgangs auf dessen Rücken zu, erkennt in den zwei Holzfiguren eine mutmaßlich mittelalterliche Madonna und irgendeinen männlichen Heiligen in prachtvoll blau, rot und golden bemalten Gewändern im Stil der Dürerzeit. Sie sind zugegebenermaßen sehr eindrucksvoll, wirken so lebendig, aber was –

»Da bist du ja endlich«, meldet sich überraschend Ricardo zu Wort und dreht sich langsam zu ihr um. »Du solltest noch etwas näher rankommen. Der minutiös gearbeitete Faltenwurf der Gewänder ist eine Klasse für sich. Hans Multscher war ein großartiger Bildschneider des Spätmittelalters, ein Wegbereiter für Großmeister wie Riemenschneider und Veit Stoß. Sein Gefühl für Holz war überragend. Kein Wunder, er hat sein Handwerk im Burgund erlernt. Dort gab es die besten Holzkünstler der Zeit und die schönsten Altäre, wie ich finde.«

Schöne Altäre – und das aus dem Mund des Piraten? Oder ist das sein frommer Zwillingsbruder?

»Nun komm schon«, sagt Ricardo und nimmt auf einer Kirchenbank unmittelbar vor dem Marmorblock Platz. Er bedeutet ihr, es ihm gleichzutun.

Fenja zögert, sie will nicht über mittelalterliche Schnitzkunst plaudern, jedenfalls nicht mit einem Mann wie Ricardo, der sie unheimlicherweise erwartet zu haben scheint. Ist ihre Neugier wirklich so berechenbar und sie so leicht zu ködern? Peinlich.

Ricardo hebt seine Augenklappe an, als wolle er die Figuren noch genauer in Augenschein nehmen.

Fenja erstarrt. Moment mal! Er hebt seine Augenklappe an? *Um besser sehen zu können? Das darf doch nicht wahr sein*. Sie eilt zur Kirchenbank und starrt mit unverhohlener Neugier in sein Gesicht. »Du hast dein Auge also nicht verloren«, entfährt es ihr. »Du bist nicht blind, du bist nur ein Schwindler, ein Betrüger …«

Sie stoppt sich selbst mitten im Satz ab. Was ist nur in sie gefahren? Hat er vorhin im Jeep nicht genau das angedeutet? Überdies verraten die hässlichen, noch nicht ganz vernarbten Schnittwunden über und neben seinem linken Augenlid, dazu die geteilte Braue, dass er eine ziemlich dramatische Verletzung auskuriert.

Trotzdem! Er ist nicht ehrlich.

Ricardos Gesicht verzieht sich zu einem süffisanten Grinsen. »Niemand, schon gar nicht ich, hat behauptet, dass ich blind sei oder ein Auge verloren habe«, sagt er und genießt seine entlarvend schlichte Feststellung sichtlich. »Du scheinst über eine recht düstere, geradezu gewaltbereite Fantasie zu verfügen. Zu oft *Piraten der Karibik* geschaut?«

»Und wo hast du dir diese Wunde eingehandelt?«, schießt Fenja, die ihre Bloßstellung nur schlecht ertragen kann, zurück.

»Bei einer nächtlichen Messerstecherei am Kölner Ebertplatz, die ausgesprochen ungünstig für mich verlief«, erwidert Ricardo gelassen. Sein Blick gleitet zurück zu den Heiligenfiguren.

Aha!

»Wäre dein Ziehvater Klaus Kantereit in der Nacht nicht zufällig vorbeigekommen«, fährt Ricardo fort, »hätte es für mein Auge tatsächlich übel ausgesehen. Er ist ein fantastischer Arzt und ein Mensch mit Zivilcourage, der nicht wegschaut, wenn jemand verletzt am Boden liegt. Wünschte, ich hätte einen so bemerkenswerten Vater.«

»Ziehvater«, korrigiert ihn Fenja.

»Alle Achtung, da hatte er sicher alle Hände voll zu tun.«

Fenja übergeht die Spitze gegen sich. Der couragierte Helfer Kantereit und sein Verhältnis zu ihr interessieren sie momentan nicht. Ihre Gedanken sind mit der Messerstecherei beschäftigt. Wusste sie es doch: Der Typ hat eine kriminelle Vorgeschichte. Seine Kampfkunsttechniken durfte sie ja bereits am eigenen Leibe kennenlernen, und Kölns Ebertplatz ist als gefährlicher Hotspot des harten Drogenhandels bekannt. Dort hat es infolge von Revierstreitigkeiten rivalisierender Banden schon Tote gegeben. Von wegen düstere Fantasie, sie weiß Bescheid, der kann ihr nichts vormachen.

»Du bist also ein Dealer«, hakt sie scharf nach.

Ricardo hebt zur Antwort nur verächtlich die rechte Braue und zieht seine linke Augenklappe zurück in Position. Das ist kein klares Nein!

»Dann bist du ein Junkie?«, lässt Fenja nicht locker. Sie wundert sich selbst über ihre Hartnäckigkeit. Sie ist schließlich nicht von der Kriminalpolizei. Mit der sie – davon mal abgesehen – selbst schon unschöne Begegnungen hatte. Während ihrer Zeit auf dem Bauplatz gab es gelegentlich Durchsuchungen und ein, zwei Festnahmen. Nicht alle Bauwagenbewohner hatten eine klinisch saubere Weste und waren an einem alternativen Leben als Selbstversorger interessiert.

Auch wenn keiner von ihnen ihr je etwas zuleide getan hat oder gemeingefährlich war, für sie als knapp fünfzehnjährige Ausreißerin, die sich vor den Bullen stets unter einem der Wagen verstecken musste, sind das prägende und noch immer beängstigende Erinnerungen.

»Du hast entweder wirklich eine sehr düstere Fantasiebegabung oder früh eine Menge schlechte Erfahrungen mit Männern gemacht«, seufzt Ricardo. »Ich tippe auf Letzteres. Glaub mir, von schlechten Erfahrungen verstehe ich was, genau wie von unbändigem Zorn, verletzten Gefühlen, schmerzlichen Verlusten und Misstrauen.«

Soll das eine Predigt werden?, fragt sich Fenja. Ricardo ist – wenn's denn stimmt – ein Schreinergeselle, kein verfluchter Pfarrer. Was den Kerl nicht daran hindert, weiterhin den Seelsorger zu spielen.

»Es ist an der Zeit, etwas Licht in dein dunkles Gemüt zu bringen, denkst du nicht? Jetzt setz dich endlich, und schau dir die Figuren an. Sie sind fast sechs Jahrhunderte alt und wunderschön.«

Fenja nimmt widerwillig Platz, weil sie sich inzwischen enorm albern vorkommt und weil Ricardos Stimme einen anderen, eindringlichen, leicht melancholischen Klang angenommen hat. Er predigt nicht, nein, er scheint ihr etwas mitteilen zu wollen. Über sich?

»Die Madonna erinnert mich ein wenig an dich«, sagt er und wirft ihr einen raschen Seitenblick zu. »Dieser leicht trotzige, aufbegehrende und dabei zutiefst traurige Blick. So viel Gefühl und Leidenschaft. Erkennst du es?«

Fenjas Blick fährt kurz zum Gesicht der Gottesmutter. Es ist ein erstaunlich junges, schmales Antlitz; in ihrem seitwärts gerichteten Blick liegen tatsächlich ein Hauch von Trotz und Abwehr und, ja, echte, anrührende Trauer. Fenja schluckt. Scheißwein. Jetzt wird sie doch tatsächlich rührselig. Fehlt nur noch, dass sie weint. Mist! Sie tut es bereits, schmeckt Salz auf ihren Lippen.

»Warum erzählst du mir nicht, was dich so zornig macht?«, fragt Ricardo sanft. »Und so traurig. Ich bin mir sicher, dass ich nicht der Grund bin.«

Er rückt näher an sie heran und tut etwas Unfassbares. Er legt seinen Arm über die Lehne der Kirchenbank, umfasst sie und zieht sie behutsam an sich heran. Noch unfassbarer ist, dass sie ihren Kopf an seine Schulter lehnt, einfach so, ohne nachzudenken und nur darum, weil sich das in diesem Moment verlockend richtig anfühlt.

28.

»So bleiben Sie doch endlich stehen, damit ich Ihnen helfen kann!«, schreit Ariane aus voller Lunge, wiewohl die Rennerei atemberaubend ist. Nur gut, dass sie regelmäßig ihr Lauftraining absolviert. »Einfach stehen bleiben und nicht rühren, bis ich da bin!«, brüllt sie mit all ihrer Kraft. »Ich weiß, was zu tun ist. Stehen bleiben! Die Gefahr ist vorbei!«

Dem Himmel sei Dank ist sie vorbei.

Dagmars Bananenfrühstück hätte böse Folgen haben können, sehr, sehr böse. Sie hat es nämlich dummerweise direkt vor einem Bienenstock beendet. Der Frau in diesem Falle ihre Dummheit vorzuwerfen wäre übertrieben, denn dass Bananen Duftstoffe absondern, die Bienen sofort in Alarmzustand und den Angriffsmodus versetzen, muss man nicht wissen. Wird der Bananenesser dann von einer Wächterbiene gestochen, ist er markiert, und wenn er Pech hat, folgt ein erbarmungsloser Schwarmangriff.

Ariane weiß das alles von ihrem Vater, der sich als darbender Postbote und Kleingärtner seit den frühen Fünfzigerjahren auch als Imker versucht hat und im Laufe seines langen Gärtnerlebens ebenso viel Wissen über Bienen wie über Märklin-Eisenbahnen aneignen konnte. Oh, wie enorm stolz er darauf war, auf was auch sonst. Konnte nie untätig sein, ständig zu schuften war sein Hobby, immer getrieben von der Angst, noch einmal Hunger leiden zu müssen – wie direkt nach dem Krieg.

Aber das ist momentan egal.

Dagmar muss einige Stiche abbekommen haben. Sollte sie allergisch gegen das Bienengift sein, wird's ernst, auch wenn sie der Gefahrenzone mittlerweile entronnen ist und das summende Kampfbombengeschwader sich verflüchtigt hat.

Einen allergischen Schock darf man nicht unterschätzen. Sie muss eingreifen, möglichst viele Stacheln entfernen, erste Hilfe leisten. Schon allein der Personalverantwortung wegen.

»Stehen bleiben!«, schreit Ariane noch einmal.

Und bekommt unerwartet tatkräftige Unterstützung.

Indianer Harry schließt keuchend zu ihr auf. »Sie setzen sich vor Dagmar, ich bleib hinter ihr, Kantereit kommt von der Seite. Wir müssen sie einkreisen und stoppen.«

Das braucht der Idiot ihr nicht zu sagen, das weiß Ariane längst. Aber jetzt ist wirklich keine Zeit für Zurechtweisungen. Immerhin hat der Mann erkannt, dass sie eine weit bessere Sprinterin als er ist.

Ariane startet erneut durch, gibt ihr Letztes, holt Dagmar tatsächlich ein, umrundet sie und stellt sich ihr wie ein Verkehrspolizist mit ausgebreiteten Armen in den Weg. Kantereit unterbindet Dagmars Versuch, nach links auszuweichen, und den Rückweg kann Indianer-Harry abschneiden.

Dagmar ist umzingelt, muss bremsen und beginnt hysterisch zu weinen. »Ich ... ich will nicht mehr gestochen werden«, japst sie. »Ich ... ich ... was haben die Bienen gegen mich?«

Klaus Kantereit eilt unter beruhigenden Worten auf sie zu. »Ganz ruhig, Frau Pöpsel. Wir sind ja jetzt bei Ihnen. Wo wurden Sie denn gestochen?«

»Überall, einfach überall«, schluchzt Dagmar und lässt sich ins Gras plumpsen. »Es tu-hut so weh! Und brennt und beißt.«

»Lassen Sie mich nachsehen, Dagmar«, drängt Ariane ihren Schwager beiseite. »Die meisten Stiche dürften auf dem Kopf, im Nacken und den Schultern sitzen. Vielleicht auch im Gesicht.«

»Genau«, wirft Harry ein, »das dürfte ungefähr der Fluglochhöhe entsprechen.«

Ariane hockt sich hinter Dagmar und untersucht so systematisch wie vorsichtig deren zerzausten Haare. Sie wächst zu ihrer eigenen Verwunderung sogar über sich hinaus, spendet Dagmar fürsorgliche Worte des Trostes. Diese Frau mag zwar nicht die hellste Kerze auf der Torte sein und hätte auf sie hören sollen, aber das arme Hascherl hat Zuspruch verdient, so zerstochen wie ihre Kopfhaut ausschaut. Es wächst bereits eine Kraterlandschaft aus Beulen heran.

»Da haben wirklich einige Biester zugelangt«, stellt Kantereit besorgt fest und geht vor Dagmar in die Hocke. »Ihr linkes Auge und die Unterlippe haben auch was abbekommen, beides schwillt an. Dagmar, sind Sie gegen Bienengift allergisch?«

»Nein.« Sie versucht, den Kopf zu schütteln.

»Stillhalten«, befiehlt Ariane barsch, »ich muss so viele Stacheln wie möglich entfernen.«

»Weißt du überhaupt, wie man das richtig macht?«, erkundigt sich Kantereit gereizt, während er Dagmars Puls prüft.

»Sie macht das perfekt. Nicht rausrupfen, sondern mit dem Fingernagel zur Seite schieben und wegschnippen, ohne die Giftblase am Stachelende zusammenzudrücken. Tja, gelernt ist wohl gelernt. Alle Achtung. Haben Sie mal geimkert?«

»Halten Sie den Rand!«, schnauzt Ariane, ohne ihre peniblen Entstachelungsarbeiten zu unterbrechen. »Machen Sie sich lieber nützlich, und suchen Sie Spitzwegerich. Den Saft der Blätter können wir auf die Stiche geben. Das kühlt ein wenig und lindert den Juckreiz, bis wir zurück im Haus sind und Klaus sie professionell behandeln kann.«

»Nicht nötig«, sagt Harry und scheint den Geräuschen nach zu urteilen in seiner Hosentasche rumzukramen.

Tatsächlich hält er Ariane wenig später einen Cremetigel unter die Nase. »Spitzwegerichsalbe. Selbstgemacht, habe ich immer dabei, weil ich meine Bienen kenne.«

»*Ihre* Bienen«, entfährt es Ariane zornig wie einer aufgestachelten Wespe. Darüber wird sie mit dem Hornochsen später noch ein Wörtchen zu reden haben. Ach was, eins, das werden mehr sein, und bei dieser Gelegenheit wird sie ihm außerdem –

»Was machen Sie da?«, brüllt Harry unvermittelt hinter ihr. Dass damit nicht sie gemeint ist, merkt Ariane sofort. Vorsichtig wendet sie den Kopf, erkennt Felix, der umringt von einem Trupp Rucksacktouristen sein Smartphone auf die Szene gerichtet hält. So wie etliche der Wanderer auch.

Fotografieren die etwa alles?

Nun, nicht lange, denn im selben Moment ist Harry bei Felix, holt aus und schlägt ihm mit seiner Riesenpranke das Smartphone aus der Hand. Es fliegt in hohem Bogen durch die Luft, prallt auf einen Holzpolter und zerfällt in sämtliche Teile. *Friede seiner Asche*. Harrys Entschlossenheit sagt Ariane zu, Felix ist wahrhaftig ein Idiot.

Die Handys der Wanderer folgen der von Felix' Handy vorgegebenen Flugbahn. Harry ist sehr gründlich, schubst die Wanderer auseinander. Der Trupp nimmt Reißaus, und endlich gibt auch Felix Fersengeld. Nicht, ohne schrille Drohungen auszustoßen: »Das war grobe Sachbeschädigung und versuchte Körperverletzung!«, schreit er. »Wir werden Sie verklagen!«

Wir?, empört sich Ariane. Meint dieser debile Leimtopf damit etwa nicht nur sich, sondern auch sie? Der ist doch nicht recht gescheit! Ihre Anwälte haben weiß Gott Besseres zu tun. Und sie auch.

Ariane versorgt Dagmars Stiche mit Tupfern von Harrys Salbe, und endlich gelingt es ihr mit Klaus' Hilfe, Dagmar zum Aufstehen zu überreden.

Ihr Schwager stützt Dagmar, die nur noch ein elendes Jammerbündel ist, von links, sie von rechts. Wird eine ziemliche Humpelei geben. *Ach, egal, Hauptsache, es geht endlich, endlich zurück zum Haus, wo Klaus eine ordentliche Behandlung durchführen kann.*

»Ich nehm sie«, mischt sich Harry ein, legt einen Arm um Dagmars Taille, hebt sie mit einem Wisch vom Boden auf und lagert sie – ganz wie eine Braut, die man über die Schwelle trägt – vor seiner breiten Brust.

»Geht's so?«, fragt er fast zärtlich bei Dagmar nach.

»Oh ja, oh ja«, murmelt die selig und kuschelt ihren Kopf an Harrys Schulter.

Ach, du grüne Neune. Ariane ist geschockt. Macht Dagmar sich etwa auf Harry Hoffnung? Wie albern, zumal ihr Gesicht mittlerweile derartig angeschwollen ist, dass sie wie Frankensteins Braut ausschaut. Bei allem, was man gegen diesen Spinner sagen kann – und das ist eine Menge –, so einen erbärmlichen Frauengeschmack wird er doch wohl nicht haben.

Oder doch?

Welch alarmierender, abstoßender Gedanke. Schließlich sind Hochstapler, Schwindler und Nichtsnutze Dagmars liebstes Flirtrevier. Tja, vermutlich wird sie auch bei diesem Thema eingreifen müssen. Wiewohl das weit über ihre Personalverantwortung hinausgeht, aber was will man tun, wenn man nun mal so vieles besser weiß.

Erst recht sehr, sehr viel besser als Dagmar, das Schaf.

Männern wie Hallodri Harry darf man keinen Millimeter über den Weg trauen. Nie, niemals. Sie bringen nur Unglück.

29.

»Wie geht es ihr? Ist sie im Krankenhaus?«, ruft Fenja aufgeregt, während sie gefolgt von Ricardo in die Küche stürmt. »Oh, da sind Sie ja, Dagmar«, schließt sie nahtlos an, als sie das Opfer der Bienenattacke in einem riesigen Ohrensessel entdeckt, den jemand hier hereingeschoben und zum Krankenlager samt Fußbank umfunktioniert hat. »Ist es sehr schlimm?«

»Den Umständen entsprechend«, antwortet an Dagmars Stelle Bert Feining, der auf einem Küchenhocker neben ihr sitzt und mit Kühlpacks, Eiswürfeln und Salben hantiert.

»Ach, esch isch scho schrecklich«, jammert seine Patientin, deren linkes Auge zugeschwollen ist und deren Unterlippe nach einer komplett misslungenen Lippenaufspritzung ausschaut. Weshalb Dagmars Aussprache in etwa so klingt, als habe sie eine Klinikpackung Verbandswatte im Mund. An ihren Armen und Beinen wachsen ebenfalls Stichbeulen, die Feining behutsam und stetig mit seinen diversen Kühlmitteln versorgt.

Himmel, das waren nicht zwei, drei Bienenstiche, wie Kantereit vorhin am Telefon behauptet hat, sondern ganz, ganz viele, erschrickt Fenja. Nur gut, dass sie die seltsame Kirchenbesichtigung mit Ricardo sofort abgebrochen hat. Sie eilt zu Dagmar, kniet sich neben den Sessel und tastet vorsichtig nach deren Hand.

»Scho schrecklich, isch darf hier nischs tun, nisch beim Gochen helfen, nisch mal Gartoveln un den Jajaber putschen«, klagt Dagmar.

Na, wenn ungeschälte Kartoffeln und Rhabarber ihre größten Sorgen sind, staunt Fenja, dann können die Stiche kaum lebensgefährlich sein, wenn auch verdammt schmerzhaft. Ganz sanft streichelt sie Dagmars stichfreie Hand.

Vom Arbeitstisch her schaltet sich Klaus Kantereit ein, der dort sitzt und eine Rhabarberstange häutet oder »Jajaber putscht«, wie Dagmar sagen würde. »Heute und die nächsten Tage werden *Sie* mal rundum verwöhnt, Dagmar. Das haben Sie verdient, nach allem, was sie auf Harrys Sonnenhof schon geleistet haben. Ruhen Sie sich aus«, befiehlt er sodann mit der ganzen Autorität eines Arztes, nimmt sich eine weitere Rhabarberstange vor, pellt sie präzise. Mit einem Chirurgenmesser.

Vor ihm ist eine Batterie leerer Einmachgläser aufgebaut, in denen zwecks Sterilisation heißes Wasser dampft. Und davor steht eine Flasche Kirschwasser stramm. Eine von der sehr teuren Sorte, handetikettiert. *Braucht man zum Einkochen Schnaps? Oder war der für die Nerven?*, fragt sich Fenja flüchtig.

»Danken Sie Gott dafür«, fährt Kantereit an Dagmar gerichtet fort, »dass Sie keinen allergischen Schock hatten. Ihr Kreislauf funktioniert prächtig. Das Klima und die Umgebung bekommen Ihnen anscheinend gut. Die Stiche werden zwar noch ein wenig weiter anschwellen und stark jucken, aber dagegen helfen die Salben und Kühlpacks. Heute Nacht bekommen Sie ein leichtes Schlafmittel, und wenn nötig über den Tag ein Schmerzmittel. Keine Bange, wir alle hier lassen Sie keine Minute aus den Augen!«

»Ich werde bei Ihnen in Ihrer Hütte schlafen«, bietet Fenja sofort an.

»Oh wie schön, Mädelsabende«, beginnt Dagmar sich ein wenig zu freuen.

Fenja nickt. »Klar, Mädelsabende.« Die wären ihr ohnehin sehr willkommen nach ihrem ärgerlichen Patzer mit Ricardo.

»Sie können mich jederzeit zu Hilfe rufen«, kündigt Kantereit an. »Ich habe selbstverständlich Bereitschaftsdienst.«

»Oder Sie rufen mich«, sagt Bert Feining. »Ich wohne ja quasi nebenan.«

»Bin auch jederzeit verfügbar«, wirft der bislang stumm gebliebene Ricardo ein, während er sich neben Kantereit auf die Bank schlängelt. Der scheint sich in seine Helferrolle echt verliebt zu haben.

»Und wer, bitte schön, hilft *mir?*«, meldet sich vom Herd her die scharfe Stimme Ariane van Enderts zu Wort. »Ich bereite seit anderthalb Stunden alles zum Einkochen des verdammten Rhabarbers vor, und Dagmars geplantes dreigängiges Abendessen kocht sich auch nicht von allein.«

Fenja dreht den Kopf. Oha, diese Giftspritze hatte sie beim Reinkommen völlig übersehen. Nun ja, der uralte Holzofen liegt in einer düsteren Ecke und scheint noch nicht befeuert zu sein. In der Küche hätte sie Ariane außerdem zuallerletzt vermutet.

Ariane löst sich aus der Dunkelheit, strebt Kantereits Tisch an, wo sie sich einen kräftigen Schluck Kirschwasser in einen Stampen und sodann hinter die Binde gießt.

Wie schräg ist das denn?

Ariane van Endert trinkt gewöhnlich nicht, sie nippt allenfalls vornehm an einem edlen Wein, und wie sieht sie nur aus? Die coole Kunstexpertin trägt eine Küchenschürze und erinnert mit einem vorne verknoteten Tuch um den Kopf an eine dieser Trümmerfrauen kurz nach dem Krieg. Wobei das Tuch ein echter Hermès-Schal zu sein scheint. Trotzdem: Welch absolut unglaubliche Verwandlung!

»Ich helfe dir doch«, protestiert Kantereit und hält stolz eine geschälte Rhabarberstange hoch.

»In dem Tempo, in dem du arbeitest, sind wir Weihnachten noch nicht fertig«, schimpft Ariane. »Würdest du in dem Schneckentempo auch einen akut entzündeten Blinddarm operieren?«

»Ich arbeite präzise«, verteidigt sich Kantereit. »Präzise, aber zügig.«

»Pah«, stößt Ariane aus. Sie schenkt sich einen weiteren Schnaps ein. »Es geht hier um fast zehn Kilo Rhabarber! Das Zeug wächst hinterm Haus wie Unkraut. Und dann auch noch das Abendessen für uns. Soll ich hier denn alles alleine machen? Ich habe seit dem Frühstück nichts mehr gegessen und arbeite wie ein Pferd –«

Harry unterbricht die Tirade. Unbemerkt ist er in die offene Küchentür getreten. »Ah, Ricardo, endlich zurück. Gut so. Ich habe mit dir und Klaus zu reden. In meinem Arbeitszimmer.«

»Gibt's was Dringendes zu tun?«, will Ricardo wissen und erhebt sich. Auch Kantereit legt sein Messer fort und steht auf. *Junge, Harry hat diese beiden Superhelden der Wohltätigkeit fest im Griff*, staunt Fenja.

»Es geht um unseren Freund Felix«, erwidert Harry und wendet sich zum Gehen. »Hat mich angezeigt wegen Körperverletzung. Schätze, wir sollten ihn endlich rauswerfen. In einer Woche kommt mein Freund Saganash zu Besuch, um unser indianisches Sonnenwendfest vorzubereiten. Außerdem erwarte ich meine Dok…, meine jungen Mitstreiter. Dann muss dieser peinliche Depp weg sein.«

Oha, was ist denn hier passiert?, fragt sich Fenja. Und wer ist dieser Saga… was auch immer? Ein echter Indianer? Na, sie wird das alles noch früh genug erfahren. Jetzt will sie erst einmal Dagmar beistehen und sie trösten.

»Warten Sie, Herr … Harry. Bei diesem Gespräch muss ich dabei sein«, erklärt Ariane entschieden und macht sich daran, die Bänder ihrer Küchenschürze zu entknoten. »Immerhin ist Felix mein, äh, nun ja, Mitarbeiter.«

Und dein Stiefenkel, setzt Fenja im Stillen hinzu, aber das scheint Ariane noch nie interessiert zu haben.

Harry dreht sich kurz zu Ariane um. »*Sie?* Sie haben in der Küche zu tun. Wir wollen unser Abendessen pünktlich um sechs. Jetzt ist es bereits drei, und Sie sind nicht einmal ansatzweise mit dem Rhabarber durch. Ach, und das hier nehme ich mit.«

Mit zwei Riesenschritten ist er beim Tisch, und mit einem Wisch ist die Flasche weg. »Sie hatten schon reichlich von meinem besten Kirschwasser. Es ist an der Zeit, dass Sie sich hier endlich mal nützlich machen.« Sagt's und trottet gefolgt von Ricardo und Klaus Kantereit über den Flur in sein geheimnisvolles Zimmer, das Fenja noch nie betreten hat. Vielleicht handelt es sich um eine frauenfreie Zone?

Fenja hört, dass Ariane hinter ihr empört nach Luft schnappt. »Das ist doch wohl ...«, stößt sie hervor.

»Isch helve Ihnen«, ruft eine verzweifelt entschlossene Dagmar und will sich auf den Sesselarmlehnen abstützen, um aufzustehen.

»Kommt überhaupt nicht infrage«, wehrt Feining ihre unbeholfenen Versuche ab. »Sie bleiben hier im Sessel sitzen, wo ich auf Sie achtgeben kann.«

»Aber esch isch mein Eschen un allesch meine Schuld«, wimmert Dagmar.

»Ist es nicht«, wirft zu Fenjas grenzenlosem Erstaunen Ariane van Endert ein. »Es ist alles die Schuld von Harry, dem Bekloppten. Dieser Mann ist doch völlig unterbelichtet. Hat als Kind wohl ständig zu nah an der Wand geschaukelt.«

Hui, die kann ja keifen wie ein Waschweib, registriert Fenja – und noch dazu sieht sie momentan genau danach aus.

»Er hätte dieses lebensgefährliche Bienenvolk töten müssen«, zetert Ariane ungeniert weiter.

»Die armen Biiiienschen«, protestiert deren Opfer – wie immer ganz Dagmar. »Isch hab die doch alle umgebracht.« Damit dürfte sie darauf anspielen, dass die Stiche nicht für sie, sondern für die Bienen tödlich geendet haben.

Man kann es mit Empathie und Gerechtigkeitssinn auch übertreiben, findet Fenja.

»*Sie* helfen mir.« Ariane deutet über Dagmars Kopf hinweg mit einem Kochmesser auf Fenja. »Fangen Sie mit dem Rhabarber an, alle Fäden müssen raus, dann die Kartoffeln schälen und das Gemüse rüsten. Ich kümmere mich um die Vorsuppe und das Fleisch. Mit Grünzeug kann man mich heute jagen!«

Fenja kommt gelassen aus der Hocke in die Höhe. »Wenn Sie in diesem Ton mit mir weiterreden, bin ich raus, klar? Falls ich mich entschließe zu helfen, dann nicht Ihnen, sondern Dagmar und dem Team zuliebe. Merken Sie sich das.«

Gut gebrüllt, Löwe. Fenja holt kurz Luft. Jetzt kommt der schwierigere Teil, sie braucht Arianes Hilfe. »Und nun erklären Sie mir bitte genau, was ich zu tun habe. Ich kann nämlich nicht kochen, von Dosenöffnen, die Mikrowelle anwerfen und Pizzabestellen mal abgesehen.«

Dagmar gibt eine Art Jubelgeräusch von sich. »Dasch kann schie fantaschtisch.«

»Was?«, fragt Ariane scharf nach. »Dosen öffnen?«

»Ich glaube, Dagmar hat *Sie* gemeint und dass Sie fantastisch erklären können«, übersetzt Fenja widerstrebend.

Dagmar nickt zur Bestätigung emphatisch.

Hallo? Ist sie zum Ariane-Fan mutiert? Ist die bei Weitem zu gutmütige Dagmar Pöpsel eine Teflonpfanne, an der jede Beleidigung, Demütigung und das ewige Rumkommandieren von Madame van Endert einfach abgleiten?

Wie bedauerlich.

Nun, sie ist keine Teflonpfanne. Sie hat ihren Stolz.

Du bist erstaunlich und erstaunlich störrisch, flüstert es unterstützend in ihrem Ohr. *Beides gefällt mir. Du gefällst mir sehr, Fenja.*

Oh, Ruhe, Ricardo, dich kann ich hier gerade überhaupt nicht gebrauchen, ärgert sich Fenja über sich selbst. Hier geht es um einen Krieg unter Frauen, nicht um albernes Flirtgeflüster und ähnliche Dummheiten, die sie sofort hätte unterbinden müssen oder besser gar nicht erst hätte zulassen dürfen. Der ganze Staufenausflug war ein Fehler.

Ein noch größerer Fehler waren ihre Zutraulichkeiten und Geständnisse. Ausgerechnet in einer Kirche – nun ja, das sind nun mal Beichtorte, oder? Und Ricardo war als verständnisvoller Frauenversteher so, so … verdammt überzeugend. Die zwei Gläser Wein dürften auch eine Rolle gespielt haben.

»Nehmen Sie sich ein Messer, und setzen Sie sich an den Tisch«, kommandiert Ariane vom Herd her in ihren inneren Monolog hinein und wendet sich wieder ihrem Herd und dem Feuerholz zu. »So einen Scheiß habe ich seit Jahrzehnten nicht mehr gemacht!«, flucht sie. »Und hier gibt es nicht mal Koks, nur Holz!« Ärgerlich klaubt sie Holzscheite von einem Stapel.

»Das Holz ist sehr gut abgelagert, sagt Harry. Brennt ewig und hält die Temperatur«, wirft Bert Feining ein.

»Verfluchter Harry«, zetert Ariane, wirft die Holzscheite vor dem Herd zu Boden, reißt die Ofenklappe auf und stochert mit einem Eisenhaken im Herd herum. »Völlig verrußt, das Teil. Hoffentlich hat der Kerl sich wenigstens regelmäßig um den Kaminabzug gekümmert.«

»Ricardo hat ihn vor unserer Ankunft vom Dach aus durchgereinigt«, informiert Bert Feining. »Der Herd zieht wie eine

Eins. Der Mann ist nicht nur ein fantastischer Zimmermann, sondern auch ein versierter Kaminfeger.«

Ja und Jesus, höhnt Fenja innerlich.

»Schtimmt«, ergänzt Dagmar.

»Ich zünde den Herd für Sie an«, erklärt Feining und erhebt sich.

Fenja, froh darüber, dass die Aufmerksamkeit nun ganz dem Ofen gilt, greift sich eins der herumliegenden Messer, eine Stange Rhabarber und setzt sich. Gedankenverloren beginnt sie, die Stange von ihrer mattglänzenden Haut zu befreien.

Sie hat diesem einäugigen Piraten Ricardo viel zu viel von sich preisgegeben. Ohne, dass er desgleichen getan hätte, so viel ist klar. Der Mann hat ein Geheimnis und wahrscheinlich kein angenehmes. Im Gegenteil, er klang sehr abweisend, als sie ihn nach ihrer Beichte noch einmal schüchtern und viel zu zartfühlend auf seine Augenverletzung angesprochen hat. Er wollte partout nicht darüber reden, wie es genau dazu gekommen ist, hat nur etwas von einem Messer und einem Streit mit Dealern gemurmelt.

Wieso aber kennt Ricardo Dealer? Vielleicht ist er am Ende doch im Drogenhandel unterwegs, nur nicht als Straßendealer, sondern weiter oben? Immerhin war er als Wandergeselle zwei Jahre in ganz Europa auf der Walz. Wäre das nicht eine brillante Tarnung für Schmuggelgeschäfte oder Kontaktpflege zu Drogenkreisen? Ganz sicher hat er auf seinen Tippeltouren nicht nur Kirchen besucht und Altäre bewundert. Und hat er nicht was von einem langen Aufenthalt auf Sizilien erwähnt? *Sizilien! Ha, das gelobte Land der Mafia.* Am Ende ist Ricardo genauso ein Gauner, ein Krimineller und Knastbruder, wie ihr Vater einer war, wenn nicht ein noch viel größerer.

Eins steht fest: Sie ist kein so verführbares, naives, leidenschaftliches Seelchen, wie ihre Mutter es gewesen sein muss, als sie ihrem Vater begegnete, sich rasend verliebt, ihm rückhaltlos vertraut hat. Und auf Anhieb von ihm schwanger geworden ist.

Nur gut, dass es zwischen ihr und Ricardo nicht zum Kuss gekommen ist. Das Klingeln ihres Smartphones und Klaus' Nachricht über Dagmars Unfall hat ihn verhütet. Trotzdem, der Kuss lag irgendwann, irgendwie zwischen ihnen in der Luft, nachdem sie Ricardo – mit dem Kopf an seiner Schulter – einiges über den Tod ihrer Mutter, ihren kriminellen Vater und ihr Leben als Ausreißerin anvertraut hatte. Was sich zugegeben tröstlich anfühlte, ach was, weit mehr als das. Sie fühlte sich richtiggehend zuhause an Ricardos Schulter. Weiß doch heutzutage jeder, dass man die Wunden seiner Kindheit in seine erwachsenen Beziehungen hineinträgt und dort zu heilen sucht. Was nur zu noch mehr Unglück führt.

Fenja fasst den Messergriff unwillkürlich fester, greift nach einer zweiten Rhabarberstange.

Wie konnte sie sich für einen zugegeben nicht reizlosen Kerl nur so zum Affen machen? Hat sie denn gar nichts kapiert? Nach all dem, was ihre Mutter mit ihrer ersten großen Liebe erlebt hat. Nur sechs Monate nach der Geburt der Tochter herauszufinden, dass der Vater ein Lügner, Blender und krimineller Autoschieber war, der bereits eine Knastkarriere vorzuweisen hatte, muss ein beinharter Schock gewesen sein.

Nun, dem einzigen Foto nach zu urteilen, das sie von ihrem Vater als jungem Mann kennt, dürfte er neben krimineller Energie und blendendem Aussehen auch einiges an Charme und Überredungskunst besessen haben. Genau wie Ricardo. Wobei …, nein, Überredungskunst trifft es in seinem Fall nicht ganz. Sein Talent ist subtiler, es besteht eher darin, großes Einfühlungsvermögen und stummes Verständnis vortäuschen zu können. Was ihn nur noch gefährlicher macht.

»Nicht das große Hackmesser, Sie wollen doch kein Schwein schlachten. Ihnen muss man aber auch wirklich alles erklären!«

Wie? Ach so, das ist nur Ariane.

Die stürmt vom mittlerweile entflammten Herd her auf sie zu und entwindet ihr das Messer. »Weg damit. Sonst verletzen Sie am Ende noch jemanden!«

»Oder schisch schelbst«, nuschelt Dagmar besorgt.

»Für den Rhabarber reicht ein kleines Küchenmesser und für die Kartoffeln der Sparschäler«, führt Ariane aus und hält Fenja beides nacheinander unter die Nase. »Das Beste sitzt nämlich immer direkt unter der Schale, kapiert?«

Halten die alle sie hier für bekloppt?

Okay, okay, sie tut es ja selbst. In Sachen Ricardo ist sie komplett unzurechnungsfähig. So was wie mit ihm ist ihr noch mit keinem Kerl passiert. Da bleibt nur eins: Der Pirat ist von Arbeitskontakten abgesehen ab sofort tabu. Genau wie Kirchenbesuche. Und nicht zu vergessen: Wein.

30.

Klaus Kantereit erklimmt die Ladefläche des Traktoranhängers, nimmt aus Saganashs Hand die erste von sechs vollen, eiskalten Milchkannen entgegen und wischt sich die Stirn. Das abendliche und morgendliche Melken, das Abfüllen der Milch und das anschließende Austreiben der Herde auf die Hangweide machen ihm nach wie vor Freude, aber dank steigender Temperaturen wird alles anstrengender.

Es ist noch nicht ganz Mitte Juni, also kalendarisch später Frühling, doch die Sonne hat über die vergangenen acht Tage so sehr an Kraft gewonnen, dass sie schon um halb zehn Uhr morgens mit schweißtreibender Wärme herabbrennt und die Temperaturen gegen Mittag mühelos über die 32-Grad-Grenze treibt. Nachts kühlt es selbst hier oben nur noch mäßig ab, der felsige Grund speichert die Wärme.

Das ist schön fürs Gemüse – so man es ausreichend wässert –, aber Kantereit zieht gemäßigtere Temperaturen vor. *Tja, nun*, tröstet er sich, während er die Kanne sorgfältig verräumt und mit Isolierfolie gegen die Hitze schützt, *im Rheinland, besonders in Köln, soll es noch weit schlimmer und sehr stickig sein.* Hier aber herrscht an Frischluft kein Mangel, und nachts wird man mit einem sternenfunkelnden Himmel belohnt.

Er geht zum Rand der Ladefläche zurück, nimmt die nächste Kanne entgegen, stellt sie neben die erste und greift nach der Schutzfolie. Immerhin sind das Melken und die anschließende Fahrt zur Käserei noch eine leichte Übung, verglichen mit dem, was der Rest der inzwischen täglich wachsenden Hoftruppe beim Gemüseanbau, der ersten Heumahd, der laufenden Beerenernte und, nicht zu vergessen, den diversen Ausbesserungs- und Baumaßnahmen zu schuften hat.

Zäune müssen gerichtet werden. Ricardo und Fenja helfen beim Heusensen, rücken im Wald Holz, planen und konstruieren bis spätabends gemeinsam einen Offenstall für Hickory. Feining übt sich neben seinen Aufgaben als Herr des Geflügels an ersten Reitkünsten, Ariane unterweist die genesene Dagmar und neue Helfer im Gemüseanbau – und das erstaunlich kenntnisreich. Außerdem ist seine Schwägerin zum Küchenfeldwebel mutiert. Darüber scheint die tüchtige Ariane ihren eben noch so überdringlichen Prozess ums Vermögen fast zu vergessen. Zumindest scheint er zur Nebensache geworden zu sein. Wohl auch darum, weil sich nicht viel tut in Amerika.

Arianes Konferenzen mit Nervensäge Felix, der dann doch auf dem Hof bleiben durfte, weil Harry seine Feinde gerne im Auge behält, beschränken sich auf gelegentliche Fünf-Minuten-Gespräche. Schon deshalb, weil Felix sich nützlich machen und im Wald bei der Konstruktion einer zeremoniellen Schwitzhütte für das Sonnenwendfest helfen muss. Unter Harrys wachsamen Blicken, der Felix zudem Smartphone- und Internetverbot erteilt hat.

»*You are dreaming man?*«, fragt es hinter ihm interessiert.

Rasch dreht Kantereit sich um. Wie? Nein, er träumt nicht. Saganash reicht ihm stumm eine weitere Milchkanne an, Kantereit hievt sie wie ertappt und ebenso stumm auf die Ladefläche.

Gewöhnlich übt Harrys kanadischer Indianerfreund vom Stamme der Cree sich in Sachen Konversation streng in Zurückhaltung. Darum hat ihn die plötzliche Frage komplett überrascht.

Saganash ist mit einigen Studenten und Harrys Survivaltouristen vor drei Tagen auf dem Sonnenhof eingetroffen und scheint keinen Wert auf nähere Bekanntschaften zu legen. Zumindest nicht mit ihm. Dafür hat er in Nashoba, dem streunenden Wolfshund, einen treuen Begleiter und Bewunderer. Der Hund hockt neben den Milchkannen und betrachtet Saganash hingebungsvoll. Vielleicht genügt dem schamanischen Schweiger dessen Gesellschaft.

Kantereit selbst wäre ein wenig mehr Gesprächsbereitschaft willkommen. Immerhin handelt es sich bei Saganash um den ersten waschechten Indianer, besser gesagt um den ersten Vertreter von Kanadas indigener Bevölkerung oder der »First Nations«, wie sie selbst sagen, den er kennenlernen darf. Noch dazu ist er ein Schamane.

Die ersten beiden Tage hat Saganash, abgesehen von einer knappen allseitigen Begrüßung in Form eines »Hi«, kein einziges Wort hervorgebracht. Laut Harry vermeidet Saganash jegliche unnötige Kommunikation, solange seine Seele ihm noch hinterherreist.

»Er leidet jedes Mal nach einem Flug von Kanada hierher an einem seelisch-spirituellen Jetlag«, behauptet Harry. »Und sinnloses Geschwätz ist ihm als Schamanen ein Gräuel. Er will sich erst einfühlen in die Umgebung, die Natur und die Menschen.«

Kantereit nimmt die vierte Milchkanne entgegen. Es kann natürlich auch sein, sinniert er, dass Harry ihn mit dieser Erklärung mal wieder aufziehen und austesten wollte, welchen Unsinn er über Indianer glaubt. Vielleicht ist Saganash einfach maulfaul oder schüchtern. Obwohl, nein, danach sieht er nicht aus. Er ist vielmehr das Ebenbild eines beneidenswert selbstbewussten Menschen, der ganz in sich selbst ruht.

Auf den ersten Blick wirkt Saganash, ein kleiner, stämmiger Mann von unbestimmbarem Alter, unspektakulär. Er trägt Jeans, ein schwarzes T-Shirt, dazu eine Art Motorradweste und feste Boots. Von Mokassins, Federschmuck und Zeremoniengewändern, wie Harry sie im Laufe seines Lebens mit Begeisterung angesammelt hat, keine Spur.

Sein messingfarbenes, faltenzerfurchtes Gesicht strahlt jedoch bemerkenswerte Gelassenheit und Würde aus. Es deutet auf Weisheit und ein Alter weit jenseits der siebzig hin. *Nun ja, ich könnte mich auch täuschen*, glaubt Kantereit, während er die vorletzte Milchkanne verstaut. Vielleicht ist der Mann wesentlich jünger und sein wettergegerbtes Gesicht einem harten Leben in Kanadas Wildnis oder einem deprimierenden Reservat geschuldet.

So beweglich, agil und zupackend wie Saganash sich bei den diversen Hofarbeiten bislang gezeigt hat, sind wenige betagte Menschen. Seine schwarzen Augen sind zudem so bemerkenswert klar, wie sein Gehör anscheinend scharf ist, und sie können äußerst schelmisch aufblitzen. Der Gang und seine leichten O-Beine deuten auf eine lange Reiterkarriere hin. Alles in allem ist er ein wirklich interessanter Mann, über den Kantereit sehr, sehr gern mehr wissen würde.

»Wart's ab, du wirst ihn kennenlernen, sobald er dazu bereit ist«, hat Harry versprochen. Und spöttisch hinzugefügt. »Falls er dir etwas zu sagen hat. Ihn interessieren vor allem Menschen in schweren seelischen Krisensituationen.«

Tja, damit kann er nur bedingt dienen.

Wie auch immer. Heute Abend, so nimmt Kantereit sich vor, als Saganash ihm Kanne Nummer sechs anreicht und sich grußlos zum Gehen abwendet, wird er in Harrys Arbeitszimmer mal ein paar wissenschaftliche Werke über die Cree und ihre Schamanen konsultieren. Er löst ein Halterungsband vom Seitenblech des Hängers und legt es um die Kannen. Falls

Saganash irgendwann doch das Gespräch mit ihm sucht, will er schließlich nicht komplett naiv oder uninformiert dastehen und den Schamanen Unsinn fragen. Kantereit hätte viele Fragen, nicht zuletzt als Mediziner.

Immerhin hat sich Saganash gestern am Abendbrottisch erstmals ausführlicher zu Wort gemeldet und einen Wunsch geäußert. *»I want to sit near Sister Snow-Goose.«*

Ein Satz, der bei allen zunächst Verwunderung und dann Erheiterung hervorgerufen hat – außer bei Ariane. Sie nämlich war die »Schwester Schneegans«, neben der Saganash sitzen wollte.

»Der nennt mich eine Gans!«, hat Ariane gezürnt und geräuschvoll einen Topf Erbsen-Mangold-Risotto auf den Tisch geknallt. »Was fällt diesem ... diesem dahergelaufenen Wil..., diesem Mann, ein«, hat sie geschnauzt.

Woraufhin Harry die Wogen mit einer für ihn typischen, schwer esoterisch angehauchten Erklärung zu glätten versucht hat. »Sie dürfen das als Kompliment nehmen, Frau van Endert. Die Schneegans hat – zumindest im indianischen Horoskop – ein recht ansprechendes Temperament, ist zuverlässig, ausdauernd, verantwortungsbewusst und zielstrebig. Manchmal etwas zu zielstrebig und pedantisch, dabei störrisch, eigensinnig und übertrieben streng mit sich und anderen. Was ihm oder ihr leicht den Ruf berechnender Gefühlskälte einbringen kann, obwohl Gansmenschen sich im Innersten zutiefst nach einer lebenslangen Liebe zu einem Partner sehnen.«

Ariane hat nur laut und abfällig geschnaubt und ihr – ausgesprochen schmackhaftes Risotto – auf die bereitstehenden Teller geklatscht. Was Harry nicht aus dem Konzept bringen konnte. »Immerhin kommen die nach der Wintersonnenwende, also zwischen Ende Dezember und Januar geborenen Gansmenschen, bei den Indianern damit erheblich besser weg als bei den Germanen, die in Gänsen grässliche Hexen und Schadenszauberer sahen.«

Eleganter wurde Ariane selten beleidigt, Kompliment. Kantereit klettert mit einem breiten Grinsen vom Hänger herab. Arianes Gesicht nach diesem Blödsinnsvortrag war Gold wert.

»Wuff!« Ein freudiger Beller von Nashoba bringt ihn in die Gegenwart zurück, als er die Heckklappe des Hängers zuschlagen will. Kantereit wendet den Kopf, entdeckt Saganash vor den Hühnerställen und in ein angeregtes Gespräch mit Bert Feining vertieft.

Tja, die beiden haben als Pferdenarren offensichtlich ein gemeinsames Thema, Hickory und Reiten. Trotzdem ist es ein wenig ärgerlich, dass Saganash Bert Feining so intensiv lauscht und berät, während er seine Existenz so gut wie nicht zur Kenntnis nimmt. Oder vielleicht doch?

Saganash hebt den Kopf und wirft ihm einen Blick zu. Einen prüfenden Blick, wie Kantereit selbst über eine Distanz von über hundertfünfzig Meter wahrnimmt. Nicht nur das, jetzt löst sich der Schamane von seinem Plauderpartner, nähert sich gemächlichen Schrittes ihm und dem Hänger. Nashoba folgt ihm schwanzwedelnd, Feining lässt enttäuscht den Kopf hängen.

Saganash erreicht den Hänger, schaut ihn wie aus weiter Ferne zurückkehrend an. *»My friend«*, sagt er, *»don't forget the letter. It is important.«* Als müsse er die Bedeutung seiner rätselhaften Botschaft unterstreichen, wiederholt Saganash in leicht wackligem und akzentreichem Deutsch, das er von Harry gelernt haben dürfte: »Die Brief, *you know*! Es ist hochste Zeit. Lies, und mach dein Reise.«

»Ich muss heute keine Post abholen«, entgegnet Kantereit leicht verärgert. Niemand muss ihn hier an seine Pflichten erinnern … oder zur Abfahrt mahnen … denn das muss

Saganash mit Reise meinen, oder? *Aber Moment mal … Könnte es sein …*

Der Brief!

Meint Saganash damit etwa dieses mysteriöse Schreiben seines Vaters, nach dem zu fragen er immer und immer wieder vergisst? Kann der Kerl hellsehen? Hat jemand geplaudert? Etwa Feining oder Fenja? Kantereit öffnet den Mund für eine Nachfrage.

Zu spät.

Saganash ist längst auf dem Rückweg zu Bert Feining, und sein Rücken verrät mehr als deutlich, dass er nichts weiter zu sagen wünscht.

31.

»Die Sonne geht in zwanzig Minuten unter. Ich geh dann mal los«, verkündet an der Küchentür die frisch geduschte Dagmar. Ihre Arbeitskluft – Latzhose, T-Shirt und Gartenclogs – hat sie gegen ein Sommerkleid und Sandalen getauscht.

Ariane nimmt Dagmar vom Herd her genauer in Augenschein. Richtig unternehmungslustig sieht ihre Assistentin aus und braun wie eine Haselnuss. Die Haus- und Gartenarbeit bekommt Frau Pöpsel, sie hat nicht nur enorm viel dazugelernt, sie ist auch seelisch stabiler denn je, ihre Figur ist straffer, wenn auch nicht schlanker. Ein Beweis für ihr Talent – also nicht Dagmars, sondern ihres –, die verborgenen Fähigkeiten und Qualitäten von Untergebenen zu erspüren und zum Vorschein zu bringen. *Ha, nimm das, Harry!*

»Wollen Sie wirklich nicht mitkommen?«, fragt Dagmar. »Die Studenten feiern die Fertigstellung der indianischen Schwitzhütte. Es wird sicher ein fantastischer Abend und das letzte gesellige Ereignis vor dem großen Sonnenwendfest in zehn Tagen.«

»Nein«, antwortet Ariane, hebt eine Wurzelbürste hoch und ergänzt, »ich will den Abend nutzen, um Grund in die Küche zu bringen: ausfegen, den Tisch reinigen, den alten Ofen schrubben und fetten. Muss ja mal gemacht werden, und ich gehe gern als gutes Vorbild voran. Die nächsten Tage wird unser Herd beim Marmeladekochen schließlich im Dauereinsatz sein.«

Ob Dagmar ihr die Rolle der unermüdlichen, stets vorausplanenden Hausfrau abnimmt?

Aber natürlich.

»Oh, Sie sind so fleißig!«, lobhudelt das Schaf brav los. Ganz so, als habe man eine Spieluhr aufgezogen.

Und das nicht zu Unrecht, findet Ariane, schließlich hat sie seit dem Bienenunfall wirklich geschuftet wie ein Pferd. Natürlich nicht mit der Wurzelbürste, aber als Cheforganisatorin von Harrys Chaoshaushalt, seinen neuen Hilfstruppen und des Gemüseanbaus hat sie Großes geleistet. Die jungen Leute sind auf Vordermann. Harry könnte das ruhig selbst einmal lobend erwähnen.

Dagmar trödelt immer noch bei der Tür herum: »Ich schäm mich richtig, dass ich jetzt Feierabend mache. Soll ich Ihnen nicht doch besser zur Hand gehen? Sie wissen doch, ich putze und räume gerne auf. Ein bisschen kann ich noch bleiben.«

Nur das nicht, fleht Ariane stumm, schließlich will sie heute die Gelegenheit ergreifen und Harrys Geheimzimmer inspizieren. Der Schlüssel ruht schon seit drei Tagen in ihrer Schürzentasche, und heute ist das Haus endlich mal leer. Diese Chance darf sie sich nicht entgehen lassen. Zeit also, sich wieder mal freundlich und großzügig zu zeigen, um Dagmar unverdächtig loszuwerden.

»Nein, nein, Sie gehen los und amüsieren sich, Dagmar«, sagt Ariane voll Emphase.

»Aber Sie arbeiten noch viel mehr als ich, jetzt, wo Sie auch noch die Studenten in der Gartenarbeit unterweisen müssen«, protestiert Dagmar und eilt unaufgefordert in die Küche, um den riesigen Tisch vom Tischtuch zu befreien und es zusammenzulegen. »Und dazu die ganze Verantwortung!«

»Hören Sie auf, mir zu helfen«, spielt Ariane die strenge, aber joviale Chefin. »Das ist ein Befehl. Sie arbeiten genug und das zu meiner – also unser aller – Zufriedenheit. Sie haben ein wenig Spaß und Geselligkeit verdient, meine Liebe. Genießen

Sie den Grillabend mit den Studenten, und grüßen Sie den Rest der Truppe von mir.«

Außer Saganash, den Wilden, fügt Ariane im Stillen grimmig hinzu.

In Dagmars Gesicht geht wie erwartet die Sonne auf, was zweifellos an der Verwendung ihres Vornamens und der Anrede »meine Liebe« liegt. Sparsam dosiert kann man mit solchen Vertraulichkeiten bei dieser Frau alles erreichen. »Also gut, dann bin ich mal weg«, erwidert sie, schlingt sich ihre Tasche um den Hals, verharrt aber immer noch beim Küchentisch.

Herrschaftszeiten, die Frau ist eine unfassliche Klette!

»Sie können ja später nachkommen«, sinniert Dagmar. »Bis Mitternacht sitzen wir sicher beisammen. Heute ist Vollmond, und wenn alle Sterne deutlich sichtbar werden, will Saganash uns die indianische Astronomie und ihre Bedeutung für den Ackerbau erläutern. Das Studium von Sonne, Mond und Sternen hat den Stämmen in ganz Amerika wohl geholfen, die richtigen Aussaat- und Erntezeiten zu bestimmen, heilige Zeremonien vorzubereiten und lebenswichtige Entscheidungen zu treffen. Und weil doch demnächst Sonnenwende ist, scheint die Planetenstellung besonders interessant zu sein.«

Na, dann viel Spaß mit Sonne, Mond und Sternen, Mummenschanz und Firlefanz, denkt Ariane abfällig, sagt aber nichts.

»Ich finde das faszinierend«, fährt Dagmar voll Begeisterung fort. »Wussten Sie, dass den Indianern sogar die Himmelsrichtungen heilig waren und der Wind? Scheint alles eine richtige Wissenschaft zu sein. Sagt Harry jedenfalls.«

Wissenschaft? Harry mal wieder! Und dieser Saganash muss ein ebenso großer Scharlatan sein. Astronomie und Ackerbau, pah! Am Ende lässt er die Hoftruppe noch zu Regentänzen antreten, weil der Juni zu trocken ist. Dagmar Trampeltier wäre sicher ganz vorne mit dabei – in ihrem indianischen »Hochzeitskleid«. Unerträgliche Vorstellung.

»Raus jetzt«, kehrt Ariane in schneidendem Befehlston die unbarmherzige Chefin heraus, bevor Frau Pöpsel sich weiter für das Thema erwärmt.

Dagmar gehorcht und schießt pfeilgleich durch die Küchentür. Endlich ist sie weg. Nur ein leiser Veilchenduft hängt noch im Raum. Für wen hat Frau Pöpsel den wohl aufgetragen?

Ariane eilt zu einem der kleinen Küchenfenster, um sicherzustellen, dass Frau Pöpsel wirklich verschwindet. Sie gehört zu den Menschen, die ein-, zweimal zurückkehren, weil sie etwas vergessen haben oder noch Anmerkungen zu belanglosen Themen haben.

Kaum vor dem Haus, verändert Dagmar ihre Gangart, beginnt zu tänzeln. Scheint so, als habe sie wirklich nur noch ihren Freizeitspaß im Kopf. Oh, und vielleicht Bert Feining, der rechter Hand auf halber Höhe zu den Hühnerställen auf sie wartet.

Die beiden sind zunehmend dicke miteinander, seit Feining sich als unermüdlicher Pfleger der zerstochenen Dagmar bewährt hat. Dass der Ex-Pianist sich den Pferden verschrieben hat und sich an die Reiterei herantraut, scheint Dagmar ebenfalls zu beeindrucken. Und das, obwohl Feining wahrlich nicht wie ein strahlender Ritter auf dem weißen Pferd aussieht. Schon gar nicht auf Hickory, dem getupften Zirkusgaul. Außer vielleicht in Dagmars grenzenlos alberner Fantasie. Nun, grenzenlos albern ist Liebe schließlich auch.

Alles in allem erfreut die knospende Beziehung Ariane dennoch aufrichtig, deutet sie doch an, dass Schaf Dagmar ihre komplett fehlgeleiteten Hoffnungen auf Harry allmählich begräbt. Eine weitere Enttäuschung in Liebesdingen wäre für dieses Seelchen nicht verkraftbar.

Ariane wartet, bis das Paar aufeinandertrifft und in der aufziehenden Abenddämmerung einträchtig in Richtung der Blockhäuser und des Waldes abmarschiert.

Jetzt kann's losgehen. Zärtlich tätschelt sie die Schürzentasche mit dem Schlüssel. Die ahnungslose Dagmar hat ihn ihr mit Freuden überreicht. Ariane hat sie überzeugt, dass es eine nette Idee wäre, Harry vor dem Sonnenwendfest mit einem aufgeräumten und frisch gereinigten Arbeitszimmer zu überraschen. Dagmar hat sofort zugestimmt und eine rituelle Beifußräucherung erwogen. »Das machen Indianer regelmäßig, um böse Geister und schlechte Energien auszutreiben«, hat sie Ariane allen Ernstes erklärt. »Harry wäre sicher begeistert.«

Geister, so was von lächerlich! Beifuß gehört allenfalls in eine Weihnachtsgans. Und dieser Energiequatsch …

Ariane schleicht durch die offene Küchentür in die Stube und sodann in den fast lichtlosen Hausflur. Oha, hier herrscht bereits tiefe Dämmerung. Das vermaledeite Knacken und Ächzen des alten Holzhauses erhöht die unheimliche Stimmung. Egal, von so etwas lässt Ariane sich nicht mehr unterkriegen. Mit Trippelschritten eilt sie zur Tür von Harrys Heiligtum, legt das Ohr ans Holz. Sicher ist sicher.

Hm, nichts zu hören. Sie zieht den Schlüssel hervor, steckt ihn so leise wie möglich ins Schloss, will ihn drehen, aber es tut sich nicht viel, nach einer Viertelumdrehung ist Schluss. Verdammt, das darf nicht wahr sein, die blöde Tür ist unverschlossen! War sie das womöglich schon die ganzen letzten Tage?

Verärgert drückt Ariane die Klinke, die Tür schwingt geräuschlos auf, muss gut geölt sein. *Gott, was für eine Rumpelkammer!*, ist ihr erster Eindruck. Oder, nein, bemerkt sie auf der Türschwelle stehend, es handelt sich einfach um einen vergleichsweise großen Raum mit riesigen Bücherregalen an allen

Wänden, einem von Papieren überquellenden Schreibtisch mit wuchtigem Stuhl dahinter und … Hallo, da drin leuchtet irgendwo eine Lampe. Von links schlängelt sich diffus ein Lichtstrahl ins Bild.

Was bitter nötig ist, denn die Klappläden der Fenster sind wie stets vorgelegt. Ohne den Lichtstrahl wäre hier drin so gut wie nichts zu sehen. Ihre Augen durchflitzen noch einmal nervös den Raum. Niemand da. Harry muss vergessen haben, eine Lampe auszuknipsen. Und abzuschließen.

Mit entschlossen gerecktem Kinn schlüpft Ariane ins Zimmer, schließt die Tür hinter sich und tut einen Schreckensschrei. In der äußersten rechten Ecke, die bislang vom Türblatt verdeckt war, steht eine Stehlampe, im Schatten dahinter ein Ohrensessel, und darin sitzt mit gebeugtem Kopf eine reglose Gestalt. Wer oder was zum Teufel ist das?

Unvermittelt stößt die Gestalt ein mitleiderregendes Wimmern aus, das verzweifelt klingt. Es folgt ein gurgelndes Geräusch, dann ein zorniger Schrei. Ein rasend zorniger.

Arianes Herz hat einen Aussetzer, sie duckt sich instinktiv, schließt wie ein Kind, dem im Dunkeln angst und bange wird, die Augen, sucht Halt bei der Wand und tastet nach einem Lichtschalter.

32.

Es klopft an der Blockhüttentür. Wie ertappt reißen Fenja und Ricardo zugleich die Köpfe hoch.

»Soll ich öffnen, oder machen wir weiter?«, fragt Ricardo.

Fenja sieht ihm an, dass er bei dem, was sie tun, lieber nicht gestört würde. Auch wenn sich ihr Austausch mittlerweile auf Arbeitsthemen beschränkt, Ricardos Mimik und damit seine Stimmung kann sie mühelos entziffern. Selbst wenn er sich noch so sehr um ein Pokerface bemüht.

Im Gegenzug scheint Ricardo haargenau zu wissen, dass er vor acht Tagen mit seinen Avancen in der Kirche zu weit gegangen ist. Er hat seine Flirtversuche komplett eingestellt. Was allerdings auch daran liegen könnte, dass sie nie ernst gemeint waren.

»Mach auf«, weist Fenja ihn nun an, obwohl sie ebenfalls gern weiterarbeiten würde. Sie waren gerade so schön im Fluss und einer Lösung für die Dachkonstruktion auf der Spur.

Ricardo erhebt sich von seinem Hocker, ist mit einem Schritt bei der Tür und reißt sie auf. Der Festlärm, das Lachen und fröhliche Johlen, das Fenjas Hütte bereits seit halb neun umwabert, dringt mit vermehrter Lautstärke in den kleinen Raum.

Fenja vertieft sich wieder in ihre Pläne. Beim Bau eines Offenstalles gibt es mehr zu bedenken, als sie gedacht hätte. Das Teil muss den Tieren nicht nur Schutz vor Wind, Regen und Kälte bieten, es sollte auch verschiedene Bodenabdeckungen haben, darunter Liegeflächen mit Boxenmatten und Rückzugsorte für Pferde, die erst eingewöhnt werden müssen, und natürlich frostsichere Tränken.

»Hallo, ihr zwei«, grüßt es vor der Tür.

An Ricardos Rücken vorbei erkennt sie Harry, der mit einem Teller voll Grillfleisch vor der Hütte steht.

»Was machen die Pläne?«, fragt er und schielt ins Innere, streift mit einem Blick den kleinen Tisch, auf denen Fenjas Zeichnungen, Lineal, Stifte und Ricardos großformatige Fotografien von Pferdeställen aus der Umgebung liegen. »Ich denke, ihr habt für heute lange genug gearbeitet, kommt raus ans Lagerfeuer.«

Ricardo wendet stumm den Kopf, schenkt Fenja einen fragenden Blick.

»Wir kommen in zehn Minuten«, entscheidet sie, »gibt noch ein paar Fragen zur Dachstatik, die wir klären wollen.«

»Das Dach läuft euch nicht weg.« Harry hebt lockend den Teller. »Wäre schade, wenn das hier kalt wird.«

»Wir essen später am Lagerfeuer«, bescheidet ihm Ricardo. »In einer Woche kommt die erste Holzlieferung, und wir müssen vorher zumindest die Flächenmaße für die Gruppenweide festlegen. Sorry, aber wir haben wirklich zu tun, und es wäre unverzeihlich, wenn Fenjas großartige Zeichnungen Fettflecke bekämen.« Er deutet auf den Grillfleischteller in Harrys Hand.

Großartige Zeichnungen? Na ja, denkt Fenja, so gut sind ihre ersten Entwürfe nun wirklich nicht. Gerade eben hat der Pirat einige böse Fehler entdeckt. Echte Fehler, die sie mit seiner Hilfe korrigieren will. Seine Materialkenntnisse und sein Handwerkerwissen sind erstklassig, und im Gegensatz zu ihr weiß er genau, was mit Holz als Baustoff möglich ist und was nicht.

Harry versteht offenbar und weiß, wann er aufgeben muss.

Er nickt und wendet sich ab. Als Ricardo die Tür schließen will, dreht er sich allerdings noch einmal um. »Bevor ich's vergesse: Wäre nett, wenn ihr zwei im Wald nach Nashoba schauen würdet. Der Hund ist seit einer Stunde verschwunden.«

»Ist er doch ständig«, knurrt Ricardo.

»Nicht, wenn wir grillen und Saganash da ist. Mein Freund wirkt besorgt.«

»Als Schamane und Fährtenleser dürfte es wohl kaum ein Problem für ihn darstellen, Nashoba zu finden«, kontert Ricardo. Inzwischen ist er deutlich genervt, weiß Fenja.

Harry gibt sich nicht geschlagen. »Saganash muss sich innerlich auf seinen Astronomievortrag vorbereiten, und du kennst Nashobas Lieblingsverstecke am besten.« Sagt's und verschwindet samt Grillteller.

Noch einmal wirft Ricardo Fenja einen fragenden Blick zu. In der Frage liegt eine unmissverständliche Aufforderung. Einer Bitte von Harry kann sich Ricardo einfach nicht entziehen.

Diesmal seufzt Fenja. Sie legt ihren Bleistift weg. »Okay, okay, lass uns den Hund suchen.«

Ricardo nickt. Fünf Minuten später befinden sie sich auf dem steilen Weg, der zum Wald hinaufführt. Diesmal gehen sie, anders als bei der heiligen Holzsuche, nebeneinander. Ihr Tempo ist stramm, sie bewältigen die Strecke in der Hälfte der üblichen Zeit, tauchen in das Dunkel der Bäume ein.

Fenja öffnet den Mund, um nach Nashoba zu rufen. Ricardo verschließt ihn flugs mit seiner Hand, schüttelt den Kopf. »Lass das«, murmelt er eindringlich. »Nashoba mag keine Kommandorufe, darin ist er eigen.«

Worin ist Nashoba nicht eigen?, fragt sich Fenja. Und warum kehrt Ricardo wieder den arroganten Piraten und Besserwisser heraus, den sie so hasst? Zornig reißt Fenja seine Hand von ihrem Mund. Ricardo löst sich von ihr und strebt so stumm wie zügig voran. Widerwillig folgt Fenja ihm. Immer tiefer geht es in den Wald, rasch umfängt sie fast vollkommene Dunkelheit.

Die Geräusche des Waldes gewinnen an Deutlichkeit, jeder Käuzchenruf oder Eulenschrei klingt doppelt laut im Dunkeln. Ein Rascheln im Gebüsch lässt sie hochschrecken, Fenja vermeint etwas kriechen und krabbeln zu hören. Oder sind das schleichende Schritte? Junge, das ist unheimlich! Sehr unheimlich. Kein Wunder, dass Gruselmärchen oft im Wald spielen.

Sie schließt näher zu Ricardo auf, dem die Finsternis nichts anzuhaben scheint. Für einen Kerl mit Augenklappe findet er sich hervorragend zurecht.

Hoppla, schon wieder eine dieser elenden Baumwurzeln! Fenja kann sich gerade noch abfangen, dafür prallt sie in Ricardos Rücken, der abrupt stehen geblieben ist, um in die geräuschvolle Stille zu lauschen.

Hört er ebenfalls Schritte?

Fenja spitzt die Ohren, glaubt erneut, ein Schleichen auszumachen. Und es scheint, als würden irgendwo Zweige geteilt und herabgebogen, die peitschend zurückschnellen.

»Ist das Nashoba?«, flüstert sie nervös.

»Schscht«, zischt Ricardo nur, steht abwartend da.

Das Warten zieht sich, Fenja kommt es vor wie eine Ewigkeit. Endlich dreht Ricardo sich zu ihr um, kurz flackert in seiner Rechten eine Taschenlampe auf. Er deckt den Lichtkegel mit der linken Hand ab, beleuchtet kurz den Boden, scheint etwas zu entdecken. Was, das ist Fenja schleierhaft, sie sieht nur braune Fichtennadeln, bemooste Steine und Erde.

»Da entlang«, murmelt Ricardo, biegt nach links in einen Pfad ab und knipst die Taschenlampe wieder aus. Fenja hat gerade genug Zeit, um sich ihm anzuschließen. Gemeinsam stolpern sie voran. Nun ja, sie stolpert, Ricardo geht trittsicher und mühelos in der Aufrechten.

Indianer-Harrys Survival- und Wildnistraining muss sehr effektiv sein. Vielleicht sollte sie auch einmal an einem Kurs teilnehmen. Im Dunkeln sehen oder Geräusche genau orten zu können hat klar seine Vorteile und … oh, so dunkel ist es mit einem Mal gar nicht mehr.

Was daran liegt, dass der Wald vor ihr sich lichtet und sich sanfte Mondstrahlen zwischen den Stämmen auffächern. Man könnte meinen, in eine Filmkulisse geraten zu sein.

Ricardo scheint etwas zu hören.

Jetzt hört sie es auch. Stimmengemurmel. Sehr sanftes Gemurmel. Passend zum weichen Licht des aufsteigenden Mondes. Klingt fast nach Liebesgeflüster und kein bisschen nach Nashoba, dem Wolfshund.

Das Murmeln verstummt. Ricardo beugt den Rücken und schaltet auf Schleichgang herunter. Fenja folgt widerwillig seinem Beispiel. Liebespaare auszukundschaften ist nicht ihr Auftrag. Ricardo pirscht eine Wand aus Gestrüpp an. Ziemlich dorniges Gestrüpp.

Es wächst am Rand einer Lichtung, wie Fenja im Näherkommen erkennt. Die Lichtung ist mondbeschienen, der sich darüberwölbende Himmel schwelgt noch in Zwielicht und samtblauer Dämmerung, und auf einem Baumstamm in der Mitte des magischen Platzes sitzt, nunmehr in schweigende Betrachtung des Himmels versunken, tatsächlich ein trautes Paar.

Als Fenja erkennt, wer dort sitzt, zerrt sie Ricardo am Ärmel.

Er dreht ihr das Gesicht zu, das schräg von oben einfallende Mondlicht verrät, dass auch er nicht gern den Spanner oder Lauscher spielen möchte. Fenja bedeutet ihm mit einer Kopfbewegung zu verschwinden, er bedeutet mit den Händen, dass sie die Lichtung durchqueren müssen. Ihre Pantomime wird durch einen heldenhaft vorgetragenen Satz von Bert Feining – dem männlichen Teil des Duos auf dem Baumstamm – unterbrochen:

»Ähm, wir kennen uns ja nun schon eine Weile. Daher schlage ich vor, dass Sie mich Bert nennen.«

»Oh, meinen Sie wirklich, Herr Feining, also Bert?«, freut sich Dagmar Pöpsel.

Fenja duckt sich hinter den Dornenbüschen noch tiefer in die Dunkelheit. Sie haben hier wirklich nichts verloren.

»Ach, Sie … Ich meine … also Bert«, stammelt Dagmar gerührt und nimmt erneut Anlauf, »du machst mir damit eine große Freude. Ich, äh … also … Ich heiße Dagmar. Aber, das weißt du ja schon.«

Ricardo muss ein Lachen unterdrücken. Wie kann er nur! Fenja boxt ihn heftig in die Seite, so heftig, dass es wehtut, wie sein leises Winseln beweist. Geschieht ihm recht.

Auf der Lichtung kommt es derweil zu einem Themenwechsel. Dagmar will wissen, wie sich Hickory macht.

»Oh gut, sehr gut«, erklärt Bert Feining stolz. »Er ist ein ungemein gelehriges, intelligentes Pferd, dazu feinfühlig und so musikalisch. Am besten reagiert er auf Beethoven und Mozart, in sehr moderater Lautstärke, versteht sich.«

»Oh, ich liebe Mozart und die *Mondscheinsonate*«, jubelt Dagmar.

Tatsächlich?, wundert sich Fenja.

»Ähm, die *Mondscheinsonate* hat Beethoven komponiert«, wirft Feining ein wenig betreten ein.

Oje, hoffentlich ist Dagmars Patzer kein Ausschlusskriterium, bangt Fenja, die dem augenscheinlichen Liebeswerben zu ihrer Schande inzwischen gebannt folgt und ein wenig mitfiebert.

»Ich weiß, ich weiß!«, wirft Dagmar aufgeregt ein. »Wissen

Sie … weißt du, ich bin nicht dumm. Also nicht wirklich. Sagt auch Harry. Mein Vater hatte sehr viele Klassikschallplatten, und sonntags vor dem Mittagessen hat er sie immer gespielt. Er wollte nämlich als junger Mann eigentlich Musiker werden, aber natürlich musste er den Laden seines Vaters übernehmen und hatte kein Geld für ein Violinstudium.«

Jetzt wird es wirklich rührend, gesteht sich Fenja widerwillig ein.

»Tatsächlich«, hakt Feining interessiert nach.

»Oh ja, ›die Musik löst alle Rätsel des Daseins‹, hat er immer gesagt.«

»Tolstoi!«, ruft Feining begeistert aus. »Das hat der große Tolstoi geschrieben.«

»Den Komponisten kenne ich gar nicht«, erwidert Dagmar irritiert.

Ach, Dagmar!

»Tolstoi war kein Komponist, sondern ein großartiger Schriftsteller«, klärt Feining sie auf. »Hast du nie *Krieg und Frieden* gelesen?«

»Für so dicke Bücher hatte ich nie die Zeit, aber ich kenne den Film. So ergreifend.« Sie endet mit einem kurzen, sehr glaubwürdigen Schniefen. Glaubwürdig sogar in Fenjas Ohren.

Feining streckt kurz die Hand aus, ganz so, als wolle er Frau Pöpsels Schulter tröstend tätscheln – und zieht sie bedauerlicherweise in letzter Sekunde zurück.

Dagmar strafft den Rücken. »Jedenfalls war Musik die größte Freude und der Trost meiner Eltern. Sie haben früher auch gemeinsam Konzerte besucht, sie hatten sogar ein Abonnement. Verbilligt, aber immerhin. ›Menuette von Mozart heitern in schwarzen Stunden auf‹, meinte meine Mutter immer und ›Bachs Fugen ordnen einem das Leben und die Buchhaltung‹.« Ängstlich fügt sie hinzu: »Ist das jetzt auch von Tolstoi?«

»Nein, nein. Ihre … deine Mutter muss eine bemerkenswert kluge, feinfühlige Frau gewesen sein. Eine Zuhörerin, die sich jeder Musiker wünscht.« Feinings Stimme gewinnt an Wärme. »Wie auch du, Dagmar.«

»Oh ja, das war meine Mutter. Feinfühlig. Darum hätte ich sie auch niemals im Stich lassen können.«

Kann man diese Frau lächerlich finden? Das kann und darf man nicht, entscheidet Fenja.

»Die größte Leidenschaft meines Vaters galt allerdings Schubert«, teilt Dagmar ihrem potenziellen Galan mit. »Kennst du sein Ständchen *Leise flehen meine Lieder durch die Nacht zu dir* aus dem Schwanengesang-Zyklus? Bevor mein Vater krank wurde, hat er es meiner Mutter zu jedem Geburtstag vorgespielt. Danach …«, Dagmar bricht ab, schnieft erneut und stößt einen bekümmerten Seufzer aus.

Kein Wunder, denkt Fenja. Mit dem Danach muss Dagmar auf den frühen Tod ihres Vaters anspielen, der sie noch immer zu betrüben scheint. Immerhin ging es in ihrem Leben danach steil bergab. Vor allem, was ihr eigenes Liebesleben betrifft.

»Der Schwanengesang-Zyklus ist wundervoll und Schuberts letzte große Komposition«, ergänzt Feining sanft und rückt näher an Dagmar heran. Zwar nur wenige Millimeter, aber immerhin.

Jetzt wird es richtig spannend. Fenja vermeint am eigenen Leib zu verspüren, wie es zwischen den beiden zu knistern beginnt. Gut so.

»Glauben Sie … Glaubst du, das Ständchen könnte Hickory gefallen?«, erkundigt sich Dagmar schüchtern.

»Ich könnte es damit versuchen, wenn demnächst die Stuten da sind«, sinniert Feining.

Männer! Wenn sie einmal bei ihrem Lieblingsthema sind, vergessen sie das Wesentliche.

Und richtig: Feining setzt zu einem Vortrag an. »Ich habe zwei ungemein hübsche Schwarzwälder Füchse im Auge. Ob sie auf Schubert ansprechen, weiß ich allerdings nicht. Clare Carter, eine britische Pferdeforscherin, empfiehlt eindeutig Beethoven und Mozart. Ihre Versuchsreihe mit Vollblut-Wallachen hat eine deutliche Senkung des Stresslevels, eine verbesserte Herzfrequenz und ein genüsslicheres Fraßtempo gezeigt, während die Pferde diesen beiden Komponisten lauschten. Polnische Wissenschaftler kamen zu einem ähnlichen Ergebnis für Rennpferde. Regelmäßige Stallkonzerte mit Beethoven-Sonaten ließen sie auf der Rennbahn zügiger und entspannter ans Ziel kommen. Französische Wissenschaftler haben deshalb für nervöse Springpferde jüngst Kopfhörer entwickelt …«

Oje, jetzt schweift er vollends ab, findet Fenja. Bei aller Begeisterung für Beethoven – merkt der denn nicht, was Dagmar mit der Erwähnung von *Leise flehen meine Lieder* vermutlich zum Ausdruck bringen wollte? Ihm gegenüber?

»Es gibt von Schuberts Ständchen auch eine Klavierversion«, sagt Dagmar, nachdem Feining seinen Vortrag in Pferdemusikwissenschaft endlich beendet hat. »Warum spielen Sie, also du, die den Tieren nicht vor?«, will sie wissen. »Im Haus gibt es ein altes Klavier, das wir mit dem Traktor zur Koppel fahren könnten.«

Oje, oje. Das ist ein mehr als gewagter Vorstoß, fürchtet Fenja. Dagmar weiß doch, dass Feining nur ungern, oder besser gesagt: gar nicht, über den Abbruch seiner Pianistenkarriere sprechen will. Noch weniger ist er bereit, Kostproben seines Könnens zu geben. Auf einer Pferdekoppel auf einem schrottreifen Klavier in die Tasten zu greifen dürfte Feining kaum dazu verlocken.

Und richtig: Bert Feining rückt die eben gewonnenen Millimeter wieder von Dagmar ab. »Seit meinem Schlaganfall spiele ich kein Klavier mehr«, sagt er steif und abweisend.

Verdammt, der Mann hatte einen Schlaganfall?

Diese Neuigkeit scheint auch Dagmar zu verschrecken, sie verstummt vollends. Aus gutem Grund, ihre Mutter hatte ebenfalls einen Schlaganfall und war danach jahrelang auf Dagmars Hilfe angewiesen. Wer könnte es ihr verdenken, wenn ihre Tochter deshalb nicht an einem Mann interessiert ist, der ...

»Schscht«, macht es erneut neben ihr. Spinnt Ricardo? Was soll das? Sie hat doch gar nichts gesagt. Überdies fällt Ricardos »Schscht« so laut aus, dass das Paar auf der Lichtung hochschreckt und verstummt.

Dafür wird es im Waldstück gegenüber laut und immer lauter. Klingt wie eine wilde Jagd, eine Flucht durch Gebüsch und Unterholz. Jagd?

Tatsächlich tobt in diesem Augenblick Nashoba – mehr denn je an einen Wolf erinnernd – auf die Lichtung. Ein Knall zerreißt die Stille vollends.

»Verdammt, das war ein Schuss!«, zürnt Ricardo.

Dagmar tut einen Schrei und springt auf. Feining erhebt sich ebenfalls vom Baumstamm, will sich schützend vor sie werfen. Doch Dagmar scheint auf einen Beschützer keinen Wert zu legen. Im Gegenteil: Sie rennt direkt auf Nashoba zu. »Du armes Hundchen!«, ruft sie.

»In Deckung, Frau Pöpsel! Sofort!«, schreit Ricardo aus voller Lunge. »Sie auch, Herr Feining.«

Der Ex-Pianist ist losgesprintet und hat sich nun doch vor Dagmar postiert. Auch Ricardo hält es nicht länger an seinem Spähplatz. Mit einem Satz springt er durchs Gebüsch, rennt mit langen Schritten in die Mitte der Lichtung.

Wieder ein Schuss.

Und ein Treffer, registriert Fenja entsetzt, während sie sich durch das Dornengestrüpp kämpft.

Gott, mach, dass das nicht wahr ist. Das kann nicht wahr sein.

33.

In ihrem Rücken findet Ariane einen Lichtschalter. Ein uraltes Modell mit Kippschalter, den sie mit zitternden Fingern nach unten drückt. Deckenlicht flammt auf. Endlich. Ariane reißt die Augen auf und den Kopf herum zum Ohrensessel. Die Gestalt ist aufgesprungen und ist natürlich kein Gespenst. Obwohl das totenbleiche, wutverzerrte Gesicht von Klaus Kantereit durchaus gespenstisch wirkt.

»Ich bring ihn um!«, stößt er hervor.

»Wen?«, fragt Ariane scharf nach, um ihren Schwager aus dem Schockzustand zu befreien, in dem er sich zu befinden scheint.

Klaus fixiert sie kurz, ohne sie wirklich wahrzunehmen. Dann endlich fokussiert sich sein Blick. Er schüttelt den Kopf und zerknüllt ein Papier in seinen Händen.

»Wen willst du umbringen?«, fragt Ariane erneut, sie buchstabiert es geradezu.

»Meinen *Bruder*«, stößt Klaus voller Verachtung und zwischen zusammengebissenen Zähnen hervor.

»Josef?«, fragt Ariane verblüfft. Klaus muss den Verstand verloren haben. »Dein Bruder ist schon tot. Seit über einem Jahr.«

»Nicht Josef«, zürnt Kantereit und stürmt an ihr vorbei. »Meinen Blutsbruder Harry!« Er reißt die Tür auf, eilt in den Gang. Sekunden später fällt die schwere Haustür krachend ins Schloss.

Harry? Ariane wundert sich. Noch nie hat sie Klaus so

wütend erlebt. Mörderisch wütend. Und das ausgerechnet auf Harry, seinen über alles geliebten Helden und Kindheitsfreund?

Das ist hochgradig merkwürdig, aber interessant, äußerst interessant. Ob sie in Klaus am Ende einen Verbündeten bei der Bloßstellung dieses Scharlatans finden könnte? Was stand wohl auf dem Blatt Papier, das ihr Schwager so energisch zerknüllt, aber leider mitgenommen hat?

Nun, sie wird es herausfinden, jetzt gilt es erst einmal, dieses Zimmer zu inspizieren. Und das möglichst systematisch. Ariane tritt an eines der Bücherregale heran, zieht nach und nach einige der darauf platzierten Werke hervor. Es handelt sich um jede Menge dicke Schinken, Lexika, Aufsatzsammlungen, wissenschaftliche Abhandlungen, dazu Habilitationsschriften, schlampig gebundene Doktorarbeiten. Alle kreisen um völkerkundliche Themen im Allgemeinen und Indianervölker im Besonderen. Das muss man Harry lassen, er scheint sein bekloptes Hobby reichlich ernst zu nehmen.

Ariane überfliegt kurz einige der Büchertitel. *Der Prozess der menschlichen Zivilisation*, *Verlorene Welten*, *500 Nations – die illustrierte Geschichte der Indianer Nordamerikas*, *Das geheime Wissen des Schamanen Fools Crow*, *Das Medizinrad der Lakota* und so weiter und so weiter.

Himmel, wer tut sich nur so einen Quatsch an?

Mal sehen, was im nächsten Regal zu finden ist, es muss doch auch irgendetwas Persönliches von Harry zu finden sein, was ihr mehr über die wahren Machenschaften des Kerls verrät, eine Art Tage- oder Notizbuch. Herrje, ein einfacher Terminkalender würde ihr schon genügen. Wer so viel liest wie Harry, schreibt gewöhnlich auch selbst, kann oft die Tinte kaum halten.

Regal Nummer zwei ist auf den ersten Blick noch langweiliger, denn jetzt wird es richtig wissenschaftlich, sprich: Es geht ins Detail und um Haarspaltereien.

Cross-Kulturelle Hybridität in James Fenimore Coopers Letztem Mohikaner, entziffert Ariane den Titel auf einem Buchrücken. Wie gähnend langweilig. Und hier eine ganze Serie von Machwerken eines gewissen Professors Harald W. Sterzenbach. Harry scheint diesen Harald W. Sterzenbach regelrecht zu sammeln und … Moment mal … Harald … und vielleicht auch *Harry?*

Ein Schock durchfährt sie. Kann diese Namensverwandtschaft Zufall sein? Oder, oder … Mit zitternder Hand zerrt Ariane eines der Sterzenbach-Werke aus dem Regal, blättert wild darin herum, versteht kein einziges Wort, sucht im Anhang nach einer Biografie des Autors. Ah, da steht was. Hm, hm, okay, sie erfährt jede Menge über einen beachtlichen akademischen Werdegang, Sterzenbachs Meriten, seine Forschungsreisen, unzählige Veröffentlichungen und Preise.

Na endlich, sein Lebenslauf. *Harald W. Sterzenbach, geboren in Köln* … Köln! Das war's dann aber auch schon.

Noch immer nicht viel schlauer greift Ariane zu einem populärwissenschaftlichen Hardcover in buntem Schutzumschlag. Fiebrig vor Aufregung schlägt sie es hinten auf und wird fündig. Auf der Umschlaginnenklappe prangt ein Foto des Professors. Ariane ringt nach Luft. Es stimmt: Harald W. Sterzenbach ist niemand anderes als Harry Chingachgook der Bekloppte. Sie stöhnt unwillkürlich auf. *Kann das wirklich wahr sein? Es muss.*

Ariane klemmt sich das Buch unter den Arm, eilt zum Schreibtisch, wühlt in den sich dort türmenden Papieren. Lauter Fachzeitschriften, Rechnungen, amtliche Schreiben und … Ariane stutzt, liest die Briefköpfe, muss sich setzen.

Sämtliche Post ist tatsächlich an Harald W. Sterzenbach

adressiert oder, um es einfacher zu formulieren, an Professor Harry.

Selten in ihrem Leben, eigentlich nie, ist Ariane van Endert das Opfer eines so peinlichen, ja, beschämenden Missverständnisses gewesen. Richtig dumm kommt sie sich vor. Und gedemütigt. Zutiefst gedemütigt und dumm und verraten. Fast ein wenig so wie damals, vor Urzeiten, als sie auf den ersten und einzigen Mann hereingefallen ist, den sie für ihre große Lebensliebe hielt. Und von dem sie bitter enttäuscht wurde. So bitter, dass sie kurzzeitig sogar versucht war, die Anna Karenina zu geben und aus tiefster Verzweiflung vor einen Zug zu springen. Nicht vor einen Märklin-Zug, sondern vor einen echten.

Eine groteske Verirrung, aber wie, verdammt noch mal, kommt sie jetzt darauf?

Und auf Tolstoi? Graf Leo Nikolajewitsch Tolstoi, um genau zu sein.

Weil der blöde Feining ihn gelegentlich zitiert.

Ariane erschrickt vor sich selbst. Und vor ihren Erinnerungen. Was für einen Unsinn sie sich nur zusammendenkt! Tolstoi, pah. Wie kann sie nur *darauf* und auf ihren Karenina-Moment kommen?

Erst recht, wenn es eigentlich um Harry geht.

Der hat mit dieser einzigen großen – fehlgeleiteten – Liebe, also nicht Tolstoi, sondern zu dem verdammten … also dem … Baron, egal, nun wahrlich nichts zu tun, ruft Ariane sich entsetzt zur Ordnung.

Und trotzdem: Wut kocht in ihr hoch. Wie konnte der Kerl es wagen, sie so an der Nase herumzuführen? Warum hat er sich ihr nicht gleich zu Anfang richtig vorgestellt? Warum nicht erwähnt, dass er jahrelang einen Lehrstuhl an der Universität von Toronto innehatte, als Berater in wichtigen politischen

Gremien Kanadas saß, Institutsleiter in Freiburg war und dort noch immer als freier Dozent lehrt?

Der Mann ist – seinem Äußeren und seinem absurden Gebaren zum Trotz – leider eine Koryphäe, kein Trottel oder Guru. Alle anderen müssen sich köstlich über sie amüsiert haben – so sie Bescheid wussten. Ihr Schwager kennt Harrys wahre Identität ganz sicher, der blöde Pirat höchstwahrscheinlich auch, womöglich ist sogar Fenja eingeweiht und natürlich die jungen Studenten, die neuerdings auf dem Hof mitarbeiten – Harrys Studenten! Es sind sogar Doktoranden darunter. Doktoranden aus gutem Hause, teils aus allerbestem Hause. Ethnologie ist wie Archäologie schließlich kein Studium für arme Schlucker.

Ariane spürt, dass sie blass wird – am Ende weiß sogar Dagmar Bescheid! Immerhin hatte die dumme Trine von Anfang an den Schlüssel zu Harrys Reich, durfte sich hier aufhalten, Staub wischen, aufräumen. Sie hat wohl nicht umsonst in höchsten Tönen von Harry und seinen überragenden Kenntnissen geschwärmt.

Ein tuckerndes, rasselndes Geräusch lässt Arianes Blick zu einem der Fenster fahren. Mist, da liegen ja die Klappläden vor. Sie weiß trotzdem, was dort draußen vor sich geht. Jemand fährt mit dem Traktor vor. Sie muss hier raus. Und am besten erst einmal weiterhin die Ahnungslose spielen.

Rasch schiebt sie die Papier zusammen, flitzt zur Tür, knipst das Licht aus, dann holt sie tief Luft, streicht ihre Schürze glatt, öffnet die Tür und tritt in den Gang. Keine Sekunde zu früh. Die Haustür wird polternd aufgestoßen. Harry und Ricardo drängen hinein, ihre Hände umklammern die Griffe einer Art Bahre oder Krankentrage, die sie rasch hereinmanövrieren. Die hinteren Griffe der Trage halten Fenja und Herr Feining.

»Was ist geschehen?«, fragt Ariane ehrlich geschockt, »gab es einen Unfall?«

Harry und Ricardo treten die Tür zur Stube auf, schieben sich samt Trage durch. Feining und Fenja folgen. Ariane erkennt nur ein abgedecktes Bündel auf der Liegefläche. Blut sickert durch die Decke. »Ein Jagdunfall«, informiert die keuchende, schreckensbleiche Fenja sie gnädigerweise, bevor sie in der Stube verschwindet. Gefolgt von der aufgelöst schluchzenden Dagmar.

»Wir brauchen heißes Wasser und Verbandszeug!«, schreit jemand in der Küche. Das ist Harrys Organ. Eindeutig. »Hierher, Frau van Endert!«, brüllt er. »Sofort! Die Kugel muss raus.«

Der will eine Gewehrkugel entfernen? Bei wem? Spinnt der komplett? So was muss in einem Krankenhaus gemacht werden! *Einem Krankenhaus, das meilenweit entfernt liegen dürfte*, fügt sie für sich hinzu. Aber es gibt hier irgendwo doch wohl Rettungshubschrauber? Die Bergwacht? Oder die freiwillige Feuerwehr?

Am Eingang poltert es erneut. Saganash und Kantereit drängeln in den Flur.

»Lassen Sie mich vor, Saganash!«, stößt Kantereit grimmig hervor. Anscheinend wieder ganz der Arzt und nicht der mordlustige Berserker von vorhin. »Ich muss sofort operieren, sonst stirbt er.«

»We do it together, and he will not die«, entgegnet Saganash mit der ihm eigenen unerschütterlichen Ruhe, die Ariane aus ihrer Erstarrung erlöst.

Die Lage scheint bitterernst, und Ruhe und Tatkraft sind jetzt tatsächlich das erste Gebot. *Heißes Wasser*, kommandiert sie sich selbst und eilt in die Küche, der Ofen muss angezündet und der Tisch geschrubbt werden. Sie wird dem Herrn Professor zeigen, wozu sie fähig ist!

34.

»Und, wie geht's ihm heute?«, fragt Fenja neugierig, als Ricardo die Tür des Haupthauses hinter sich zuzieht. Drei Tage sind seit der nächtlichen Notoperation auf dem Küchentisch vergangen, und es gibt niemanden auf dem Hof, der sich nicht brennend für die Rekonvaleszenz des Patienten interessiert.

»Frühstück? Hab uns schnell was gemacht«, stellt Ricardo eine Gegenfrage und hält ihr eines von zwei Broten mit Rührei, Speck und Tomaten unter die Nase.

»Später«, lehnt Fenja ab.

Ricardo schlägt ein Brot sorgfältig in ein Taschentuch ein, lässt es in der großen Brusttasche seiner Latzhose verschwinden, in das andere beißt er herzhaft hinein. »Unser Patient erholt sich prächtig und geht uns sicher bald wieder allen auf die Nerven. Saganash hat ihn eben untersucht«, berichtet er kauend. »Jetzt lässt er sich nach Strich und Faden von Dagmar und Ariane verwöhnen. Ariane füttert ihn nur mit den feinsten Häppchen und gurrt wie ein Täubchen, wenn sie ihn streichelt.«

»Sie *streichelt* ihn?«, fragt Fenja völlig verblüfft.

Ricardo schluckt und nickt: »Und gurrt dabei. Ganz neue Methode, um einem den letzten Nerv zu rauben. Eigentlich gurrt sie nur noch, und gestern hat sie in Münstertal bestes Filetsteak für ihn besorgt. Sie liest ihm wirklich jeden Wunsch von den Augen ab«, bestätigt er.

Das ist mehr als erstaunlich, denkt Fenja. Frau van Endert ist nun wahrlich nicht der mütterliche oder fürsorgliche Typ.

Wahr ist jedoch auch, dass sich ihr gesamtes Verhalten seit der Nacht der Notoperation stark verändert hat. Sie ist zurückhaltender in ihren Kommandos, ringt sich öfter ein »Bitte« ab, wenn sie Hilfe braucht, und ist höflicher. Sogar gegenüber Harry. Nein, vor allem gegenüber Harry.

Fenja runzelt nachdenklich die Stirn. Selbst die Prozesse um ihr verschwundenes Vermögen scheinen derzeit vollkommen vergessen zu sein. Genau wie ihr Gejammer über ihre Verluste. Und mit Felix redet sie so gut wie kein Wort mehr, weshalb er sich schmollend in seine Blockhütte zurückgezogen hat.

Statt um ihr Geld zu kämpfen und ihre Anwälte zu drangsalieren, rätselt Ariane wie alle auf dem Hof, wer der mysteriöse Jäger oder die Jäger waren, die den bösen Unfall zu verantworten haben. Was so ein kleiner Schock zu später Stunde doch alles bewirken kann. Auch als OP-Assistentin hat Ariane sich in der Unfallnacht bewährt, das muss man der Frau lassen.

»Saganashs Nachbehandlung mit Kräutersalben und Tinkturen scheint die Heilung enorm voranzutreiben«, setzt Ricardo sein Gesundheitsbulletin fort, als er sein Frühstücksbrot genüsslich vertilgt hat. »Selbst Klaus scheint von der Indianermedizin inzwischen angetan. Na ja, halbwegs.«

»Ach ja? Und warum ist er vorhin so wütend und grußlos an uns vorbei aus dem Haus gestürmt?«

Ricardo zuckt mit den Schultern. »Keine Ahnung, aber glaub mir, was Saganash angeht, ist Klaus geläutert.«

Fenja schnaubt, noch immer ungläubig. »Im Leben nicht. Denk dran, wie respektlos er Saganash bei der Operation rumkommandiert hat.«

»Mag sein, aber seitdem geht er doch geradezu ehrfürchtig mit unserem Schamanen um. Das erkenne ich an den forschenden Blicken, die Klaus ihm beim Essen zuwirft.«

Fenja bezweifelt, dass hinter Kantereits Blicken Ehrfurcht

steckt. Für ihren Geschmack haben Klaus' Augen einen lauernden Ausdruck. Vor allem, wenn Saganash sich mit Harry austauscht. Ob er womöglich eifersüchtig auf die Freundschaft zwischen dem Schamanen und seinem Kindheitsfreund ist? Wäre möglich. Nun, in den nächsten zwei Tagen wird Klaus kaum Anlass zu Eifersucht haben, denn Harry ist um fünf Uhr morgens mit seinen Studenten zu einer Exkursion zum Belchen aufgebrochen, inklusive Übernachtung auf dem Berggipfel. Der Belchen scheint schon bei den Kelten eine mythische und rituelle Bedeutung gehabt zu haben.

Ricardo greift nach einem Aluminiumkoffer voller Lasermessinstrumente und legt ihn auf die Holzbank auf der Veranda. Er öffnet ihn und kontrolliert kurz seine beneidenswert professionelle Ausrüstung, die den Kenner, Könner und Fachmann verrät.

Fenja selbst hat nur ein antiquiertes Messrad und ziemlich ausgeleierte Maßbänder aus Harrys Beständen vorzuweisen. Na, wird schon gehen. Dank Ricardos Ausrüstung. Sie wollen heute Morgen gemeinsam den Stallbauplatz vermessen und sodann abstecken.

»Davon abgesehen«, greift Ricardo das Gespräch wieder auf, während er den Koffer verschließt, »hat Klaus selbst brillant gearbeitet. So zügig und präzise, wie er die Patrone aus Nashobas Hals entfernt hat, Wahnsinn! Und das direkt unter der Halsschlagader. Ohne Saganashs Erfahrung im Stillen von Blutungen und Kantereits rasches Eingreifen als Notarzt wäre der Hund todsicher verblutet. Die beiden sind ein Spitzenteam.«

Fenja nickt nachdenklich. Ja, Klaus Kantereit war wieder einmal der Retter in letzter Not, aber auch sein Verhalten hat sich seither merkwürdig verändert. Er könnte verdammt stolz auf sich sein, denn Nashobas Leben stand wirklich auf des

Messers Schneide. Alle haben ihm entsprechend herzlich zu seiner Leistung gratuliert. Auch sie. Dagmar hat Klaus zu ihrem neuen Helden erklärt und backt ihm täglich Kuchen. Mit Arianes ausdrücklichem Segen. Warum nur wirkt ihr sonst so unbekümmerter Ziehvater trotzdem alles andere als glücklich? Warum ist er so knurrig und ungemein abweisend?

»Können wir?«, fragt Ricardo und macht eine auffordernde Kopfbewegung in Richtung der Weidehänge.

Fenja schultert ein antiquiertes Messrad aus Harrys Beständen und greift nach der großen flachen Ledermappe mit den Plänen. Ricardo nimmt sie ihr mit einer raschen Bewegung ab. »Du hast mit dem Messrad genug zu schleppen.«

Oh, wie galant.

Fenja verkneift sich einen feministischen Trotzanfall, sie ist viel zu verblüfft über Ricardos höfliche Geste, um wirklich wütend zu sein. Er ist nicht nur ein großartiger Handwerker, er kann wirklich nett sein und gesprächig. Weit netter, als sie es ihm gegenüber ist. Genaugenommen verhält sie sich oft wie ein pubertierender Trotzkopf, was albern ist, mehr als albern.

Sei auf der Hut, mahnt sie sich, *der Pirat bleibt der Pirat und undurchsichtig.*

35.

Soll ich, oder soll ich nicht?, fragt sich Klaus Kantereit und entscheidet, dass er muss. Er strafft den Rücken und löst sich von einer Trauerweide, die an Harrys Gänsebach wächst. Entschlossen schlägt er den Weg zu Hickorys Koppel ein, in der Hoffnung, dort auf Bert Feining zu treffen. Und möglichst nicht auf Saganash.

Na, das ist erst mal unwahrscheinlich. Der Schamane sitzt sicher noch am Frühstückstisch. Kantereit hat, als er vor zehn Minuten aus dem Haus gegangen ist, kurz an der Tür zu Stube und Küche gelauscht und Saganashs Stimme vernommen. Dort soll der mal schön bleiben. Kantereit will bei seinem anstehenden Gespräch mit dem Pianisten keine Ohrenzeugen. Schon gar nicht einen so hellsichtigen Lauscher wie Saganash, der zudem Harrys wahrer Busenfreund ist.

Kantereits Miene verschließt sich voll Grimm. Er legt ein strammes Tempo vor und erreicht die Pferdekoppel innerhalb weniger Minuten. Suchend schaut er sich um, registriert, dass Fenja und Ricardo das Wiesengrundstück direkt neben Hickorys Auslauf gesenst und provisorisch eingezäunt haben. Die Vorbereitungen für den Bau des Offenstalls schreiten also voran.

Sicher werden die beiden bald hier eintreffen, um ihre Arbeiten fortzusetzen, überlegt Kantereit. Vorher muss er unbedingt Feining erwischen, der jeden Morgen als Erstes nach Hickory schaut. Er hat ihm wichtige Fragen zu stellen.

Nur, wo zum Teufel ist der Mann? Hat Feining wie er das Frühstück ausfallen lassen? Und wo ist Hickory?

Auf der leeren Pferdekoppel entdeckt Kantereit nahe dem Apfelbaum lediglich die hölzerne Aufstiegshilfe, mittels derer Feining bei seinen Reitübungen mit Saganash Hickorys Rücken erklimmt. Ist es möglich, dass sich Feining allein an einen echten Ausritt gewagt hat?

Hinter ihm wird gemächliches Huftrappeln auf weichem Grund laut. Kantereit wendet sich um, erkennt einen Reiter und ein Pferd, die die letzten fünfzig Meter des Weideweges in Adagio und wiegendem Schritttempo nehmen. Kaum zu glauben! Feining hat sich tatsächlich allein aus der Koppel gewagt. Zum ersten Mal?

Nein, danach sieht es nicht aus. Ganz im Gegenteil.

Was für ein Bild: Bert Feining, sein ehemals so verzagter, ja, verängstigter Patient thront aufrecht auf dem getupften Appaloosa, hält konzentriert, aber lässig die Zügel und scheint sich ganz in seinem Element zu fühlen. Dabei nutzt er nicht einmal einen Sattel, sondern lediglich eine gepolsterte Sitzunterlage mit Gurt, aber ohne Steigbügel, und natürlich trägt er keine Sporen an den Stiefeln. Alles getreu den Anweisungen von Saganash, dem Großen.

Gestern beim Abendessen hat der offenbar allwissende Schamane, unterstützt von seinem Übersetzer Harry, erklärt, dass man sich einen Sattel erst verdienen und zunächst auf einem Bareback Pad – also diesem Sitzkissen – lernen müsse, sein Pferd und dessen Bewegungen zu spüren, quasi mit ihm zu verwachsen.

Feining, so registriert Kantereit, als dieser und Hickory immer näher herankommen, ist ein gelehriger Schüler. Es wirkt tatsächlich so, als sei er eins mit dem Pferd und Hickorys kraftvollen, gleichmäßigen Bewegungen.

So wie Feining, durchblitzt es Kantereit, hat er sich als kleiner Junge stolz einherreitende Indianer vorgestellt. Widerwillig muss er anerkennen, dass Saganash sein Handwerk als Reitlehrer versteht.

Apropos.

Kantereit reckt und dreht den Hals, um festzustellen, ob der Schamane dem Pferd und dem Pianisten folgt oder ob Ricardo und Fenja in Sicht sind. Nein, noch nichts zu sehen.

Trotzdem, er wird sich mit seinen Fragen beeilen. Kantereit hebt grüßend die Hand, Feining grüßt weit weniger enthusiastisch zurück, hält aber direkt auf ihn zu. Bei Kantereit angekommen, zügelt er Hickory und lässt sich erstaunlich gelenkig vom Pferderücken gleiten. Das Pferd ist ihm behilflich, indem es vollkommen stillhält.

»Guten Morgen«, grüßt Kantereit.

»Guten Morgen«, grüßt Feining zurück, klopft Hickorys Hals und schaut dabei in etwa so betreten drein, wie Kantereit sich fühlt.

Sie beide wissen nicht weiter, und sie beide wissen genau, weshalb. Sie teilen unausgesprochen das Geheimnis – sein schmerzliches Familiengeheimnis –, das Kantereit seit Tagen den Schlaf raubt. Und seinen Seelenfrieden. Es ist ein für ihn unfassbarer Verrat, der sein gesamtes Leben zur Lüge macht.

Genau wie seine lebenslange Freundschaft zu Harry – und das schmerzt mehr als alles andere. Er muss herausfinden, ob das, was er aus dem Brief seines Vaters nun weiß, wirklich der Wahrheit entsprechen kann. Es gilt, zunächst herauszufinden, ob Harry den Inhalt des Schreibens kennt, bevor Kantereit ihn mit seiner Unaufrichtigkeit und seinen Lügen konfrontiert. Sobald Harry von seiner Exkursion mit den Studenten zurückkehrt, ist eine Aussprache fällig. Eine schonungslose Aussprache.

Kantereit räuspert sich. »Ich, äh, bin hier … wegen des

Briefes meines Vaters, den Sie mir vor einigen Tagen so freundlich überlassen haben.«

Freundlich trifft es nicht ganz, tatsächlich hat Feining sehr verdrossen ausgesehen, während er den Brief herausgesucht und dann übergeben hat. Mit den Worten: »Ich überlasse Ihnen das Schreiben nur ungern, und Fenja hat mir davon abgeraten, es mir sozusagen verboten.«

Auch jetzt kehrt Feining ihm peinlich berührt den Rücken zu, um Hickory vom Sattel zu befreien, er bückt sich, löst einen Bauchriemen. Endlich antwortet er – mit noch immer abgewandtem Rücken und nur stockend: »Ich … Ich habe nur getan, was meine Pflicht war. Es handelte sich ja sozusagen um Ihren Brief, also, ich meine um eine Art Erbstück, und ich hatte daher kein Recht …«

Er bricht ab, löst mit leicht zitternden Händen eine Schnalle. Hickory scheint Feinings Nervosität zu spüren, schnaubt widerwillig, fast angriffslustig. Nicht in Bert Feinings, sondern in Kantereits Richtung.

So geht das nicht weiter, beschließt der. »Haben Sie den Brief gelesen, Herr Feining?«, fragt er ohne Umschweife.

Der Pianist richtet sich auf, dreht sich seufzend um und nickt.

»Haben Sie mit irgendwem über den Inhalt gesprochen?«, forscht Kantereit weiter. »Etwa mit Saganash oder Harry?«

Feining hebt abwehrend die Hände, holt tief Luft und beginnt eine aufgeregte Verteidigungsrede: »Wo denken Sie hin! Ich kenne und schätze das Briefgeheimnis. Es tut mir unendlich leid, dass ich das Schreiben Ihres Vaters an Ihre Mutter beim Durchgehen alter Dokumente in der Villa Kantereit gefunden und kurz überflogen habe. Nicht aus Neugier. Wirklich nicht. Fenja hatte mir eingeschärft, jedes Schriftstück gewissenhaft auf Informationen zur Baugeschichte des Hauses zu prüfen, und in anderen Privatbriefen Ihres Vaters gab es tatsächlich wertvolle Hinweise, deshalb –«

»Schon gut, schon gut«, unterbricht ihn Kantereit hastig und mit Blick auf einen Seitenweg, von dem her sich soeben Saganash nähert. *Verdammt!*

»Ich glaube Ihnen«, erklärt er rasch. »Nur ein Bitte: Erzählen Sie niemandem, hören Sie: niemandem, von dem, was Sie wissen. Ich möchte das ungestört und alleine mit Harry klären. Es … es würde einiges für mich ändern.«

In der Tat. Außerdem würde es seinen kompletten Lebenslauf oder das, was er seit Kindestagen dafür gehalten hat, als falsch entlarven und ihn als Opfer eines unentschuldbaren Betruges. Eines Betruges, den ausgerechnet Harry jahrzehntelang mitgetragen haben könnte. Könnte? Nein, er muss Bescheid gewusst haben, er muss!

»Sie haben mein Ehrenwort«, sagt Feining feierlich.

»*Taonsay!*«, ruft Saganash ihnen aus knapp zwanzig Metern Entfernung seinen üblichen Morgengruß, eine Art »Hallo« auf Cree entgegen.

»*Taonsay!*«, ruft Feining wie selbstverständlich zurück.

Dieser verdammte Schamane hat hier offenbar jeden auf seiner Seite. Rasch wendet sich Kantereit zum Gehen. Ein Zusammentreffen mit Saganash, der noch hellsichtiger zu sein scheint als angenommen, möchte er in jedem Fall vermeiden.

Mit langen Schritten lässt er die Pferdekoppel hinter sich, passiert die Kuhweide, ohne Sassafraß und Pimpinelle eines Blickes zu würdigen. Seine Gedanken sind ganz bei Saganash.

Zum Teufel, warum hat dieser merkwürdige Mann ihn vor wenigen Tagen beim Milchverladen auf den Brief, einen *wichtigen* Brief, wie er betonte, angesprochen? Was sollte seine rätselhafte Empfehlung »Lies, und mach die Reise«? Wahrscheinlich hat er damit irgendeine alberne Schamanenreise oder ähnlichen Quatsch gemeint.

Das alles ist Kantereit unheimlich, sehr unheimlich.

Wie konnte Saganash von dem verdammten Schreiben seines Vaters wissen, wenn Feining tatsächlich über seinen fatalen Fund geschwiegen hat und auch Fenja den Inhalt vor aller Welt geheim halten wollte.

Es gibt nur eine Erklärung, die Klaus Kantereit aus tiefstem Herzen zuwider ist: Der Kerl ist tatsächlich ein Medizinmann, hat übersinnliche Fähigkeiten, das zweite Gesicht und Kontakt zur Geisterwelt.

Nein, entscheidet Kantereit, *das ist unmöglich. Völlig unmöglich!*

36.

»Wird es jetzt reichen?«, fragt Dagmar und hält ein riesiges, silbrig graues Kräuterbüschel hoch, das sie soeben knapp über dem Boden gekappt und in einzelne Zweige zerlegt hat. Es ist nicht das erste Büschel, das sie ernten.

Ariane prüft es kurz, dann streift ihr Blick den sich türmenden Haufen am Rand des Kräuterbeets, der die Abendluft mit einem herben, erdigen Geruch erfüllt. Kurz und sorgenvoll verharren ihre Augen auf Nashoba. Der liegt neben dem Haufen und bewacht ihn mit völlig verzücktem Hundegesicht.

Hoffentlich handelt es sich bei dem stark duftenden Kraut nicht um ein Rauschmittel, überlegt Ariane. Saganash hat es als *powerful mood enhancer*, also einen kraftvollen Stimmungsaufheller, gepriesen. Sie selbst fühlt sich bereits etwas benommen von dem überwältigenden Aroma, das dem Kraut entströmt.

»Nein, wir brauchen mehr«, beantwortet sie endlich Dagmars Frage und beugt sich tief hinab, um mit der Gartenschere weiteren Beifuß zu schneiden. Es handelt sich nicht um gewöhnlichen Beifuß, mit dem man Füllungen für Weihnachtsgänse würzt, sondern um Indianerbeifuß, eine nordamerikanische Präriepflanze, die Harry hinter dem Haus speziell für Räucherrituale angepflanzt hat. Wundersamerweise gedeiht das Zeug hier prachtvoll und ist sogar winterhart.

»Saganash wird beim Fest zweimal in großem Stil räuchern«, erklärt sie Dagmar, während sie einem verholzten Trieb zu Leibe rückt. »Zu Beginn unter freiem Himmel und später in der Schwitzhütte.«

Nur gut, dass sie da nicht hineinmuss. Die Teilnehmer des Schamanenrituals werden hernach wie merkwürdig geräucherte Schinken riechen. Die Ehre, an diesem blödsinnigen Ritual bei Saunatemperaturen teilzunehmen, lässt Saganash Gott sei Dank nur zwei Hofgästen zuteilwerden. Einer davon ist Klaus, wie der Medizinmann bereits gestern festgelegt hat. Ihr Schwager weiß noch nichts von seinem Glück. Mal sehen, wie der auf diese zweifelhafte Ehre reagiert.

»*He needs it*« – er braucht es, glaubt Saganash. Was zugegeben nicht ganz abwegig scheint. Klaus, der Grimmige, scherzt Ariane still für sich, benötigt tatsächlich eine Stimmungsaufhellung. Ob mit oder ohne Drogen. Seit der Nacht in der Bibliothek rennt er wie ein zorniger Stier durch die Gegend. Allem Anschein nach ist er immer noch auf der Suche nach einem Showdown mit Harry, der – dank seiner Exkursion – aber leider nicht zu fassen ist.

Ob Harry seine spontane zweitägige Bergwanderung mit den Studenten absichtlich angesetzt hat, um Klaus auszuweichen? Und das nur fünf Tage vor dem angeblich so immens wichtigen Sonnenwendfest. Ziemlich verdächtig! Ariane wüsste zu gern, was genau zwischen den beiden Freunden im Argen liegt und was in dem Brief stand, der Auslöser für Klaus' Groll und Rage ist.

»Ich denke, wir sollten jetzt aufhören«, legt Dagmar nach zwei weiteren Büscheln ein Veto gegen weitere Erntearbeiten ein.

Dass Frau Pöpsel Widerspruch wagt, ist neu, aber nun, es ist eine Entwicklung in die richtige Richtung, mahnt sich Ariane und greift nicht ein. Seit der Entdeckung von Harrys wahrer Identität, der Nacht ihrer Demütigung, ist sie bereit, Konzessionen zu machen und nachsichtiger mit den Hofbewohnern umzugehen. Immerhin hat keiner von ihnen sie bislang als die Närrin enttarnt, die sie bezüglich des Professors ist. Korrektur: die sie *war*!

»Es wird bald dunkel«, fährt Dagmar fort, »und wir müssen noch ein Nachtessen für Harry und die Studenten vorbereiten. Sie werden nach der Bergexkursion sicher hungrig sein.«

»Ich habe gestern Nacht bereits den ersten Dreißig-Liter-Kessel Gulaschsuppe für das Fest vorgekocht, es zieht in der Kühlkammer durch. Davon können wir etwas abzweigen, dann müssen wir es nur noch warm machen«, entgegnet Ariane. Statt bis spät in die Nacht hinein über Gott und die Welt, nein, Harry und die Welt nachzugrübeln, ist sie lieber aktiv geworden. Es wird mit etwa achtzig Festgästen gerechnet, da kann man nicht früh genug mit dem Kochen anfangen.

»Ach«, seufzt Dagmar emphatisch, »Sie sind wie immer *so* umsichtig!«

»Nicht umsichtig genug, um eine Schubkarre für den Kräutertransport mitzubringen«, erwidert Ariane selbstironisch. »Wären Sie so freundlich, die aus dem Hühnerstall zu holen? Ich kümmere mich dann hier um den Rest.«

»Mach ich sofort«, sagt Dagmar fröhlich, denn auf Freundlichkeit reagiert sie nach wie vor am besten. Außerdem hegt sie gewiss die Hoffnung, im Hühnerstall auf Bert Feining zu treffen, der seinem Geflügel gern und ausführlich Gute Nacht sagt, wie Ariane weiß. Ihr soll's recht sein, die beiden sind zwischenzeitlich beim Du angekommen, und Herr Feining tut Frau Pöpsel gut. Besser als der vermaledeite Professor Harry jedenfalls.

Diesem Windhund gegenüber freundliche Konzessionen zu machen steht natürlich außer Frage. Sein Verhalten und seine Geheimniskrämerei sind und bleiben inakzeptabel.

»Nashoba, kommst du mit?«, fragt Dagmar soeben den Hund. Der hebt kurz den Kopf, bewegt sich jedoch keinen

Zentimeter von der Stelle. »Meine Güte«, wundert sich Dagmar, »der lässt Sie wirklich nicht mehr allein. Sie haben einen glühenden Verehrer gefunden.«

»Wohl kaum. Mir erscheint es eher so, als habe der Indianerbeifuß auf den Hund eine ähnliche beduselnde Wirkung wie Katzenminze auf Katzen. Und wer weiß? Vielleicht hat er Präriewölfe als Vorfahren und träumt von einem wilden Steppenleben.«

»Nein, das ist es nicht. Sie sind einfach zu bescheiden!«, ruft Dagmar im Weggehen. »Nashoba liebt Sie. Fast so sehr, wie er Saganash verehrt!«

Wie aufs Stichwort erhebt sich der Hunderiese, trottet auf Ariane zu und reibt seinen Kopf an ihrem Oberschenkel.

»Na wunderbar«, begrüßt Ariane ihn und kappt ein letztes Büschel. »Mit dir bin ich dann wohl endgültig auf den Hund gekommen.« Sie sagt es nicht abweisend und meint es auch nicht so. »Verdammt noch eins, ich mag dich auch«, versichert sie Nashoba, wirft ihr Bündel auf den Haufen und hockt sich hin, um ihren neuen Freund mit viel Zartgefühl und Vorsicht die Ohren zu kraulen. Sie will ihm ja nicht wehtun, die verklammerte Schusswunde am Hals heilt zwar prachtvoll, aber sicher tut sie noch weh, und bellen kann der Hund auch noch nicht wieder. Klaus meint, es könne noch eine ganze Weile dauern, bis Nashoba seine Stimme zurückerlangt.

Tröstend legt Ariane ihren Arm um den Hund, der sich an einem freudigen Winseln versucht, es kommt leicht röchelnd hervor.

»Schon gut, streng dich nicht an, ich verstehe dich, Nashoba. Du bist ein tapferer kleiner Kerl«, lobt Ariane ihn fast ein wenig gerührt. Ihre durcheinandergeratene Gefühlswelt ist ihr zwar ein wenig unheimlich, aber an irgendwen muss doch auch sie sich mal anlehnen.

»*Klein?*«, fragt es hinter ihr amüsiert. »Dieser Wolfshund ist ein Riese! Darum war er leider auch so eine gute Zielscheibe.«

Ariane zuckt vor Schreck zusammen, dann dreht sie verärgert den Kopf. Gegen das Licht der sinkenden Sonne erkennt sie Heimkehrer Harry, der nach seiner späten Rückwanderung vom Belchen noch wilder als gewöhnlich aussieht.

Diese Ethno-Weste, dieses Haar, die Wildlederhose – mit Fransen! –, nein, wirklich, niemand würde auf den ersten Blick in diesem bemuskelten Exoten mit dem strammen Trommelbauch einen Professor vermuten! Viel eher einen Landstreicher, einen späten Hippie, in jedem Fall einen Spinner und – das vor allem – einen armen Schlucker. Was er nicht sein dürfte. Ihr Ärger auf Harry wächst.

Nashoba macht Harrys Erscheinungsbild nichts aus, er begrüßt den Hofherrn schwanzwedelnd.

»Guten Abend«, ringt auch Ariane sich endlich eine Begrüßung ab. »Ich wäre Ihnen sehr verbunden, wenn Sie sich nicht unangemeldet von hinten an mich heranschleichen würden. Es ist ausgesprochen grob und ungesittet.«

»Anders als Sie?«, fragt Harry mit schelmischem Unterton.

Soll das eine Anspielung sein? Ariane kommt aus der Hocke hoch und schenkt Harry einen wutblitzenden Blick, der den Herrn Professor nur umso mehr zu amüsieren scheint.

»Ich wurde doch angemeldet«, verteidigt sich Harry aufgeräumt. »Haben Sie Nashobas freudiges Winseln nicht gehört? Braver Junge. Siehst schon wieder viel besser aus. Sie sind eine fantastische Pflegerin, Frau van Endert.« Er tätschelt den riesigen Hundeschädel.

»Wo sind denn Ihre … Ich meine, wo sind die Studenten abgeblieben?«, stammelt Ariane völlig aus der Fassung gebracht durch Harrys Lob.

»Oh, die wollen sich in ihren Quartieren erst noch umziehen und kommen gegen elf in die Küche. Wird es noch etwas zu essen geben?«

Ariane stemmt die Hände in die Hüften. »Stets zu Diensten, *Herr Professor Sterzenbach.*« So, nun ist es heraus. Gespannt wartet sie auf Harrys Reaktion. Die fällt jedoch enttäuschend aus. Harry legt den Kopf in den Nacken und lacht. Lacht sie aus!

»Das ist nicht witzig!«, schäumt Ariane. »Warum haben Sie mir verschwiegen, wer Sie tatsächlich sind? Alle anderen scheinen Bescheid zu wissen, nur mir haben Sie Ihre wahre Identität vorenthalten.«

»Sie haben nie danach gefragt«, kontert Harry gelassen. »Davon abgesehen war ich mir sicher, dass Sie es im Rahmen Ihrer Schnüffeleien ohnehin früher oder später herausfinden würden. Hat die Durchsuchung meines Arbeitszimmers Ihnen wenigstens Spaß gemacht?«

»Sie wissen, dass ich –«, Ariane bricht ab, beschämt von der Erkenntnis, dass sie sich soeben selbst verraten hat. Dieser Mann raubt ihr den Verstand!

»Ich wusste es nicht«, kostet Harry ihren Patzer aus, »aber ich ahnte es. Einige meiner Werke stehen im Regal auf dem Kopf. Eine Nachlässigkeit, die Dagmar sich bei ihren Putzarbeiten nie erlaubt hat. Frau Pöpsel hat mich allerdings auch nie für einen Scharlatan und Clown gehalten.«

Ariane zieht stumm ein Kordelknäuel und eine Schere aus ihrer Schürzentasche, drückt Harry beides in die Hand. »Ihr Beifuß muss gebunden werden. Dagmar kommt gleich mit der Schubkarre«, erklärt sie schroff. »Und ich muss in die Küche.«

»Nicht so schnell«, hält Harry sie zurück. »Ich finde, wir haben einiges zu bereden, jetzt, wo wir wissen, was wir voneinander zu halten haben und wie wir zueinander stehen.«

»Ich wüsste nicht, was es da groß zu besprechen gibt«, antwortet Ariane patziger, als ihr lieb ist. Herrje, sie klingt wie ein verstockter Teenager.

»Nun, zum Beispiel die Frage, wer auf Nashoba geschossen hat«, sagt Harry, während er Kordel abwickelt und sie in einzelne Fäden zerschneidet.

Himmel, was will er damit sagen? Hat er etwa sie im Verdacht? Wie infam!

»Ich war in der Nacht des Unfalls in Ihrem Arbeitszimmer, wie Sie ja wissen«, platzt es aus Ariane heraus. *Ups, wer sich verteidigt, klagt sich an*. Rasch rudert sie zurück. »Ich kann also nichts mit der elenden Schießerei zu tun haben!«

Harry übergeht ihren Einwurf schweigend, hebt nur kurz und mokant die rechte Braue, bevor er das Gespräch wieder aufgreift. »Im Rahmen meiner Wanderung habe ich einige Bauern in der Gegend befragt. Es gibt hier ein oder zwei Viehzüchter und Weidewirte, die sich nachts auf die Lauer legen, um echte Wölfe zu erlegen. Eine Verzweiflungstat, da in dieser Gegend tatsächlich hin und wieder ein Rudel auftaucht, um Lämmer oder Ziegen zu reißen. Ziemliches Blutbad und eine Bedrohung der offenen Weidehaltung. Da können einem schon mal die Nerven durchgehen, und unser Nashoba sieht einem Wolf nun mal sehr ähnlich.«

Unwillkürlich stellt sich Ariane schützend vor den Hund. »Und? Hat jemand geplaudert?«

Harry schüttelt den Kopf. »Nein. Alle haben mir versichert, dass momentan niemand heimlich auf Wölfe Jagd macht. Es gab auch keine Rudelsichtung in den letzten Wochen.« Er schweigt kurz, bindet ein Büschel, schnürt die Kordel zu, dann hebt er den Kopf. »Ist Felix ein Jäger?«

»Felix?«, entfährt es Ariane vollkommen verblüfft. »Sie glauben doch wohl nicht, dass er … So ein Unsinn!«

Harry zuckt mit den Schultern, greift nach einem weiteren

Bündel. »Möglich wäre es. Keiner meiner Studenten war sich sicher, ihn am Abend des Grillfestes länger als ein paar Minuten gesehen zu haben. Und Ihr Enkel –«

»Stiefenkel«, korrigiert Ariane reflexhaft.

»Ihr *Stiefenkel* also, hat noch eine Rechnung mit mir und anscheinend auch mit Nashoba offen. Der Hund hat ihn anfangs mal um die Blockhütten gejagt, sagt Ricardo, und Saganash teilt meinen Verdacht. Unser Medizinmann irrt sich selten in Menschen, eigentlich nie.«

Ariane schenkt zunächst dem Hund hinter ihr, dann Harry einen fassungslosen Blick, anschließend schüttelt sie ungläubig den Kopf. »Nein, das ist nicht möglich, Felix ist ein ausgemachter Feigling, dazu ein Depp, und außerdem: Woher sollte er ein Gewehr haben?«

»Oh, das wäre kein Problem«, bemerkt Harry und widmet sich mit flinken Händen einem weiteren Kräuterbündel. »In meiner Rumpelkammer neben dem Arbeitszimmer hängt eine Jagdwaffe. Älteres Modell, aber durchaus funktionstüchtig. Eine Schachtel Patronen gibt es auch. Felix könnte sich beides heimlich ausgeliehen haben.«

»Er war doch kaum im Haus, wie sollte er von dem Gewehr wissen?«, verteidigt Ariane Felix. Nicht weil ihr Stiefenkel ihr sonderlich am Herzen liegt, sondern weil es hier um ihren Ruf als seine Chefin geht. Seine Ex-Chefin, besser gesagt. Sie spricht schon seit Tagen nicht mehr mit dem Jungen und hat ihre Anwälte gleich nach dem Vorfall mit den Bienen angewiesen, ihm keinerlei Auskünfte mehr über die Causa Eschberg zu geben. Kurz: Mit Felix ist sie fertig.

Harry scheint das zu bezweifeln. Er wirft ihr einen forschenden Seitenblick zu. »Der Junge ist ein notorischer Schnüffler und ein reichlich verrutschter Charakter. Scheint in der Familie zu liegen.«

»Verdammt, dieser strohdumme Feigling gehört nicht zu *meiner* Familie!«, blafft Ariane. »Ich habe nämlich keine, und mit Felix' Erziehung hatte ich nicht das Geringste zu tun!«

»Mag sein, aber er hat von Ihnen gelernt, und ein heimtückischer Schuss aus dem Hinterhalt auf ein wehrloses Wesen passt hervorragend zu einem Feigling.«

Das stimmt, wie Ariane widerwillig zugeben muss.

Harry richtet sich zu voller Größe auf und wirkt mit einem Mal ziemlich bedrohlich. »Ich habe Ihren Stiefenkel jedenfalls soeben aus seiner Blockhütte geworfen und vom Hof verbannt. Destruktive Menschen wie er sind bei mir nicht willkommen. Sie werden sich also einen anderen Fußabtreter und Verbündeten im Kampf um Ihr heiliges Geld suchen müssen. Wobei ich bezweifle, dass Sie unter uns einen passenden Ersatz finden. Nun, es steht Ihnen jederzeit frei, zu gehen und woanders zu suchen.«

Ariane öffnet den Mund, um zu antworten, kommt aber nicht mehr dazu.

»Juhu, hier kommt die Schubkarre!«, jubelt von links Dagmar. Sie ist, wie erwartet, nicht mehr allein. Bert Feining begleitet sie und schiebt – ganz Gentleman – die Karre.

Ariane greift sich rasch einige Bündel, bereit, sie in die Schubkarre zu laden. Sie bemerkt, dass ihre Hände zittern. Nur sehr leicht, aber ja, sie ist aufgebracht und nervös.

Nicht weil Felix unter Verdacht steht, auf Nashoba geschossen zu haben, und vom Hof geworfen wurde, sondern weil sie sich fragt, ob Harry gerade eben andeuten wollte, dass sie diesem verdammten Deppen folgen muss. Was fällt dem Kerl ein, sie zu verdächtigen? Als ob ausgerechnet sie dem Hund je etwas zuleide tun könnte. Sie ist doch kein Flintenweib. Unfassbar, für wie herzlos und dumm dieser Professorenclown sie hält!

Arianes Kampfgeist meldet sich schlagartig zurück. Nein, sie wird nicht gehen. Nach allem, was sie hier geleistet und getan hat. Niemand, schon gar nicht Harry, verweist eine Ariane van Endert des Hofes. Niemand.

37.

Halb sieben Uhr morgens, und die Küche ist bereits mit köstlichen Gerüchen erfüllt. Fenja kann sich beim Hereinkommen ein Staunen nicht verkneifen. Ariane bereitet, assistiert von Dagmar, ein Frühstück der Extraklasse vor. Dabei müssen beide gestern Nacht für die Studenten und Harry bis in die Puppen am Herd und danach am Spülbecken gestanden haben. Die Jungs waren gestern Nacht bei ihrer Rückkehr aus dem Haupthaus voll des Lobes für die einmalige Bewirtung.

Auf dem Tisch locken nun eine riesige Schüssel Rührei, gebratener Speck, selbst gebackenes Brot, Käse, erste Tomaten, frische Kräuter und Beeren aus dem Garten. Dagmar stellt eine Schüssel Hirsebrei mit Harrys Bienenhonig dazu, und auf dem Herd knistert und brutzelt eine Eisenpfanne, die Ariane schwungvoll mit Pfannkuchenteig füllt.

Kein Wunder, dass die am Tisch versammelten Hofbewohner – Harry, Saganash, Ricardo und Bert – die beiden freudig beobachten. Auch Nashoba, der auf einer Decke beim Herd liegt, verfolgt die fleißigen Küchenfeen – vor allem Ariane – verzückt.

Mit Pfannkuchen kennt Ariane sich aus, weiß Fenja. So fluffig und goldgelb gelingen sie nur wenigen. Scheint sich um ein altes Familienrezept zu handeln. Und mit Saganashs kanadischem Ahornsirup beträufelt sind sie zum Reinlegen lecker. Aber was haben all diese Anstrengungen zu bedeuten? Will Madame Endert lieb Kind machen, hat sie den Verstand verloren oder tatsächlich einen bahnbrechenden Sinneswandel vollzogen?

Ach, egal. Hauptsache, es herrscht Frieden, und es gibt ein tolles Frühstück, beschließt Fenja. Sie werden es brauchen, direkt danach geht es mit Hochdruck an die letzten Vorbereitungen für das Sonnenwendfest.

»Guten Morgen«, grüßt sie in den Raum und ignoriert den Stuhl, den Ricardo für sie vom Tisch wegrückt. Fenja nimmt auf der Bank neben Saganash Platz. Sicher ist sicher, und der Medizinmann ist ein unverdächtiger Zeitgenosse. »Ist Klaus noch nicht da?«, fragt sie und schiebt ihr Besteck zurecht.

»Ich habe ihn gebeten, nach Hickory zu schauen«, erklärt Bert Feining auf der anderen Tischseite und schaut bedrückt drein. »Saganash macht sich ein wenig Sorgen wegen des linken Hinterlaufs.« Beschämt fügt er hinzu. »Mir selbst ist beim Ausreiten gestern gar nichts aufgefallen, aber anscheinend lahmt Hickory ein wenig. Harry hat mir gestern Nacht noch deshalb Bescheid gesagt. Ich bin dann gleich um sechs raus, um herzukommen und Doktor Kantereit zu wecken. Er schien darüber wenig erfreut und will mich bei der Untersuchung nicht dabeihaben. Der arme Hickory!«

»Bei Kantereit ist dein Pferd in den besten Händen, Bert«, ruft Dagmar vom Herd her. »Ich bin sicher, er ist gleich bei uns und hat nur die allerbesten Nachrichten zu Hickory. Ich werde Pfannkuchen für ihn warmstellen.«

»Wird schon nicht so schlimm sein, alter Freund«, wirft auch Harry ein und klopft tröstend Feinings Schulter. »Saganash könnte sich täuschen. Kommt vor. Manchmal hört unser Medizinmann die Flöhe husten und sieht topfitte Pferd hinken. Kleine Berufskrankheit, Sie wissen schon.«

Der Schamane schenkt Harry einen kurzen, warnenden Blick, sagt aber nichts.

Ob er Harrys leicht abschätzige Bemerkung über sich verstanden hat?, rätselt Fenja. Wohl kaum. Hustende Flöhe dürften nicht zu Saganashs deutschem Sprachschatz gehören. Harrys abfälliger Ton bei der Erwähnung seines Namens dürfte ihm jedoch nicht entgangen sein.

Es ist ziemlich seltsam, Harry so über den Schamanen sprechen zu hören. Gewöhnlich ist er voll des Lobes für seinen Freund und Forscherkollegen und dessen praktische Fähigkeiten als Medizinmann.

Hoffentlich haben sich die beiden nicht auch verkracht, bangt Fenja. Klaus' unerklärlicher Groll gegen den Hofherren trübt die Stimmung schon zur Genüge. Sein Gesicht ist seit Tagen die reinste Gewitterfront, man muss stündlich mit einem gewaltigen Donnerwetter rechnen. Wer kann, macht einen Riesenbogen um ihn. Etwa Harry. Und auch sie.

Fenja seufzt stumm. Nein, weit her ist es mit dem Frieden auf dem Sonnenhof wirklich nicht. Was soll nur aus dem groß angekündigten Sonnenwendfest in drei Tagen werden, wenn sich immer mehr Hofbewohner zerstreiten?

Etwa achtzig Gäste haben sich angekündigt, darunter viele Nachbarn, dazu ein paar bedeutende Forscherkollegen von Harry und Saganash sowie ein freier Mitarbeiter des *Schwarzwälder Boten* und eine ganze Schar beliebter YouTuber, die Hobbygärtner und Selbstversorger mit Anbau- und Gartentipps erfreuen. Sie wollen während des Festes auf dem Hofgelände filmen und das Ergebnis später ins Netz stellen.

»Wer möchte Pfannkuchen?«, ruft Dagmar vom Herd her. »Drei sind fertig.«

»Auf den Tisch damit, wir teilen brüderlich«, ruft Harry zurück.

»*Brüderlich?* Vergessen Sie Fenja nicht«, tadelt Ariane ihn.

Oha, Madame gibt mal wieder die feministische Streiterin. Sicher nicht ihr zuliebe, weiß Fenja, sondern weil sie Harry nicht mag und sich keine Gelegenheit – egal, wie albern – entgehen lässt, ihm eins auszuwischen. Noch so ein Kriegsschauplatz, den keiner braucht.

Ricardo sucht ihren Blick, zwinkert. Fenja zwinkert unwillkürlich zurück. Wenigstens einer, der versteht.

»Okay, okay, wir teilen also brüderlich und *schwesterlich*. Besser so?«, fragt Harry betont gereizt. »Meine Liebe?«

Ariane knallt wortlos den Teller mit den Pfannkuchen auf den Tisch.

Oha, jetzt ist endgültig Schluss mit lustig.

»Darf ich Ihnen zuerst vorlegen, Frau van Endert?«, erkundigt sich Harry mokant, gabelt einen Pfannkuchen auf und greift nach einem leeren Teller. »*Ladies first* war schon immer meine Lebensdevise.«

»Danke, nein, ich habe noch am Herd zu tun«, blafft Ariane und zieht sich ebendahin zurück, um wütend im Pfannkuchenteig herumzurühren.

Ariane ist eine wirklich seltsame Feministin, findet Fenja, *so häuslich*. Zwischen Harry und ihr geht es zu wie zwischen einem alten Ehepaar, das sich den Lebensabend mit ewig angestauten Vorwürfen und unter fadenscheinigen Vorwänden zur Hölle macht. Wobei Ariane den Part der verbitterten Gattin weit glaubwürdiger gibt als Harry den genervten Ehemann. Keine Frage: Der will nur spielen.

Sie registriert, dass Ricardo sich mühsam ein Lachen verkneifen muss, und versetzt ihm unter dem Tisch einen Tritt. Jetzt ein Lacher, und Ariane explodiert.

Ricardo fängt sich. »Ich geh mal in den Flur, nachschauen, ob die Zeitung da ist«, sagt er, erhebt sich und eilt geschmeidig zur Tür. Kaum ist er im Flur, imitiert er einen Hustenanfall. *Wahrscheinlich, um ein herzhaftes Lachen zu kaschieren*, kombiniert Fenja. Die zufallende Küchentür dämpft Ricardos Lachhusten.

Neben Fenja erwacht Saganash zum Leben. »*Time to invite her*«, fordert er Harry auf, wen auch immer zu was auch immer einzuladen. Der Mann spricht gern in Rätseln und ist ein Meister des eindringlichen Blicks.

Harry zögert, er wirkt nicht sonderlich begeistert, würde sich lieber seinem Pfannkuchen widmen, den er hingebungsvoll in Ahornsirup ertränkt. »Do I have to?«

Ja, nickt Saganash, er muss.

»Frau van Endert«, hebt Harry an, nachdem er endlich die Sirupflasche abgestellt hat, »darf ich Sie einladen?«

»Oh, wie romantisch!«, jubelt Dagmar von der Herdecke aus. »Ein Rendezvous, hast du das gehört, Bert? Harry will ein Date! Mit Frau van Endert. Wie wundervoll, nachdem doch wir uns gerade gefunden haben. Nun sagen Sie schon Ja, Frau van Endert. Die Liebe ist etwas so Wunderbares. Auch in unserem Alter!«

Ein Date? Fenja kann sich kaum vorstellen, dass es bei Harrys Frage um eine derartige Verabredung geht. Doch wie der Blick aller anderen fährt auch der ihre gespannt zu Ariane. Nur Saganash widmet sich genüsslich seinem Pfannkuchen. Was geht hier nur vor sich?

Stille senkt sich über den Raum, das Fett in der Pfanne brutzelt und zischt mit einem Mal überlaut.

Ariane reagiert noch immer nicht, wendet sehr konzentriert und wortlos einen Pfannkuchen.

»Frau van Endert?«, fragt Harry mit raumfüllender Stimme. »Sind Sie geistig zugegen?«

Ariane erfriert mitten in ihrer Bewegung, strafft den Rücken. »Was ist?«, fragt sie brüsk und ohne sich umzuwenden.

»Ich sagte, ich möchte Sie einladen.«

Ariane zögert kurz, dann siegt ihre Neugier. »Wohin?«, fragt sie die Pfanne, nicht Harry.

»Zum Sonnenwendfest und in unsere Schwitzhütte. Saganash hat neben Klaus Sie auserwählt, an einem uralten Reinigungsritual für Körper, Geist und Seele teilzunehmen. Ich werde ebenfalls dabei sein. Es ist eine große Ehre, an Saganashs Traum- und Seelenreisen teilzunehmen und in Kontakt mit seiner inneren Führung zu kommen. Man gewinnt erstaunliche Erkenntnisse über die wahre Lebensbestimmung, die tiefsten Wünsche und die eigenen Schattenseiten. Falls Ihnen der berühmte Psychoanalytiker C. G. Jung etwas sagt –«

»Nein!« Ariane wirbelt herum, vergisst dabei den Pfannkuchen, der von ihrem Pfannenwender rutscht und prompt zu Boden klatscht. Sehr zur Freude von Nashoba. Mit einem Happs ist der Leckerbissen verschwunden, und seine Liebe zu Ariane wächst ins Unermessliche, wie das Leuchten seiner Hundeaugen verrät.

»Lassen Sie mich mit Ihrem Schamanenquatsch in Ruhe!«, lehnt Ariane die Einladung noch lauter und deutlicher als nötig ab. »Ich bin keine Wilde! Und an Gespenster oder wandernde Seelen glaube ich schon gar nicht.«

»Sie haben also Angst, Ihren eigenen Schattenseiten zu begegnen?«, fragt Harry süffisant nach. »Nun, das ist verständlich. Es gehört viel Mut dazu, sich mit seinen Abgründen zu beschäftigen. Eine Schamanenreise ist nichts für Feiglinge.«

»Frau van Endert ist nicht feige«, mischt sich Dagmar heroisch ein, »sie ist im Gegenteil eine sehr mutige Frau, denken Sie an den Bienenüberfall. Wenn sie nicht gewesen wäre, dann –«

Das Poltern der Küchentür unterbricht sie. Ricardo stolpert fluchend in den Raum, sein Blick ist in ein buntes Klatschmagazin der billigsten Sorte vertieft. »Das darf nicht wahr sein!«, stößt er wütend hervor, schlägt die Zeitschrift zu und wedelt damit in der Luft herum. »Wer hat dieses Schmierblatt bestellt? Und wer hat diese Paparazzi auf unseren Hof geschmuggelt? Frau van Endert, waren Sie das?«

Ariane wird bleich, erhält aber keine Gelegenheit zu antworten, denn hinter Ricardo drängelt sich nun Klaus Kantereit in den Raum und beweist, dass Ricardos Wutausbruch durchaus steigerungsfähig ist.

»Wo zum Henker ist Harry?«, schreit Klaus Kantereit.

Nashoba springt auf und versucht sich an einem Bellen. Es gelingt ihm in ohrenbetäubender Lautstärke. Der Hund ist eindeutig auf dem Weg der Besserung, und das Chaos in der Küche ist perfekt, stellt Fenja fest.

So viel zu einem friedlichen Frühstück in harmonischer Runde.

38.

»Nun sitz nicht da wie ein zerstochener Luftballon, iss was.« Ariane schiebt ihrem Schwager einen Teller mit kalten Pfannkuchen vor die Nase.

Kantereit blickt nicht auf, schüttelt mit hängenden Schultern nur müde den Kopf. *Die hat's nötig, denkt er, sie sieht doch selbst nach sieben Tage Regenwetter aus*. Doch Ariane hat nicht unrecht. Er fühlt sich tatsächlich wie ein geplatzter Luftballon, ein Häufchen Elend, endgültig geschlagen, noch dazu wie ein Paria, von allen anderen ignoriert und aus der Gemeinschaft ausgeschlossen.

Nach seinem völlig unsinnigen Besuch bei Hickory – das Pferd strotzt vor Gesundheit, und Klaus argwöhnt, dass Harry ihn mit Feinings Hilfe nur dorthin gelotst hat, um ihn mal wieder aus dem Weg zu haben – stand er tatsächlich kurz vorm Platzen. Vor Wut, was sonst. Die Hickorynummer war der letzte Tropfen, der das Fass zum Überlaufen gebracht hat.

Also ist er zurück zum Haus und in die Küche gestürmt, um seinen Freund – seinen ehemaligen Freund – ohne weitere Umschweife wegen dessen kleinen und großen Lügen zur Rede zu stellen, um schonungslos abzurechnen. Zur Not unter Zeugen. Ihm war an diesem Punkt alles egal.

Doch er hatte keine Gelegenheit zum Showdown. Nicht die geringste. Harry und die in der Küche versammelten Hofgenossen haben von seinem Zornesausbruch kaum Notiz genommen. Sie waren selbst viel zu zornig und erregt – wegen eines dämlichen, albernen Klatschmagazins, das Gott weiß wer heimlich durch den Briefkastenschlitz geschoben haben muss.

Mittlerweile sitzen Ricardo, Fenja, Feining, Dagmar, Harry und natürlich Saganash im Arbeitszimmer des Hofherren zusammen, um den absurden journalistischen Angriff auf Harry, auf ihre kleine Gemeinschaft und den Sonnenhof zu diskutieren. Vor allem geht es um die Folgen für das in Kürze anstehende Fest.

Ihn hat niemand gebeten, an der spontanen Konferenz teilzunehmen. Ihm bleibt zur Gesellschaft nur seine Schwägerin – ausgerechnet! Okay, auch Nashoba, der sich unter den Frühstückstisch gequetscht hat und seinen Riesenschädel abwechselnd in Arianes und dann wieder in seinen Schoß legt. Wenigstens ein Wesen, das klar erkennt, wer hier Trost und Bestärkung nötig hat.

Ganz sicher nicht Harry oder Saganash, denkt Klaus Kantereit entrüstet.

»Kaffee?«, fragt Ariane, krault Nashobas Ohr und hält die Kanne hoch. »Oder was Stärkeres? Ich hätte noch Kirschwasser zu bieten.«

Von dem hat sie selbst bereits zwei Stampen konsumiert; soeben schenkt sie sich einen dritten ein. Kein Wunder, sie kommt auch in dem Artikel vor. Sie ist sogar Mittelpunkt und Anlass für die Rufmordkampagne. Ariane kippt ihr Kirschwasser.

Klaus schielt erschöpft zu dem bunten Billigblatt hinüber, das aufgeschlagen auf dem Tisch liegt. Er zieht es näher an sich heran, liest und blättert. Ein ganzseitiges Foto bildet den Auftakt der insgesamt vierseitigen Abrechnung. Es zeigt eine gehetzte Ariane, die gerade der bienenumschwärmten Dagmar hinterherläuft, wie Klaus weiß.

Dagmar selbst ist nur unscharf zu erkennen. Da sie nicht

zur Gruppe der Persönlichkeiten des öffentlichen Lebens – also Berühmtheiten oder Stars – gerechnet werden kann, hat sich der Fotograf offenbar bemüht, sie zum unsichtbaren Schemen zu machen.

Der Fokus des Schnappschusses liegt auf seiner rasenden Schwägerin, die vor idyllischer Schwarzwaldkulisse gestochen scharf zu erkennen ist. Mit einer Miene, in der sich Verzweiflung mit Panik und Zorn mischt. Sie erinnert an ein gehetztes Beutetier – was der Wahrheit nicht ferner liegen könnte. In diesem Moment, an den Kantereit sich glasklar erinnert, war Ariane eine Heldin.

Unter dem Bild prangt in schreiend großen Buchstaben die Titelzeile der Story: »Verarmte Milliardärin auf der Flucht«. Etwas kleiner folgt darunter eine Erläuterung: »Ariane van Enderts Endstation – eine schräge Hippiekommune.« Als EXKLUSIV preist das Blatt sein einzigartig kreatives Lügenmärchen an.

Harrys Hof eine schräge Hippiekommune zu nennen, könnte man dem Autor gerade noch durchgehen lassen, räumt Kantereit ein, aber der Text, der vor Beleidigungen gegen »gefährliche Eso-Spinner«, den »umstrittenen Scharlatan-Professor Sterzenbach« und »psychisch instabile Senioren« nur so strotzt, ist infam. Genau wie die frei erfundenen Aussagen von ebenfalls frei erfundenen Nachbarn – natürlich anonym – über das »Lotterlandleben« auf dem Sonnenhof. Die Schwarzwälder Hofgemeinschaft, heißt es außerdem, zeige »sektenähnliche Züge«, böte »mysteriöse Kultveranstaltungen und heidnische Feste« an und betreibe Ökolandwirtschaft »nur als Vorwand und unter Gefährdung von Tierwohl«.

Für Letzteres muss ein Foto von Kantereits betagten Lieblingskühen Pimpinelle und Sassafraß als Beweis herhalten. Zugegeben, die beiden sind knochige alte Damen, aber das ist in ihrem biblischen Alter von bald fünfundzwanzig Jahren kaum verwunderlich. Kantereit selbst hat man – mit dickem schwarzen Balken vorm Gesicht, aber mit sichtlich breitem Grinsen – aufs Bild gebannt, während er die beiden tätschelt. Immerhin wird er als Arzt und Doktor K. vorgestellt. Nur was für ein Doktor soll das sein, der angeblich »todkranke Kühe« belächelt?

Überhaupt ist die Bebilderung der Schmierkampagne das dreisteste Lügenstück. Ariane wird in Kittelschürze und verschlammten Gummistiefeln als schwer gebeugte Gartensklavin beim Umgraben eines Kartoffelbeetes gezeigt. Man hört sie förmlich ächzen und jammern.

Zum Vergleich gibt es daneben ein altes Glamourbild von ihr: Ariane van Endert, tadellos frisiert und geschminkt in figurschmeichelnder schwarzer Abendrobe bei einer Kunstgala. In der Bildzeile wird vermeintlich bang gefragt: *Von der umschwärmten Mäzenin zur ausgebeuteten Magd – Was ist nur aus ihr geworden?*

Fenja mit Turban und Zöpfen und Ricardo in zerschlissenen Zimmermannshosen – beide mit schwarzen Balken im Gesicht unkenntlich gemacht – sehen tatsächlich wie zweifelhafte Hippies aus, während sie auf einem Bild Harrys alterskrummen Traktor reparieren. Feining kommt als schwachsinniger Senior rüber, weil er in Operntenorpose auf Hickorys Koppel steht, um dem Pferd eine Arie vorzuschmettern. Und Harry – »der Scharlatan-Professor« – wird in ganzer Pracht und Herrlichkeit, mit wirrem Rastahaar und in Indianerweste bei Bogenschießübungen mit Feuerpfeilen und an der Seite Saganashs gezeigt. Harry ist natürlich unverblendet, schließlich darf man ihn als »wissenschaftliche Berühmtheit« ausgeben.

Aber wohl kaum als *irren Öko-Winnetou.*

Der Artikel ist ein Desaster, muss Kantereit zugeben, und

noch dazu eines, das er Harry und allen anderen nicht wirklich gönnen kann, egal, wie verraten er sich gerade fühlt.

Ariane greift erneut zur Schnapsflasche. Kantereits Hand schnellt unwillkürlich vor, fasst Arianes Unterarm und hält sie davon ab, sich noch mal nachzuschenken. Sein innerer Mediziner bricht mal wieder durch. Und ja, er hat auch etwas Ähnliches wie Mitgefühl für seine Schwägerin. Eine solch öffentliche Demütigung hat sie nicht verdient, und zweifellos werden bald andere Gazetten die Geschichte aufgreifen und weiterverfolgen.

»Das ist keine gute Idee auf nüchternen Magen«, warnt er streng.

»Is' och egal«, blafft Ariane mit schlingernder Aussprache. Der Buchstabe d wie in »doch«, scheint ihrem Sprachschatz abhandengekommen zu sein. Sie will die Flasche an sich reißen.

»Nichts da!«, schimpft Kantereit und entwindet ihr das Kirschwasser. »Du brauchst jetzt einen klaren Kopf. Wir müssen nachdenken. Was soll dieser Schmutzartikel. Wer ist dafür verantwortlich?«

»Is' och klar«, lallt Ariane und verschränkt in Zeitlupe die Arme vor der Brust. »Fel-Hicks.«

»Felix«, wiederholt Kantereit frei von Schluckauf und nickt langsam. Natürlich. Dieser Idiot gibt sich ja gern als PR-Mann mit den besten Kontakten zu Presse, Funk, Fernsehen und sozialen Medien aus. Wahrscheinlich handelte es sich bei der wunderlichen Wandertruppe, die Felix am Tag der Bienenjagd vor dem Wald herumführte, also um sogenannte Journalisten und Paparazzi, die auf seine Einladung hin Ariane, die verschwundene Multimillionärin, »abschießen« sollten und wollten.

Moment mal, stutzt Kantereit. Das kann nicht die ganze Wahrheit sein. Er wirft seiner mächtig angeschickerten Schwägerin einen bohrenden Blick zu. »Hast du Felix auf den Hof und Harry angesetzt? War das *dein* abscheulicher Rachefeldzug?«

»Nein. Aber is' och egal. Bin ko-lompett erledi-hickt.« Der Schluckauf übernimmt vollständig, als Ariane in erbarmungswürdiges Schluchzen ausbricht.

Nashoba zwängt sich unter dem Tisch hervor, stimmt winselnd ein und geht zu einem Wolfsheulen über. Seine Stimme ist prachtvoll gesundet.

Das Heulen ruft Harry auf den Plan. Wie aus dem Nichts erscheint er in der Küchentür, bringt Nashoba mit einem »Schsch« zum Schweigen. »Heulen bringt nichts«, ermahnt er Kantereit und Ariane, als seien sie kleine Kinder. »Schon gar nicht über so ein Schmierenstück von diesem ... Felix.«

Arianes Schluchzen verstummt schlagartig, sie senkt beschämt den Blick, hält hörbar die Luft an, um ihrem Schluckauf den Garaus zu machen.

»Hört zu«, fährt Harry fort, »wir sind zu dem Ergebnis gekommen, dass das Sonnenwendfest stattfinden wird. Allerdings müssen wir wachsam sein. Dieser Artikel könnte nicht der letzte Versuch sein, den Sonnenhof in Misskredit zu bringen.«

Klaus will protestieren, sammelt seine inneren Zornestruppen zusammen, die sich leider etwas zerstreut haben. »Euer Fest ist mir scheißegal«, stößt er weniger angriffslustig als erwünscht aus. »Ich habe etwas mir dir zu bere–«

Harry bringt ihn mit einer schneidenden Handbewegung zum Schweigen. »Die Gründe für dein merkwürdiges Benehmen in den letzten Tagen klären wir beim Schwitzhüttenritual. Im Beisein von Saganash. Er scheint zu ahnen, was mit dir los ist.«

»Das ist unmöglich«, fährt Klaus zornig auf. »Es sei denn, du hast geplaudert!«

»Geplaudert? Ganz sicher nicht. Meine Versäumnisse haben im Gegenteil damit zu tun, dass ich zu lange geschwiegen habe. Um dich zu schützen. Aber ich habe für heute Morgen genug mit Verrückten und echten Verrätern zu tun gehabt. Also spar dir alle übereilten Vorwürfe und deine Zornesausbrüche gegen mich für später auf«, sagt Harry barsch und wendet sich zum Gehen.

Ariane schnappt nach Luft, stößt mit ungewöhnlich piepsender Stimme hervor. »Bin abei wohl nich' mehr willkommen, oder?«

Harry dreht nur kurz den Kopf. »In der Schwitzhütte? Nein, willkommen sind Sie nicht, aber Saganash erwartet sie nichtsdestotrotz. Er scheint zu hoffen, dass eine Heilung sogar bei Ihnen noch möglich ist. Er hat ein Herz für aussichtslose Fälle.« Sagt's und wirft die Tür hinter sich zu.

Kantereits Augen werden zu wütenden Schlitzen. Ohne Saganash scheut dieser Verräter also die Konfrontation. Zwei gegen einen ist feige! Daran haben sie in Kinderzeiten fest geglaubt. Scheint vorbei. Aber nun, er hat die Wahrheit auf seiner Seite. Sein Blick streift kurz seine Schwägerin. Und er hat womöglich Ariane, die nach Harrys Abgang wieder zu ihrer alten Form zurückfindet.

Ihr Gesicht erinnert an eine Furie. Eine ziemlich betrunkene Furie, aber immerhin.

39.

Seit Stunden hallt der Festlärm bis zum verwaisten Haupthaus. Inzwischen dürfte es früher Abend sein. Man vernimmt das Trommeln, Jubeln, Klatschen und manchmal auch Gesänge zwar nur gedämpft, denn das Hauptspektakel findet bei den Blockhütten, auf den Hangwiesen am Wald und auf einer Waldlichtung statt. Dem vernehmbaren Lärm nach zu urteilen, muss die Festgesellschaft allerdings groß sein, vermutet Ariane. Größer jedenfalls als erwartet.

Dagmar schätzt die Zahl der Gäste auf »ordentlich über hundert«, und es strömen immer noch neue herbei, um den Höhepunkt des Abends – die feierliche Entzündung des Sonnenwendfeuers – zu erleben. Sie werden sich einen Platz nahe dem riesigen Holzhaufen sichern wollen, der bei Einbruch der Dämmerung mittels Brandpfeilen entfacht werden soll, meint Dagmar. »Wir haben sogar Besucher aus Frankreich und Holland«, schwärmt sie gerade. Ganz so, als handele es sich um Weltreisende aus weit entfernten, exotischen Ländern, dabei sind es lediglich Wohnwagentouristen vom Campingplatz Münstertal.

Wegen des überraschenden Ansturms hat Harry – wie Dagmar berichtet – gegen Mittag noch rasch einen befreundeten Partyservice herbeitelefoniert. Samt Riesengrill, mehreren Spanferkeln und einem Burger-Wagen mit Pommes-Fritteuse.

»Alles Bio, versteht sich«, hat Dagmar versichert.

Bio oder nicht, sehr indianisch klingt das nicht, mehr nach Kirmes, findet Ariane und zerrt an ihrem neuen Festkleid herum.

Ziemlich steif, das Ding. Bis vor einer halben Stunde hat sie in ihrer Dachkammer im Haupthaus die Stellung gehalten. Allein mit Nashoba, der dem Trubel als Rekonvaleszent noch nicht gewachsen ist, wie sie allen anderen am frühen Morgen erklärt hat.

Eine nicht unbegründete Ausrede, um den ganzen Rummel zu schwänzen, ihre Koffer zu packen und noch einmal gründlich abzuwägen, ob sie zum Abschluss ihres Aufenthaltes hier tatsächlich noch an Saganashs Schwitzhüttenritual teilnehmen wird oder nicht.

Eine vertrackte Frage.

Dass sie den Hof verlassen wird, stand und steht nach wie vor für sie fest. Es ist sozusagen ein Gebot des Stolzes, und Harrys Verhalten ihr gegenüber wird zunehmend unerträglich. Er behandelt sie wie Luft – schlechte Luft. Aber einfach sang- und klanglos zu verschwinden? Nein, das würde nach kampfloser Niederlage und Flucht aussehen. Nach einem Sieg für Professor Harry. Zudem möchte sie unbedingt wissen, welches Geheimnis ihr Schwager mit sich herumträgt. Sicher wird er es im Zelt zur Sprache bringen. Seiner Abrechnung mit Harry beiwohnen zu können ist verlockend.

Dagmar hat ihrer Meinungsfindung ein abruptes Ende gesetzt, indem sie schwer beladen und mit den Worten »Ich habe Ihnen ein Kostüm und eine Maske für das Fest mitgebracht, damit Sie kein Paparazzi erkennen kann. Harry hat beides ausgewählt« in die Kammer gestürmt ist. Eine Widerrede hat sie nicht zugelassen.

»Sie müssen mitkommen, Frau van Endert. Saganash und Harry bestehen darauf! Oh, es ist alles so wundervoll. Herrliches Wetter, lauter fröhliche Menschen. Einige in fantastischen Gewändern, mit Federschmuck und in Bemalung. Echt indianisch, versteht sich. Unsere Gäste sind begeistert,

Saganashs erstes Räucherritual und sein Zeremonienmantel waren sehr beeindruckend. Und stellen Sie sich vor: Es gibt sogar Jongleure und Bogenschützen und ein Wettreiten und Tänze und …«

Ariane hat nicht hingehört, sie war zu entsetzt über das »Kostüm«, das Dagmar ihr angepriesen hat, als handele es sich dabei um Aschenputtels Ballrobe, in der sie selbst als die gute Märchenfee erscheinen würde.

Nichts könnte der Wahrheit weniger entsprechen, verrät Ariane ein Blick in den schmutzigen Spiegel, der an der Innenseite ihrer Kammertür hängt.

Sie hat diese von Harry ausgewählte Scheußlichkeit nur anprobiert, weil alles andere ebenfalls ein Zeichen von Feigheit wäre. Und natürlich will sie nicht noch einmal als irre, verarmte Millionärin fotografiert werden. Angewidert dreht sie sich vor dem Spiegel und greift zu dem letzten Accessoire, das die absurde Verkleidung abrundet. Dagmar schwärmt weiterhin in Sirenenlautstärke vom Fest.

»Ich sehe aus wie eine irre Schreckschraube«, stößt Ariane endlich dumpf hervor.

Dumpf deshalb, weil sie nun eine schwere Holzmaske vor dem Gesicht trägt, die eine bizarre Frisur aus Pferdehaaren trägt, schwarz-rot bemalt ist, nur über Sehschlitze in Form runder Gucklöcher verfügt und zu allem Überfluss von einer krummen Hakennase geziert wird.

Die Fratze ergänzt das wadenlange Fransenkleid aus weich gegerbtem Hirschleder, in das sie sich zuvor hineingezwängt hat und das für die Jahreszeit entschieden zu warm sein dürfte. Die Stickereien aus gefärbten Stachelschweinborsten mögen kunstvoll sein, aber diese Maske, diese Maske verdirbt alles. »Mein Outfit ist verboten hässlich«, stöhnt sie.

»Ach was«, versucht Dagmar, sie zu beschwichtigen. »Mit

Ihrer Figur … äh … können Sie alles tragen. Das Kleid passt Ihnen doch wie ein Handschuh.«

Ein verdammt enger Handschuh. Himmel, wie dünn muss das Indianermädchen gewesen sein, das das mal getragen hat, wenn selbst sie nicht hineinpasst!

»Und jetzt noch die Schuhe. Ganz so wie bei Aschenbrödel«, kichert hinter ihr Dagmar. »Es sind ebenfalls Originale mit wunderhübschen Blumenstickereien. Harry sagt, sie müssen einer bedeutenden Squaw gehört haben.«

Ariane dreht sich erzürnt zu Dagmar um, die ihr ein Paar Mokassins hinhält. Mit Befriedigung stellt sie fest, dass ihre Maskenfratze die unerschütterlich optimistische Dagmar abrupt verstummen lässt.

Allerdings nur für Sekunden.

»Äh, bei dem Kleid handelt es sich um ein sehr wertvolles und altes irokesisches Zeremoniengewand aus Harrys Sammlung«, preist sie erneut das Kostüm an wie eine Boutiqueverkäuferin, die auf Provisionsbasis arbeitet. »Die Maske nennt sich Falschgesicht und ist aus dem Holz der Schwarzlinde geschnitzt. Direkt am Stamm, man schnitzt sie hinein und löst sie erst danach ab. Stellen Sie sich das mal vor! Nur Mitglieder eines Maskenbundes aus Medizinmännern durften sie tragen oder Kranken anlegen, etwa, um sie von den bösen Geistern der Zahnschmerzen oder des Nasenblutens zu befreien und –«

»Schon gut«, raunt Ariane durch die Maske, »geben Sie mir mein Smartphone.«

Das Ding wird sie dringend brauchen, um direkt nach dem albernen Hüttenzauber mit Harry ein Taxi aus Münstertal herbeizutelefonieren. Wird Ewigkeiten dauern, bis es hier ist und sie den Sonnenhof endgültig verlassen kann. Übernachten wird sie in einer Pension am Bahnhof. Hauptsache weg! Dieses dämliche Kostüm ist der Gipfel der Beleidigung. Das Maß ist voll.

Dagmar schultert einen kleinen Rucksack und reicht ihr das Smartphone. Ariane versenkt es in dem Lederbeutel, der an einem Gürtel ihrer Kostümierung herabbaumelt.

»Sehen Sie, das Gewand ist nicht nur schön, sondern auch praktisch«, wagt sich Dagmar zu schwärmen. »Ich glaube, diese Gürteltasche diente als Proviantbeutel für Beeren und getrocknetes Büffelfleisch. Wenn ich richtig informiert bin, haben die Indianer das Fleisch unter dem Sattel weichgeritten und –«

Man darf es mit der Freundlichkeit bei Dagmar wahrlich nicht übertreiben. »Wir können gehen«, schneidet Ariane ihr hoheitsvoll das Wort ab.

Gehen kann sie allerdings nur mit Dagmars Unterstützung. Das Treppenhaus ist derartig dunkel und ihre Sicht dank der Maske so stark behindert, dass Frau Pöpsel sie die steilen Stiegen Stufe für Stufe herabführen muss.

Unten nimmt Bert Feining sie in Empfang. Zunächst sprachlos. Dann ringt er sich eine Bemerkung zu Arianes Aufzug ab. »Welch interessante Aufmachung. Sie werden ein Hingucker sein. Hier im Schwarzwald hat man sicher Sinn für solche Kostüme. Vor allem für die Maske, sie erinnert entfernt an die alemannische Fasnet. Da hat man es ja auch mit Hexen und Dämonen.«

Ariane schnaubt hinter ihrer Fratze.

»Nun, ich … äh … wünsche Ihnen einen angenehmen Aufenthalt in der Schwitzhütte«, beeilt Bert sich zu sagen. »Und keine Angst wegen Nashoba, ich werde gut auf ihn aufpassen.«

»Ich werde mich noch von ihm verabschieden«, erklärt Ariane mit hohler Stimme, strebt in Richtung Stubentür und Küche.

Bert Feining vertritt ihr den Weg. »Nein, lieber nicht, ich

meine, diese Maske … Wir wollen den armen Hund doch nicht verschrecken, oder? Er ist ohnehin irgendwie unruhig.«

»Unruhig?«, fragt Ariane alarmiert.

»Ein wenig, aber bei mir ist er in den besten Händen, vertrauen Sie mir.« Sagt's und verschwindet hast-du-nicht-gesehen in der Stube.

Ariane schnaubt erneut. Jetzt reicht's. Sie tastet nach den Lederbändern an ihrem Hinterkopf, um sich von dem Monstrum zu befreien.

»Nein, die müssen Sie anbehalten«, mischt sich Dagmar tadelnd ein. »Wegen der Presse und der Fernsehleute. Sie wollen doch sicher nicht erkannt werden, oder?«

Ariane lässt die Hände sinken. »Presse, Fernsehen«, stammelt sie dumpf, während Dagmar sie energisch nach draußen geleitet.

»Ja, leider sind nicht nur mehr Gäste gekommen als erwartet, sondern auch mehr Medienvertreter. Wir hatten ja nur mit dem *Schwarzwälder Boten* und diesen YouTubern gerechnet – lauter reizende Menschen, so aufgeschlossen für Harry und den Sonnenhof. Aber leider sind auch ganz andere gekommen, darunter das Kamerateam eines privaten Freiburger Lokalsenders und ein recht bekannter Klatschreporter aus Offenburg, der nach Felix gefragt hat. Und wer weiß, wie viele Paparazzi sich inkognito auf dem Gelände herumtreiben. Darum die Maske und das Kostüm. Harry will Sie vor einer Entdeckung und weiteren Klatschgeschichten schützen.«

Wer's glaubt wird selig, ärgert sich Ariane über diese dreiste Behauptung und während sie in die Sonne tritt. Der einzige Mensch, den Harry vor der Presse und vor weiteren Paparazzifotos von ihr als »Millionärin auf der Flucht« schützen will, ist er selbst! Und seinen Sonnenhof, der seinem Namen als Irrenhof heute mal wieder gerecht wird.

Huh, ist das plötzlich hell hier draußen, und selbst am frühen Abend ist es noch brütend heiß. Ganz schwül wird ihr unter der Holzmaske und in ihrem Hirschledergewand. Sie stockt. Soll sie diesen Quatsch etwa auch in der Schwitzhütte tragen? Das können diese Indianer-Imitatoren sich abschminken! Sie wird diese Clowns aus dem Zelt werfen und sich vor dem Ritual selbstverständlich umziehen.

»Dagmar«, kommandiert Ariane nach alter Manier, »holen Sie mir von oben ein wenig leichte Sportbekleidung, in dieser Montur kann ich unmöglich in einem Saunazelt rumhocken!«

»Sportbekleidung? Was meinen Sie damit genau?«

Oh, dieses dreimal dumme Huhn!

»Jogginghosen, etwas Leichtes, in dem ich nicht allzu sehr schwitze. In diesem Lederkleid würde ich todsicher einen Hitzschlag bekommen!«

Und wer weiß, ob das nicht Harrys Hintergedanke bei der Auswahl ihrer abartigen Kostümierung war! Der kann was erleben.

40.

Fenja applaudiert ebenso begeistert wie alle anderen Festgäste, die sich am Fuße der Hangwiese versammelt haben. Viele johlen und pfeifen anerkennend, übertönen mühelos das dumpfe Trommeln auf dem Blockhüttenplatz in ihrem Rücken. Mit leuchtenden Augen dreht Fenja sich zu Ricardo um.

»Drei Schüsse, und er hat jedes Mal ins Schwarze getroffen! Auf fast fünfzig Meter Abstand und hügelaufwärts! Saganash ist unglaublich«, schwärmt sie.

Ricardo lächelt und lupft die linke Braue. »Der Mann ist zur Hälfte ein Nachfahre der Prärie-Cree, alles hervorragende Bisonjäger und Reiter. Die konnten sogar vom Rücken eines galoppierenden Pferdes aus treffen – heißt es.«

»Du hast zu viele Westernfilme gesehen«, giftet Klaus Kantereit. »Davon abgesehen zählt Saganash zu den kanadischen Métis, zu Deutsch: Mestizen, zu seinen Ahnen gehören auch französische Trapper.«

Himmel, hat dieser Muffelkopp wieder eine Laune!, registriert Fenja. Will der mit dieser üblen Bemerkung etwa andeuten, dass Saganash eine Art Hochstapler ist?

»Noch immer auf dem Kriegspfad, Herr Doktor?«, fragt Ricardo mit angriffslustiger Miene. »Ich denke, es ist an der Zeit, die Friedenspfeife auszupacken. Und zwar schleunigst.«

Kantereit schnaubt und schweigt mit finsterer Miene.

»Und gegen solch einen Meisterschützen wie Saganash wollt ihr antreten?« Fenja ignoriert Kantereits und Ricardos aufkeimendes Scharmützel und täuscht maßlose Bewunderung für die beiden vor. Normalerweise hilft das bei Männern immer.

»Saganash schießt außer Konkurrenz, alles andere wäre unfair«, lenkt Ricardo tatsächlich ein. »Wobei die Jungs vom hiesigen Bogenschützenverein auch nicht von schlechten Eltern sind, obwohl einfache Reflexbögen normalerweise nicht ihr Ding sind. Wäre ein Wunder, wenn ich mich bei solchen Mitbewerbern dafür qualifizieren kann, später ein, zwei Feuerpfeile in den Holzhaufen schießen zu dürfen.«

Bevor Fenja nachfragen kann, was bitte schön Reflexbögen sind – in ihren Augen handelt es sich bei den genutzten Geräten nur um eine raffiniertere und ausladendere Form von Flitzebögen im Indianerlook –, meldet sich Klaus erneut zu Wort. Muffelig. Wie auch sonst.

»Ich werd mich hier nicht mit Pfeil und Bogen zum Affen machen, muss zur Hütte. Die Sache mit Harry ein für alle Mal klären«, brummt er und macht sich strammen Schrittes auf den Weg zu einem Pfad, der am abgesperrten Schießareal vorbei in den Wald führt.

Saganash ist bereits auf dem Weg dorthin. Allem Anschein nach interessieren ihn der Beifall und die Bewunderung seiner wachsenden Fangemeinde nicht. Seine Schussübungen hat er nicht in aufwendigen Zeremoniengewändern vollführt, sondern in Jeans und schlichtem Karohemd. Er will wohl nicht in Verdacht geraten, ein Vertreter folkloristischer Showeinlagen zu sein.

»Ziemlich bemerkenswerter Mann«, denkt Fenja laut.

»Dein Ziehvater? Stimmt, aber ich finde Klaus ist momentan nicht gerade in Bestform«, antwortet Ricardo. »Sein rätselhafter Krach mit Harry nimmt ihn ziemlich mit.«

»Ich meinte Saganash«, korrigiert Fenja ihn leicht verärgert und in der Annahme, dass Ricardo sie absichtlich hochnimmt. »Hoffentlich kann er Klaus bei diesem Ritual den Kopf zurechtrücken. Nötig wär's.«

»Dürfte schwierig werden«, zweifelt Ricardo grinsend. »Könnte mir eher vorstellen, dass Klaus und Harry sich gegenseitig die Köpfe einschlagen – rein verbal, versteht sich. Und der arme Saganash sitzt mittendrin.« Er schüttelt resigniert den Kopf. »Ich wüsste echt gern, warum es zwischen den beiden dermaßen gerappelt hat.«

Fenja zuckt mit grimmiger Miene mit den Schultern. »Ich hab dir schon oft gesagt, dass Klaus nicht einfach ist und außerdem ein elender Geheimniskrämer, der äußerst gedankenlos in die Geschicke anderer Menschen hineinregiert. Denk dran: Er hat mir mein Leben lang verschwiegen, wer und was mein Vater wirklich war.«

»Harry ist auch nicht gerade ein Musterbeispiel für Mitteilungsfreude und rückhaltlose Offenheit«, entgegnet Ricardo.

Genau wie du, durchblitzt es Fenja kurz. »Ich lass mir dieses Fest nicht von Idioten verderben«, bescheidet sie ihm. »Der Tag ist viel zu schön, um über den Zank zweier verbohrter Dickschädel nachzugrübeln.« *Oder über deine Geheimnisse und deinen merkwürdigen Hang zu Halbwahrheiten*, setzt sie still hinzu.

Ricardo nickt knapp und wendet sich wieder der Beobachtung der Bogenschützen zu. Erneut brandet Beifall auf, als der erste Wettkämpfer das Ziel nur knapp verfehlt und zum zweiten Versuch ansetzt.

Fenja klatscht mit, verscheucht energisch Ärger und alle trüben Gedanken. Sie will endlich den Trubel genießen und chillen, nachdem sie die letzten Stunden damit verbracht hat, an Dagmars Seite Essen auszugegeben, Gäste herumzuführen und die Anbaumethoden und Lebensart auf dem Sonnenhof zu erläutern. Ab und an wurde sie dabei von den Kameras mehrerer YouTube-Filmer und eines Lokalsenders verfolgt, sie hat sogar Interviews für einige Pressevertreter und Fotografen gegeben. Das Medieninteresse war beträchtlich, doch niemand hat sich getraut, ihr dämliche Fragen wegen Ariane oder Harry zu stellen. Das könnte auch daran gelegen haben, dass sie sich heute ein seriöses, in ihren Augen nichtssagendes Leinenkleid in Marineblau aus Arianes unerschöpflichen Vorräten an Designerkleidern ausgeliehen und für ein entsprechendes Tuch für ihre Flechtzöpfe entschieden hat.

Sie hat – dank Harrys Unterweisung – zudem recht kundig vom Ökolandbau in Höhenlagen gesprochen und stets die Freundlichkeit in Person gemimt. Als irre Hippietante wird niemand bei Presse, Funk und Fernsehen sie vorführen können, da ist sich Fenja sicher.

Kurz: Nach so viel Anstrengung hat sie sich etwas Spaß und Ablenkung verdient.

Genau wie Ricardo, der den ganzen Tag über bei Waldführungen, Vorträgen über indianische Mythologie und einem Maskenschnitzkurs für Jugendliche und Survivaltrainings echte Einsatzfreude gezeigt hat. Fenja wirft ihm einen verstohlenen Seitenblick zu.

Ricardo verhält sich heute überhaupt vernünftig, verzichtet auch auf anrüchige Flirtversuche und ist erstmals ohne die alberne Augenklappe unterwegs. Wahrscheinlich, weil er keine Gäste verschrecken und am Bogenschützenwettbewerb teilnehmen will. Seine Wunde ist verheilt, und auch wenn eine Narbe bleiben dürfte, ist der Verzicht auf die Klappe eine eindeutige Verbesserung. Nicht nur optisch. Endlich kann man dem Kerl gerade ins Gesicht und in beide Augen blicken, wenn auch nicht in seine Seele.

Sei's drum, daran hat sie ja auch kein Interesse, oder? NEIN!

»Also, wann gehst du mit dem Bogen an den Start?«, erkundigt Fenja sich hastig bei Ricardo. Sie deutet mit dem

Kinn in Richtung der Abschusslinie, an der weitere Mitglieder des Bogenschützenvereins Aufstellung nehmen, ihre Bogensehnen prüfen, Pfeile zurechtlegen, das Holz polieren und fachsimpeln.

»Schätze, in einer halben Stunde. Ich gehöre zu den Schlusslichtern. Und das bestimmt im doppelten Sinn des Wortes«, erklärt er. »Was meinst du, wollen wir uns vorher rasch was zu essen holen?«

Fenja nickt. Bislang war sie zu aufgeregt und abgelenkt, um an einen Burger oder eine Schüssel von Arianes Gulaschsuppe zu denken.

Gemeinsam schlagen sie den Weg zu den Blockhütten ein, vorbei an Hickorys Koppel, die ebenfalls von Gästen umlagert ist. Auch der Appaloosa hat Bewunderer, seit Saganash und Feining vor einer Stunde sein und ihr Können vorgeführt haben. Zum Teil unter Begleitung von klassischer Musik vom Band.

Saganash zu Ehren hat Feining sogar seine instrumentale Abstinenz beendet und auf einer Flöte gespielt. Einer indianischen Knochenflöte aus Adlergebein. Die seltsam filigranen, magischen Klänge waren gewöhnungsbedürftig, aber auf stille Weise spektakulär, Hickory anscheinend angenehm und ein Kontrapunkt zum allgemeinen Rumtata.

»Glaubst du, dass Feining und Dagmar unsere Madame überreden können, noch zu kommen?«, fragt sie Ricardo. »Ehrlich gesagt, tut Ariane mir inzwischen fast leid. Dieser Artikel war wirklich infam, und ich glaube nicht, dass sie damit etwas zu tun oder Felix dazu angestiftet hat. Überdies hat sie uns in letzter Zeit enorm geholfen, sich geradezu in die Arbeit gestürzt. Selbst für Dagmar war sie, na ja, fast so etwas wie ein Segen, oder?«

»Ich denke, Dagmars Bemühungen waren erfolgreich. Da

kommen die beiden«, meint Ricardo und weist über den Weg in Richtung des Haupthauses.

Fenja entfährt ein schriller Laut. »Himmel! Dagmar erkenne ich, aber ist *das* Ariane?«

Ricardo nickt knapp. »Jetzt guck nicht so entsetzt, sie kann dich trotz Maske sicher genau erkennen.« Er pausiert kurz, um sein Piratengrinsen zu grinsen. »Und dich womöglich mit einem grässlichen Fluch belegen«, raunt er.

»Hat sie das alles freiwillig angezogen?«, flüstert Fenja irritiert zurück. »Meine Güte, schau dir nur den Rattenschwanz von kichernden Kindern an, der ihr folgt.«

»Besser kichernde Kinder als sensationslüsterne Klatschreporter. Die Klamotten sollen ihre wahre Identität vor neugierigen Fotografen schützen. Das behauptet Harry jedenfalls, wobei ihm die Auswahl der Kostümierung und speziell dieser Hexenmaske sicher diebische Freude bereitet hat.«

41.

»Wusste ich es doch, ich sehe aus wie eine irre Schreckschaube!«, schäumt Ariane. »Kein Wunder, dass Fenja und Ricardo mich völlig fassungslos angestarrt haben. Die müssen mich für plemplem halten.«

»Ich glaube, die beiden haben Sie eher für Ihren Mut bewundert herzukommen«, wirft Dagmar besänftigend ein, während sie am Bogenschützenareal vorbei den Hügelpfad in Richtung Wald einschlagen.

»Wohl eher für meinen Mut zur Hässlichkeit«, faucht Ariane.

»Das Gewand ist wunderschön! Denken Sie an die lieben Kinder, die uns gefolgt sind, die waren ganz begeistert von Ihrem Aufzug.«

»Die *lieben Kinder* haben angesichts der Bogenschützen dankenswerterweise das Interesse an mir, dem Scheusal, verloren«, blafft Ariane.

»Sie sind einer der *Hingucker* auf unserem Fest, Frau van Endert«, lässt Dagmar nicht locker.

Frau Pöpsels ewige und haltlose Schmeicheleien können einem wirklich gehörig auf den Wecker gehen, denkt Ariane grimmig.

»Und falls es Sie beruhigt«, fährt Dagmar fort. »Bert und ich sind ganz auf Ihrer Seite wegen des schäbigen Artikels. Seit wir Sie hier auf dem Sonnenhof besser kennengelernt haben, wissen wir, dass Sie im Grunde eine anständige Person sind.«

Im Grunde? Was sagt man dazu?

Ariane verlegt sich auf abweisendes Grummeln und beschleunigt ihre Schritte. Ihr ist entsetzlich heiß in dem Lederkleid und unter der Maske, Schweiß rinnt ihr in feinen Rinnsalen den Rücken hinab.

Egal, sie will erstens diesen Hüttenquatsch zügig hinter sich bringen, zweitens Harry hernach gehörig den Kopf waschen und dann drittens den Sonnenhof verlassen.

Sie tastet mit schweißfeuchter Hand nach dem Lederbeutel, spürt das Smartphone. Es beruhigt ungemein, dass sie bald ihr Taxi herbeirufen kann und all ihr Elend ein Ende haben wird.

Der Weg wird steiler, und Dagmar gerät hinter ihr ins Keuchen. Nun gut, sie selbst keucht ebenfalls, *aber das liegt nicht an meiner Kondition*, zürnt Ariane, sondern an der blöden Maske.

Endlich erreichen sie den Wald. Leider treiben sich auch hier vereinzelte Festgäste herum, die begeistert ihre Smartphones zücken, in der Absicht, Waldschrat Ariane auf ihre Kamerachips zu bannen. Einer besitzt sogar die Frechheit, sie um ein gemeinsames Selfie zu bitten. »Harry Sterzenbach war auch so freundlich zu posieren«, erwähnt er enthusiastisch. »Ein so reizender Mann. Er hat uns sogar zu einer heiligen Buche geführt, vor der wir uns gemeinsam ablichten durften.«

Reizender Mann? Allenfalls ein aufreizender Mann. Heilige Bäume! Ariane schnaubt hinter ihrer Maske und klingt dabei wie Hickory, wenn er schlechte Laune oder Blähungen hat, wie sie selbst bemerkt.

»Das ist leider unmöglich«, schlägt Dagmar eilends ab, »ähem, wir haben gleich einen dringenden Termin mit dem Professor.«

Dringender Termin? Mit einem Mann, der irgendwelche Trottel hinter die Fichte – pardon, heilige Buche – führt? Herrje, kann man mitten in einem Wald eine noch peinlichere Ausrede finden? Dagmar mal wieder!

Ach, auch egal. Ariane schreitet stolz erhobenen Hauptes an den Harryfans vorbei und gerät prompt ins Stolpern. Verfluchte Baumwurzeln!

Dagmar eilt an ihre Seite und fängt sie auf, bevor sie stürzen kann. »Schnell weg von hier«, flüstert Frau Pöpsel, »bevor Ihre Fans noch mehr Fotos von der stolpernden Squaw machen können. Nicht auszudenken, wenn sie herausfinden, wer Sie sind!«

Ariane gerät sofort in Alarmzustand. Die machen Fotos?

Willig lässt sie sich von Dagmar nach rechts zerren. Mitten hinein in Gestrüpp und Dickicht. Brombeertriebe greifen nach Arianes Lederkleid, haken sich in den Fransen fest.

Dagmar reißt die stacheligen Ranken todesmutig beiseite, schiebt und stößt sie auf einen handtuchschmalen Pfad, der sich hinter dem Brombeerurwald verbirgt. »Das ist der Geheimweg zur Hütte und zum heiligen, geschützten Platz, den entdeckt so schnell keiner. Saganash hat ihn gefunden und geweiht. Man will sein Innerstes ja nicht vor aller Welt offenbaren«, versichert sie Ariane, die gerne sofort umdrehen und ihr Taxi rufen würde.

Dagmar, das muss sie zugeben, ist ein wohlmeinendes Persönchen mit reizenden Eigenschaften und einem großen Beschützerinstinkt. Leider ist sie nicht ganz dicht. Heilige Bäume und Plätze? In welchen Irrsinn ist sie hier hineingeraten? Allein die Aussicht, Professor Sterzenbach – und diesem Saganash – gehörig die Meinung zu geigen, treibt sie voran. Und zugegebenermaßen auch das Rätsel um Klaus' plötzliche Abneigung gegen dieses Duo Infernale. Immerhin gehört ihr Schwager zur Familie. Wer weiß, ob sein Geheimnis nicht auch sie betrifft. Genau! Arianes Kampfgeist kehrt zurück.

Mit erhöhter Vorsicht und im Schleichtempo geht Ariane voran. Der Pfad schlängelt sich durch ein wildes Busch- und

Mischwaldareal, schlägt immer wieder Haken. Man muss höllisch aufpassen, um nicht lang hinzuschlagen. Erst recht mit Maske.

Ariane meistert gefolgt von Dagmar die Herausforderung. Nach knapp einer Viertelstunde erreichen sie – ungestört – eine verborgene Lichtung, in deren Mitte sich eine igluartige Konstruktion aus gebogenen Weidenruten erhebt, die mit Zeltplanen, Fellen und Tierhäuten bespannt sind. Zu beiden Seiten sind kunstvoll geschnitzte Holzstöcke in den Boden gerammt. Es wird sich um Werke von Holzfetischist Ricardo handeln. An den Stöcken baumeln Perlenschnüre, Wimpel und Federn bewegen sich hin und wieder im Wind.

Die Schwitzhütte dürfte einen Durchmesser von etwa sieben Meter haben, schätzt Ariane auf den ersten Blick. Genug Platz, um nicht auf Tuchfühlung mit den anderen gehen zu müssen, was angenehm ist. Dafür aber ist der Bau nicht einmal mannshoch.

Aus einem Loch im Dach kräuselt sich Rauch in die Luft. Es riecht betäubend nach dem Beifuß, den Ariane und Dagmar erst vor wenigen Tagen geerntet haben.

Ariane befreit sich in Windeseile von der Maske, atmet tief ein und aus. Himmel, von wegen frische Waldluft, es ist entsetzlich schwül und stickig hier. Kurz fährt ihr Blick zum

Himmel, ob sich da oben ein Gewitter zusammenbraut? Bei so einem Wetter soll sie an einem Saunaritual teilnehmen?

Vom Rand der Lichtung aus mustert sie erneut und mit wachsender Verärgerung den niedrigen Hüttenbau. Soll sie da etwa auf allen vieren hineinkriechen? Wo bitte schön ist überhaupt der Eingang? Und warum ist es so totenstill in dem Ding? Befinden sich die Insassen bereits im Drogenrausch? Mit Drogen will sie unter keinen Umständen etwas zu tun haben. Ihre Kirschwassereskapaden waren bedauerlich genug. Auf keinen

Fall wird sie irgendwelche magischen Pilze oder bewusstseinserweiternde Rauchwaren kosten. Wer weiß, was diese Clowns dann mit ihr anstellen!

Ariane legt vorsichtig die Maske zu Boden und spitzt die Ohren. Auch Dagmar verhält sich ausnahmsweise mäuschenstill.

Ha, da, ein Geräusch!

Jemand, vermutlich Saganash, beginnt im Hüttenzelt, leise eine Trommel zu schlagen. Oh wei, jetzt singt der auch noch dazu! Na ja, als Gesang kann man es nicht wirklich bezeichnen, eher als melodiöses Gemurmel in irgendeinem unverständlichen Kauderwelsch.

Die Trommel dröhnt monoton, das Gemurmel schwillt an.

»Das ist Cree«, informiert Dagmar sie flüsternd und mal wieder hörbar begeistert.

»Sagen Sie jetzt nicht, Sie verstehen Cree«, entgegnet Ariane unwirsch.

»Gott bewahre! Es ist eine der rätselhaftesten Sprachen der Welt, hat Harry uns bei den Festvorbereitungen erklärt. Sie wird erst seit wenigen Jahren von Linguisten erforscht und war den Indianern – oh, pardon: den First Nations – jahrzehntelang offiziell verboten.«

Harry muss Überstunden gemacht haben, um Dagmar in das Leben und Leiden der First Nations einzuweihen. Für so was hatte der Herr Professor also Zeit, während sie sich für den unverschämten Kerl den Rücken krummgeschuftet und zuletzt literweise Gulaschsuppe für sein Fest gekocht hat, erregt sich Ariane. Hat er etwa allen Bewohnern des Sonnenhofs Privatseminare in Geschichte und Völkerkunde angeboten? Allen außer ihr?

Dagmar referiert immer noch im Flüsterton: »Tausende Cree-Kinder wurden bis hinein in die Neunzigerjahre in staatliche Internate gesteckt, damit sie alles über ihre Kultur und Sprache vergessen. Man nannte das *Zivilisierungsauftrag*. Die Kleinen durften keinerlei Kontakt zu den Eltern haben, viele wurden sogar gegen deren Willen zur Adoption freigegeben. So grausam.«

In der Tat, aber es gehört hier nicht zur Sache, findet Ariane, während im Zelt ein wahres Trommelfeuer laut wird. Was Dagmar nicht aufhalten kann.

»Zugleich wurden die Cree im Ersten Weltkrieg als begehrte Scharfschützen eingesetzt und im Zweiten als Spione nach Europa geschickt, um geheime Funksprüche über Angriffsziele und militärische Operationen in ihrer Sprache zu übermitteln. Das rätselhafte Cree war nämlich ein Code, den niemand knacken konnte. Saganashs Großvater war auch so ein Codetalker, und er –«

»Schscht«, unterbricht Ariane den flammenden Vortrag, um den sie nicht gebeten hat, weil Saganashs Gesänge und sein Trommeln abrupt verstummen.

Stattdessen ist ihr Schwager zu vernehmen. »Können wir jetzt endlich mal zur Sache kommen, bevor meine Schwägerin hier eintrifft?«, fragt er mit verhaltenem Zorn in der Stimme.

»Und die Sache wäre?«, fragt Harry wie gelangweilt nach. Doch Ariane entgeht nicht, dass sein Tonfall etwas Lauerndes hat. Mehr noch, in Harrys Stimme schwingt Verunsicherung mit. Ja, eindeutig, der Mann klingt unsicher und damit so gar nicht nach seinem gewohnten Selbst. Wie interessant.

»Der verdammte Brief!«, wird Klaus ein wenig lauter. »Du hast ihn doch eben gelesen.«

»Gegen meinen Willen. Es war ein privater Brief deines Vaters an deine Mutter!«

»Oh ja, sie war meine Mutter, aber mein Vater war nicht mein Vater!«, schreit Klaus nunmehr außer sich vor Zorn. »Sie hat ihn mit dem deinigen betrogen und ist mit mir schwanger geworden. Und genau darum hat ihr Mann, also mein angeblicher, mein offizieller Vater, mich gehasst und schließlich enterbt. Gib's zu, du hast das ein Leben lang gewusst und vor mir verheimlicht. Warum?«

Draußen auf der Lichtung stockt Ariane der Atem. *Wie bitte?* Sie kommt nicht ganz mit. Was hat das zu bedeuten?

»Ich habe es nicht gewusst«, verteidigt sich Harry in aufreizend lässigem Tonfall. »Ich hatte als Kind ab und an eine dunkle Ahnung, aber ich wollte nicht –«

»Eine dunkle Ahnung? Mach dich nicht lächerlich, du musst es gewusst haben. Wie konntest du mich nur so hintergehen, mir vorenthalten, dass wir beide …«, brüllt Klaus.

In eben diesem Moment hebt Saganash wieder an zu trommeln, so laut und heftig, dass er das Geschrei übertönt.

Das gibt Ariane Gelegenheit, tief Luft zu holen und das soeben Gehörte geistig nachzubuchstabieren. *Meine und deine Mutter … Oha, das ist ja unfassbar! Und Klaus' offizieller Vater war nicht sein Vater?*

Ist das zu glauben?

Hieße das etwa … Großer Gott, Klaus' gesamtes Leben wäre damit auf einer Lüge gebaut … Klaus ist überhaupt kein echter Kantereit. Und nicht einmal sein älterer Bruder, also ihr eigener Mann, hat davon gewusst. Nur deshalb hat er seinem angeblichen Bruder Klaus vor lauter schlechtem Gewissen über dessen Enterbung Unsummen für idiotische Sozialprojekte zukommen lassen.

Dabei ist Klaus väterlicherseits nur ein Sterzenbach! Kann das sein?

Nun, zumindest wäre damit klar, warum sie ihren Schwager nie verstehen und nie leiden konnte, ebensowenig wie Harry.

»Nein, wie wundervoll«, kiekst neben ihr Dagmar. »Jetzt habe ich es verstanden: Harry und Klaus sind anscheinend

Halbbrüder, also jedenfalls echte, richtige Brüder, nicht nur Blutsbrüder. Obwohl, das sind sie als Halbbrüder ja quasi auch. Gott, nein, ist das aufregend! Unser lieber Doktor Kantereit ist nicht mehr allein auf der Welt.«

Aber natürlich! So muss es gewesen sein, spinnt Ariane derweil ihre eigenen Gedanken weiter. Klaus' Mutter hatte ein Verhältnis mit Harrys Vater, der im Professorenviertel, also in der Nachbarschaft lebte, auf der weniger vornehmen Seite Marienburgs. Aus diesem Grund hat Klaus' Vater seinen jüngeren »Sohn« selbstverständlich enterbt! So was. Klaus Kantereit ist ein Kuckucksei, das Produkt eines Seitensprungs seiner Mutter. Und das ausgerechnet mit Harrys Vater! *Schöne Eltern hat der Kerl. Schwindeln, Lügen und Betrügen wurden ihm sozusagen in die Wiege gelegt.*

Fast muss er einem leidtun, und zu Arianes eigener Überraschung tut ihr Klaus in diesem Moment tatsächlich ein wenig leid. Was für ein unsinniges Gefühl. Wo kommt das her?

Saganashs Trommel verstummt, er hebt die Stimme. Nicht dass er laut wird, im Gegenteil klingt er sehr ruhig, er spricht nur sehr deutlich. »*Happy families have no stories to tell.*«

Das ist natürlich nicht Cree, das ist Englisch, und Ariane kann es spielend übersetzen. *Glückliche Familien haben keine Geschichten zu erzählen* … Den Satz kennt sie irgendwoher. Sie kramt in ihrem Gedächtnis und kommt nicht drauf, spürt nur, dass mit dem Satz für sie Schmerz verbunden ist. Noch so ein albernes Gefühl. Was ist nur mit einem Mal mit ihr los? Sie erkennt sich selbst kaum wieder.

»Und was will dein Freund Saganash damit sagen?«, krakeelt Klaus im Zelt in Harrys Richtung.

Die gleiche Frage stellt sich Ariane.

»*Go and welcome the goose, Harry*«, meldet sich der Möchtegern-Schamane erneut zu Wort.

Gans? Von welcher Gans spricht der?, wundert sich Ariane.

»Ariane ist hier? Verflucht noch mal«, sorgt Klaus im Zelt für Aufklärung.

Die Gans ... Dieser unverschämte Saganash meint wirklich *sie*. Woher weiß der Kerl, dass sie hier ist? Ariane linst zu Dagmar hinüber, die die Holzmaske gegen einen Baumstamm lehnt und sie sorgsam, fast zärtlich mit einem Taschentuch zu polieren beginnt. Ist sie das Opfer eines Komplotts geworden? Hat Dagmar diesem esoterischen Spinner kurz vor ihrer Ankunft auf der Lichtung heimlich Bescheid gegeben?

Bevor Ariane nachfragen kann, kriecht Harry seitwärts aus dem albernen Weideniglu. *Das* sollte man mal auf Foto bannen! Der Herr Professor erinnert an einen riesigen Käfer. Einen riesigen Käfer mit nacktem schweißglänzenden Oberkörper, Rastalocken und seinem Markenzeichen: dem Trommelbauch. Jedoch nur kurz. Harry Sterzenbach richtet sich geschmeidig zu ganzer Größe auf.

Jetzt erinnert er an einen Urmenschen, findet Ariane. Einen leider sehr kräftigen Urmenschen, sie wird ihn mit Worten schlagen müssen. Und zunächst einmal abwarten, was er zu sagen hat, um eine Angriffsfläche zu finden.

»Mitakuje ojasin!«

»Soll das Cree sein?«, hakt Ariane entnervt nach. Der Mann bringt sie verlässlich zur Weißglut. »Sprechen Sie gefälligst deutsch mit mir.«

»Erstens ist es kein Cree, sondern ein Dialekt des Lakotastammes, der mal westlich der großen Seen lebte, und zweitens heißt es: ›Alle sind miteinander verbunden.‹ Ein üblicher Gruß, bevor man eine Schwitzhütte betritt. Er erinnert uns daran, dass alles und alle auf dieser Welt – Tiere, Pflanzen, Menschen, überhaupt alles was uns umgibt –, zueinander gehört, miteinander verwandt und beseelt ist.«

»Wer's glaubt, wird schätzungsweise selig«, entgegnet Ariane hoheitsvoll. »Ich befasse mich lieber mit der Wirklichkeit und harten Fakten. Aber um das Thema Verwandtschaft aufzugreifen. Genau wie Klaus würde mich interessieren, warum Sie meinem Schwager ein Leben lang verschwiegen haben, dass seine Mutter und Ihr Vater –«

»Halt dich da raus, Ariane!«, brüllt es aus dem Zelt. »Das geht dich nichts an!«

»Du gehst mich sehr wohl etwas an«, schreit Ariane nicht minder heftig zurück. »Du bist der Bruder meines verstorbenen Mannes und gehörst zur Familie, basta!«

Hat sie das gerade wirklich so gesagt? Ja. Denn erstens stimmt es, und zweitens ist es ihr ein Herzensanliegen, gegen Harry anzutreten.

Saganash, dieser Teufel, erstickt Klaus' anschließendes Gebrüll mit wildem Getrommel. Oh Himmel, wie idiotisch kann man noch werden?

So idiotisch wie Harry, der grinsend die Arme auseinanderwirft, »Halleluja, sie hat verstanden!« ruft und auf sie zuschreitet, als wolle er sie damit umschließen.

Unerträglich, einfach unerträglich. Ariane verschränkt ihre Arme vor der Brust, reckt das Kinn. Wenn der es wagen sollte, sie zu umarmen, kann er was erleben.

Er wagt es nicht. Kurz vor ihr stoppt Harry ab, lässt die Arme sinken. Ha!

Er schaut sie mit einem bohrenden Blick an.

Der will sie in Grund und Boden starren, weiß Ariane und starrt nicht minder bohrend zurück. Wobei sie ihrem Blick eine tödliche Prise Verachtung beimischt. Das kann sie gut. Sehr gut! Viel besser als er.

Nur leider wirkt Harry nicht beeindruckt. Der grinst schon wieder. »Sie machen gewaltige Fortschritte, Frau van Endert!

Dabei hat Saganash noch nicht wirklich mit Ihnen gearbeitet. Ja, Klaus gehört zu Ihnen. Auch er ist Teil von Ihnen. Womit Sie kein hoffnungsloser Fall sein dürften. Trotz all Ihrer weniger einnehmenden Seiten. Oder soll ich sagen: Schattenseiten? Nun, bevor wir gemeinsam in die Schwitzhütte eintreten –«

»Von *eintreten* kann bei dieser Hutzelhütte wohl kaum die Rede sein«, schnappt Ariane.

Harry geht nicht darauf ein. »Bevor wir eintreten und Sie Ihre reinigende Reise in Ihr Innerstes beginnen, ist es Brauch, sich vor seinen Ahnen und Anverwandten zu verneigen, sie zu ehren, ihr Leid zu würdigen, ihr Können und ihre Leistungen anzuerkennen, ihnen zu danken und ihnen alle vermeintlichen und tatsächlichen Fehlhandlungen, Entscheidungen oder Versäumnisse erst einmal zu vergeben, bis man verstanden hat. Denn – wie schon erwähnt – wir alle sind miteinander verbunden.«

»Das klingt ja fast ein bisschen wie die Bibel«, wirft Dagmar ein, die mit der Holzmaske vor der Brust sichtlich aufgeregt herbeigeschlichen kommt. »Ich meine, wie das Gebot, Vater und Mutter zu ehren und so …«

»Nun ja, fast, meine Liebe«, wendet sich Harry ihr zu, ganz so, als träfe er, der Superguru, auf seine Lieblingsschülerin. »Ohne Zweifel gehört die Bibel zu den unerschöpflichen Weisheitsbüchern der Menschheit. Ich lese oft darin. Die meisten Glaubenssysteme, die sich auf einen einzig wahren Gott berufen und erst recht ihre Kirchen sind jedoch extrem hierarchisch angelegt, überdies spalten sie in Gut und Böse, in beseelt und unbeseelt, und versuchen, sich sämtliche Wunder der Schöpfung und die Natur untertan zu machen, wohingegen die meisten Naturvölker wussten, dass es andersherum funktioniert. Wir sollten uns an der Natur orientieren –«

»Oh bitte! Lenken Sie nicht ab, und hören Sie auf, Schwachsinn zu predigen«, übertönt Ariane energisch Harrys unerträglich belehrendes Geschwätz und das ebenso unerträgliche Trommelgewirbel aus dem Zelt. Fast ist sie versucht, mit dem Fuß aufzustampfen oder, noch besser, Dagmar die absurde Holzmaske zu entreißen und sie ihm über den Schädel zu ziehen. Wie kann man nur so eingebildet, selbstgefällig und überheblich sein? Wahrscheinlich hält Harry sich selbst für einen Gott. *Männer!*

»Können wir endlich zu den wesentlichen Dingen kommen?«, verlangt sie.

Nein, können sie nicht.

Just in diesem Moment erwacht der Lederbeutel an ihrem Gürtel zum Leben. Ihr Smartphone bimmelt in Volltonstärke, und das dummerweise im Apple-Klingelton, der selbst verdächtig nach debilem Getrommel klingt. Wenn auch auf einem virtuellen Xylophon. Der rhythmische Klingelton schwillt erneut an.

Harry lupft amüsiert die linke Braue. »Warum gehen Sie nicht ran? Scheint dringend zu sein, wenn man Sie sogar im Wald anruft. Vielleicht hat Ihr Verwandter Felix interessante Neuigkeiten zu vermelden?«

»Felix ist nicht mein ... Ach, zum Teufel mit Ihnen!« Ariane zerrt das Smartphone aus dem Beutel und drückt auf Empfang. »Van Endert«, meldet sie sich forsch, lauscht kurz, erschrickt und spürt, dass sie erbleicht. Ungläubig schüttelt sie den Kopf. Ein Fehler, wie sie sofort bemerkt, denn der Wald um sie herum beginnt sich zu drehen. Ariane muss Halt an einem Baum suchen – und an Dagmar.

»Schlimme Nachrichten?«, fragt die besorgt, während im Zelt die Trommel verstummt und Bewegung aufkommt. »Von Felix?«

Ariane setzt zu einem Kopfschütteln an, hält sich in letzter Sekunde selbst davon ab. Nein, besser nicht. Ihr ist bereits schwindelig genug. Mit Dagmars Hilfe lässt sie sich auf den Waldboden gleiten.

42.

Es reicht. Endgültig. Gleichgültig, ob Ariane draußen lauscht und alles mitbekommt oder nicht, er will hier raus und die Sache mit Harry endgültig klären. Er hat es lange genug auf die freundliche Tour, mit Reden und mit Saganashs Ritualquatsch versucht. Damit ist Harry nicht beizukommen. Dieser sinnlose Budenzauber muss ein Ende haben.

Leicht benommen von Hitze, Getrommel und dem Beifußrauch, der aus dem Feuerloch in der Zeltmitte aufsteigt, kämpft Klaus Kantereit sich auf allen vieren zum Ausgangsloch vor.

Anders als während der letzten Minuten macht Saganash diesmal keinerlei Anstalten, ihn zurückzuhalten, gibt den Ausstieg frei. »*Time to go*«, sagt er und schenkt ihm ein Lächeln. *Na danke*, grollt Klaus Kantereit. *Danke für nichts*. Sein blödes Lächeln kann der sich sonst wo hinstecken!

Draußen angekommen, richtet er sich mühsam auf, wankt kurz und orientierungslos, schüttelt die Beine aus. Er muss zwinkern, sich an das grell scheinende Licht gewöhnen.

Grell? Draußen herrscht mildes Abendlicht, aber im Zelt war es stockfinster. Immerhin, seine Augen finden Harry rasch in der Mitte der Lichtung.

Jetzt aber!

Mit geballten Fäusten stampft Kantereit, noch immer wütend wie ein Stier, ach was: wie eine ganze Bullenherde, auf Harry zu. Oder besser gesagt auf dessen Rücken.

»Jetzt wird abgerechnet, *Bruder*«, stößt er zwischen zusammengebissenen Zähnen hervor und holt ungelenk zu einem rechten Schwinger aus. Zu ungelenk.

Harry wirbelt herum, fängt seinen Arm blitzschnell und mit eisernem Griff ab. »Lass die Kindereien, du alberner Spinner«, knurrt er. »Unser Krach kann warten, Ariane braucht deine Hilfe. Die steht kurz vorm Zusammenklappen.« Er nickt knapp in Richtung einer Baumgruppe. »War wohl doch ein bissen zu viel für den Anfang.«

»Das ist mir scheißegal!«, schnauzt Kantereit zurück. »Lass verdammt noch mal meinen Arm los!«

»Nur wenn du deine Pflicht als Arzt erledigst«, bestimmt Harry, fasst Kantereits Arm noch fester, zerrt und stößt ihn auf Ariane und Dagmar zu, die seiner tatsächlich totenbleichen Schwägerin mit einem Taschentuch Luft zufächelt.

Eine Hilfeleistung, die Ariane – mal wieder – nicht zu würdigen weiß. »Lassen Sie das!«, faucht sie, zwar schwächer als sonst, aber angriffslustig wie immer. »Helfen Sie mir lieber auf, ich muss sofort hier weg. Mich rufen dringende Angelegenheiten.«

Harry lässt Kantereits Arm fahren. »Sie bleiben hier! Es geht Ihnen nicht gut.«

»Halten Sie die Klappe Sie … Sie Popanz!«, schimpft Ariane und kommt wacklig auf die Beine. »Mir geht es gut, sehr gut sogar.«

»Klaus, was sagst du als Arzt dazu?«, fragt Harry scharf.

Nichts, er hat Wichtigeres zu tun. Klaus Kantereit holt noch mal aus, wieder mit rechts, aber diesmal knallhart und zielgenau. Seine Faust trifft zwar nicht krachend auf Harrys rechte Wange, aber immerhin stark genug, um seinen Bruder ins Wanken zu bringen. Und Harrys Gesichtsausdruck, während er verblüfft nach seiner angeschlagenen Backe tastet, ist Gold wert.

Findet auch Ariane. »Danke, lieber Schwager. Das war dringend nötig.«

»Oh bitte, gern geschehen«, antwortet er.

»Das war nicht nett«, kommentiert hingegen Dagmar empört. »Wo er doch ihr Bruder ist. Einen kleinen Zank unter Kindern, erst recht, wenn sie Geschwister sind, könnte ich ja verstehen, aber unter erwachsenen Männern im Rentenalter gehört sich so was nicht. Doktor Kantereit, Sie werden sich sofort entschul–«

Hart keuchende Geräusche, wildes Blätterrascheln, der schnelle Tritt eines Läufers werden laut und lauter und unterbrechen ihre Strafpredigt. »Feuer!«

Alles dreht die Köpfe zum Geheimpfad.

Hakenschlagend, aber mit beachtlichem Tempo stürmt Bert Feining auf die Lichtung, nimmt sich kaum Zeit zum Luftholen, schreit noch mal: »Feuer!«

Atemlos und in Stakkato setzt er hinzu. »Der Sonnenhof! Ein Schuppen am Haus brennt lichterloh! Die Feuerwehr ist alarmiert. Einige Studenten führen die Gäste vom Gelände. Die anderen sammeln mit Ricardo und Fenja die Hühner ein und treiben die Ziegen auf eine Weide.«

»Ist jemand verletzt?«, fragt Klaus, von einer Sekunde auf die andere ganz Arzt. Ruhig, besonnen, auf das Wesentliche bedacht. Für Wut und Groll ist hier kein Platz, und seine Rache hat er fürs Erste gehabt.

Feining schüttelt den Kopf, ringt um Luft. »Niemand, aber, aber …«, er schnappt japsend nach Luft, »das Feuer könnte auf den Traktorschuppen oder das Haus überspringen.«

Harry erstarrt, völlig perplex und mit versteinerter Miene dreht er sich zu Ariane um. »Hat Felix Sie deshalb gerade angerufen? Steckt er dahinter? In Ihrem Auftrag?«

Kantereit sieht, dass Ariane die Stirn in steile Falten legt, den Mund zur Antwort öffnet. Harry wartet sie nicht ab, er spuckt vor ihren Füßen aus und prescht – spärlich bekleidet, wie er ist – in Richtung Pfad los, überspringt einen Baumstamm, schlägt Zweige beiseite. Feining und Dagmar folgen ihm auf dem Fuße.

Kantereit zögert kurz, bedenkt Ariane mit einem fragenden Blick. Trotzig reckt sie ihr Kinn, sagt nichts, verneint nichts.

Das darf nicht wahr sein! Das kann nicht wahr sein!

Endlich läuft auch er los. Jetzt gilt es zu retten, was zu retten ist. Unbedingt. Unbedingt! Er schlägt einen lästigen Ast beiseite. Hier geht es auch für ihn um eine Herzensangelegenheit. *Ja, das tut es*, treibt er sich grimmig zu mehr Tempo an. Zügig schließt er zu Feining und Dagmar auf. Immerhin muss der Sonnenhof der Ort gewesen sein, an dem er gezeugt wurde. Höchstwahrscheinlich in Liebe, und zwar an einem Junitag wie heute.

Das jedenfalls legen sein Geburtsdatum im März und – weit wichtiger – der wütende Brief seines Vaters nahe, in dem dieser seiner Frau Jahre später Vorwürfe machte. Statt ihre Sommer in Sanatorien zu verbringen, wo sie ihre Depressionen kurieren sollte, hat seine Mutter offenbar in vollen Zügen das Leben auf dem Sonnenhof genossen. Und die Liebe. Zu Harrys Vater. Wie oft die beiden wohl hier bei Harrys kauzigem Großonkel mit anscheinend sehr dehnbaren Moralvorstellungen zu Gast waren?

Wie lange währte dieses Arrangement?

War tatsächlich Liebe im Spiel?

Ob Harry mehr weiß?

Er wird ihn fragen. Er wird ihn überhaupt einiges fragen müssen. Wie auch immer, dafür ist später Zeit, nicht jetzt. Klaus beschleunigt seine Schritte, setzt zu einem Überholmanöver an, als vor ihm, Dagmar und Bert Feining endlich ein breiterer Waldweg in Sicht kommt.

Zu seiner maßlosen Überraschung, ist er nicht der Einzige, der kurz vor Ende des Schlängelpfades überholen will. Zwei Jogger setzen mit hörbar leichtem, federndem Schritt hinter ihnen zur Aufholjagd an.

Saganash und Ariane ziehen aufreizend sportlich an ihm vorbei. Der Schamane mit einem tiefenentspannten Lächeln auf dem Gesicht, seine Schwägerin mit der für sie so typischen Miene einer Gewitterhexe. Weniger typisch ist der Badeanzug, den sie zu einer knappen Radlerhose trägt. *Gute Güte, hat sie stramme Waden und ein Tempo! Richtig energiegeladen.*

Umso besser. Sie werden beim Hof vermutlich jede Hilfe brauchen, erkennt Kantereit, als er nach ihnen den Waldrand erreicht. Im Tal steigt eine große schwarze Rauchsäule auf, weist den Weg zu den brennenden Gebäuden und verdunkelt den Himmel. Moment mal, das stimmt nicht. Er blickt kurz nach oben.

43.

»Da kannst du nicht vorbei!«, schreit Fenja gegen das ohrenbetäubende Brausen und gespenstische Tosen der Flammen an, die kaum hundert Meter entfernt von ihr und Ricardo aus der geschwärzten Tür des Ziegenstalls schießen und auf dem Dach lodern. Der Hühnerstall dürfte bereits auf die Grundmauern niedergebrannt sein.

Noch vor einer halben Stunde schien das Feuer beherrschbar, sie und die Studenten hatten nicht viel, aber genug Zeit, um die Ziegen zu den Weiden zu treiben und die herumirrenden Hühner in einen Ersatzstall und in Sicherheit zu bringen.

Feining und weitere Helfer schienen den hinter dem Hühnerstall ausgebrochenen Brand mithilfe von Feuerlöschern, Sand, Wasser und Branddecken unter Kontrolle halten zu können.

Ein Irrtum. Mittlerweile versperren dichter Rauch, Ruß und Qualm die Sicht auf Haus und Schuppen, die Hitze ist fast unerträglich.

»Ich muss den Traktor und den Jeep aus dem Maschinenschuppen holen!«, schreit Ricardo zurück und reißt sich von ihr los. »Wenn die Feuer fangen, ist alles aus.«

Der ist doch irre! Was, wenn die Dinger hochgehen, während er drin sitzt. Sie muss ihn aufhalten! Fenjas Hand schnellt vor und greift ins Leere. Ricardo ist bereits losgespurtet. Im Rennen presst er sich mit der einen Hand ein feuchtes Handtuch vors Gesicht, mit der anderen zerrt er sich eine Branddecke über den Kopf. Nach zehn, zwanzig Metern verschluckt ihn der Qualm.

»Ricardo!«, schreit Fenja voller Panik und muss husten. Wie kann er nur so verrückt sein? Der Mann von der freiwilligen Feuerwehr, der eigentlich nur das Sonnenwendfeuer beaufsichtigen sollte, hat ihnen ausdrücklich eingeschärft, sich von der Gefahrenzone fernzuhalten und ab sofort nur noch auf die Feuerwehr zu warten. Nicht hier natürlich, sondern bei den Ziegen auf der Weide.

Aber was macht Ricardo? Schleicht sich über einen Seitenweg zurück zum Brandort. Er ist verrückt, völlig verrückt. Nun ja, sie natürlich auch, immerhin ist sie ihm gefolgt. Fenja hustet erneut, sie muss hier weg und bleibt dennoch wie angewurzelt stehen. Lauscht in das Tosen des Feuers hinein. Täuscht sie sich, oder springt gerade der Traktor an? Sie macht ein paar Schritte nach vorn, forscht nach einem tuckernden Geräusch.

»Verschwinde von hier, Mädchen!«, schreit es von hinten mit einer Stimme wie Donnerhall.

Fenja zuckt zusammen, macht vor Schreck einen Satz nach hinten.

»Sofort weg, Fenja!«, brüllt jemand anderes hinterher.

Fenja wirbelt herum, erkennt Harry und Klaus, die vom Seitenweg her auf sie zugerannt kommen, gefolgt von Saganash und … Wer ist die Frau im Badeanzug? Ariane!

Harry läuft ohne weitere Ermahnungen an ihr vorbei.

Klaus stoppt ab, reißt sie kurz in seine Arme, lässt sie wieder los. »Gott sei Dank, dir ist nichts passiert«, keucht er und schiebt sie in Richtung von Saganash und Ariane.

»Bring sie weg, und kümmere dich um sie«, befiehlt er seiner Schwägerin. Mit den Worten »Wir müssen den Traktor holen« schließt er sich dem irrsinnigen Rettungsmanöver von Harry und Ricardo an. *Zwei, nein, drei Irre, ein Gedanke!*

Nur Saganash verharrt auf der Stelle.

»Ich, ich kann hier nicht weg«, protestiert Fenja, als Ariane sie mit ebenso festem Griff am rechten Arm packt, wie sie es soeben bei Ricardo getan hat. Ihren linken Arm übernimmt etwas sanfter Saganash.

»Abmarsch«, bellt Ariane im Ton eines Feldwebels und kennt kein Pardon. In Zusammenarbeit mit Saganash zerrt sie Fenja mit eiserner Energie und ihrer unbesiegbaren Willenskraft zurück auf den Seitenweg.

»Ich will nicht«, protestiert Fenja stolpernd und in wachsender Verzweiflung. »Lasst mich los. Ich muss zu Ricardo.«

Hilft nichts.

»Later«, murmelt der Schamane nur.

Später? Und wenn es kein Später mehr gibt?, schreit es nun in Fenja. Laut schreien kann sie nicht mehr, weil ihr plötzlich ein verdammter Kloß im Hals steckt und sich ein Schluchzen hinterherstiehlt.

Ariane und Saganash verstärken simultan ihren Griff, führen sie in noch strammerem Tempo fort in Richtung der Ziegen-Notweide. Zehn Minuten später kommen sie dort an, werden von Harrys Studenten begrüßt, die mit betretenen Mienen und hängenden Köpfen am Weidezaun stehen, beruhigend auf die Ziegen einreden und sich immer wieder zum Brandort hindrehen.

»Wo haben Sie die denn aufgelesen?«, fragt streng der freiwillige Feuerwehrmann. »Und wo, verdammt noch eins, kommen Sie selbst her? Ich habe klare Anweisung gegeben, nur hier auf die Feuerwehr zu warten!«

»Nicht in diesem Ton, junger Mann«, entgegnet Ariane. »Sagen Sie mir lieber, wo mein Hund ist!«

»Hund? Hier ist kein Hund!«

Ariane sucht mit gehetztem Blick die Weide ab, was schwierig ist, denn mittlerweile ist es ganz schön duster geworden. In Fenjas Kehle mehren sich die Schluchzer. Mein Gott, sie haben Nashoba vergessen! Oder hat Feining sich um ihn gekümmert? Sie will sich umdrehen, loslaufen, nur zurück zum Haus. Diesmal sind es Saganash und der Feuerwehrmann, die sie zurückreißen.

»Hören Sie auf, um sich zu schlagen!«, herrscht Letzterer sie an, »und befolgen Sie meine Anweisungen, sonst muss ich Ihnen wehtun!«

»Be calm, heaven sends help. Trust me and look«, empfiehlt hingegen freundlich Saganash, legt den Kopf in den Nacken und deutet weltentrückt mit der rechten Hand gen Himmel.

Fenja windet sich unter dem Klammergriff des Feuerwehrmanns, tritt um sich, nur leider ins Leere. Aus den Augenwinkeln sieht sie, dass Ariane die günstige Gelegenheit nutzt, um sich still und leise, aber im Laufschritt auf den Weg zurück zum Haus zu machen. Und niemand hält sie auf.

Verdammt!, schreit und tobt es in Fenja, während der Feuerwehrmann ihr mit geübtem Griff einen Arm auf den Rücken dreht. *Aua. Was fällt dem ein!* Sie muss auch wieder zum Haus, Nashoba suchen, Ricardo, Klaus und Harry helfen.

»Look now«, wiederholt Saganash im Ton eines Verkünders seine unsinnige Aufforderung, in den Himmel zu schauen.

Der schon wieder. Sie will jetzt keinen Unsinn über göttliche Hilfe von oben hören, der spinnt doch. Hat er das riesige, mörderische Feuer nicht gerade eben selbst gesehen? Kann er sich nicht denken –

Ein gewaltiger Blitz durchbricht ihren Gedankenfluss, reißt den Himmel auf, taucht Weide und Menschen sekundenlang in unwirklich grelles, kontrastreiches Licht. Schlagartig folgt ein gewaltiger Donner, sein Krachen hallt von den Bergen wieder, und dann setzt ein Wolkenbruch ein, der sich von jetzt auf gleich in einen sturzflutartigen Regen verwandelt.

Dicke Tropfen zerplatzen auf dem Weg und auf Fenjas Wangen, überall bilden sich Pfützen, ihre Zöpfe sind in Windeseile klatschnass.

»Teufel noch eins, den Regen hat der liebe Gott geschickt«, ruft der Feuerwehrmann nicht eben glaubenssicher aus und lässt von Fenja ab.

»*No*«, widerspricht Saganash so nüchtern wie knapp, »*that is just nature.*«

Die Studenten klettern kommandiert vom Feuerwehrmann über den Weidezaun, flüchten wie die Ziegen zu einem Unterstand.

Egal, ganz egal, wer für das Wetter zuständig ist. Hauptsache, es regnet, jubelt Fenja innerlich und läuft – endlich frei, um ihrem Herzenswunsch zu folgen – los.

Sie muss erste, riesige Pfützen durchqueren, die sich überall sammeln. Und das Prasseln wird immer noch stärker, so stark, dass es dem irren Trio auf dem Sonnenhof ganz gewiss helfen wird. Gegen so viel Wasser hat der Brand kaum eine Chance, sich weiter auszubreiten, auf den Schuppen oder den Sonnenhof überzuspringen.

44.

Di-di-did. Di-di-did. Di-di-did.

Der Funkreisewecker gibt nicht auf. Er tut, was seine Aufgabe ist, wenn man die Snooze-Funktion aktiviert hat, und meldet sich alle fünf Minuten mit seinem lästigen Piepslarm zurück. Wenn Kantereit nicht irrt, piepst er bereits zum dritten Mal, er könnte aber auch einige Versuche überhört haben. Grummelnd dreht er sich zu dem Hocker neben dem Feldbett, auf dem er dieses Folterwerkzeug vor etwa vier Stunden ab- und die Weckzeit eingestellt hat.

Die Digitalanzeige leuchtet auf, zeigt sieben Uhr fünfzehn morgens. Sonntag (Sonntag!), den 21. Juni, und eine Außentemperatur von bereits neunzehn Grad an, womit – pünktlich zum Sommerbeginn – mal wieder ein ungewöhnlich warmer Tag mit Potenzial zu Hitzerekorden vor ihnen liegen dürfte.

Und ein sehr, sehr arbeitsreicher, seufzt Kantereit in sich hinein. Nach einer Feuernacht voller Aufregung, endloser Rennerei und Schufterei. Dazu das vorangegangene Familiendrama in der Schwitzhütte. *Was für ein Tag!*

Am liebsten würde er einfach liegen bleiben, sich tüchtig ausschlafen, möglichst bis in den Mittag hinein, und dann erst einmal eines von Dagmars und Arianes typischen Sonntagsfrühstücken genießen. Mit Eiern, Speck, warmem Brot, Hefezopf, Honig, dazu viel Kaffee.

Kantereits Magen knurrt Beifall.

Di-di-did. Di-di-did. Di-di-did.

Sein Reisewecker kennt jedoch kein Pardon, vier Stunden Nachtruhe müssen genügen. Klaus Kantereit drückt heldenhaft die Austaste. *Die Pflicht ruft*, ermahnt er sich.

Harry und das komplette Hofteam müssen heute das genaue Ausmaß der Brandschäden in Augenschein nehmen. Die Kripo hat sich angekündigt, weil es Hinweise auf vorsätzliche Brandstiftung gibt. Auch einem Gutachter der Feuerwehr müssen sie zur Verfügung stehen und zur Hand gehen, dazu den Besuch eines Versicherungsgutachters organisieren, mit den Aufräumarbeiten beginnen, die teilweise verrußte Fassade des Haupthauses reinigen, es lüften, putzen und – nicht zu vergessen – den üblichen Krims und Krams rund um Ackerbau und Viehzucht auf dem Sonnenhof erledigen. Dem Himmel sei Dank haben sie von den Nachbarhöfen schon zahlreiche Hilfsangebote bekommen.

Harry ist hier beliebter als gedacht.

Unter leisem Ächzen – sein Rücken, die Gelenke, jeder einzelne Knochen in seinem Körper plädieren ebenfalls fürs Weiterschlafen – erhebt Kantereit sich von dem schmalen Feldbett. Er reckt und streckt sich kurz, gönnt sich eine Katzenwäsche und seinem Rücken die in seinem Alter angezeigten Dehnübungen, dann tritt er heftig gähnend aus einer der Blockhütten, die ihm in der Nacht als Ausweich- und Schlafquartier gedient hat.

Sein erster Blick fährt gen Himmel. Der ist blau, wie blankgeputzt. Auch die Sommersonne hat wieder Betrieb aufgenommen, lacht und strahlt, als sei nichts geschehen und der nächtliche Starkregen lediglich ein Wetterpatzer in einem ungewöhnlich heißen Frühjahr gewesen.

Nun, heute ist ihm die Sonnenhitze willkommen. Es gibt reichlich Pfützen, nasses Gras und verschlammte Wege auszutrocknen. Zumal die Ziegen keinen vernünftigen Stall mehr haben. Suchend schaut Klaus Kantereit sich um. Auf dem gekiesten Rondell und Grillplatz unweit der Hütten haben es sich an zwei Bierzeltgarnituren bereits andere Frühaufsteher bequem gemacht. Hoffentlich zum Frühstücken. Mit Kaffee!

Er könnte eine ganze Kanne trinken, so wie in seinen alten Tagen als Notarzt, wenn er eine endlose und aufreibende Nachtschicht hinter sich gebracht hatte. Erwartungsfroh und mit strammen Schritten macht Kantereit sich auf den Weg zum Rondell.

Im Näherkommen erkennt er Harrys übermüdete Studenten, außerdem Saganash, Ricardo und Fenja. Harry selbst scheint noch nicht auf zu sein. Tja, nun, der Hofherr hat neben der körperlichen Anstrengung und dem Stress auch noch seine schweren Verluste zu verdauen. So was dürfte den stärksten Mann umhauen.

Zwar ist das uralte Haupthaus – dank seiner Lage und der kaum entflammbaren Eichenbalken – dem Brand unbeschädigt entronnen, aber der Hühner- und der Ziegenstall sind so gut wie komplett abgebrannt, und auch der Maschinen- und Geräteschuppen ist arg in Mitleidenschaft gezogen.

Harry ist nicht arm, hat eine solide Beamtenpension, dürfte mit seinen Dozententätigkeiten, Vorträgen und aus Bucheinnahmen noch ordentlich dazuverdienen, aber den Stallungskomplex samt Melkanlage und Kühlräumen wiederaufzubauen, dazu die aufwendigen Pläne für Hickorys neues Domizil, die laufenden Kosten – das zusammen dürfte ihn und seine Mittel überfordern. Und jünger wird auch Harry nicht.

Der Mann muss einem einfach leidtun.

Ach, was soll's, sein *Bruder* tut ihm sogar sehr leid, und natürlich wird er ihm Hilfe anbieten. Oh ja, das wird er, und das ist ein geradezu erhebender Gedanke, bemerkt Klaus Kantereit. Also das mit der Hilfe, nicht diese Brudergeschichte. In dieser

Hinsicht gilt es noch einiges zu klären und von Harrys Seite zu erklären. Wie auch immer – jetzt erst mal frühstücken!

Am Tisch von Fenja, Ricardo und Saganash angekommen, flitzen Kantereits Augen – auf Befehl seines Magens – über ein Sammelsurium aus verpackten Esswaren vom Discounter, einen Bierhumpen mit Besteck und diverse Marmeladen- und Nutellagläser, sowie vegane Aufstrichpasten. Na ja, ob so was schmeckt? Dürfte sich um studentischen Proviant handeln. Wenigstens vor Saganash steht ein Milchkrug, liegt ein anständiger Laib von Arianes selbstgebackenem Brot parat.

Er schiebt sich neben dem Schamanen auf die Bank. Der reicht ihm einen Kanten Brot und schenkt ihm warme Ziegenmilch aus. Scheint ganz so, als habe Saganash sie selbst gerade erst gemolken.

»*Eat this*«, sagt er gastfreundlich, und Kantereit bedankt sich nicht minder herzlich.

Aufrichtig herzlich. Der Mann hat ihm schließlich nichts getan, und das Verhältnis zwischen sämtlichen an den Lösch- und Rettungsarbeiten beteiligten Hofbewohnern ist nach dieser Nacht deutlich vertrauter. Man ist als Team zusammengewachsen, sich menschlich viel näher gekommen. Er und Saganash bilden da keine Ausnahme. Nachdenklich und stumm wie die anderen nimmt Kantereit einen Schluck Ziegenmilch.

Jeder Einzelne hier am Tisch hat auf seine Art Erstaunliches geleistet, bei der Evakuierung der Gäste und der Rettung der Tiere, bei Löschversuchen und – nach der wundersamen Rettung durch den sintflutartigen Regen von oben und die kurz darauf zügig eingetroffene Feuerwehr – bei ersten Räumarbeiten rund um das Haus bis in die frühen Morgenstunden.

»Gibt's irgendwo Kaffee?«, fragt Kantereit nach einem Bissen Brot und einem weiteren Schluck warmer Ziegenmilch, die er bei aller Liebe zu den Tieren nur begrenzt ertragen kann, in die stumme Runde.

Simultanes Kopfschütteln ist die Antwort. Fenja hebt kurz den Kopf von Ricardos Schulter und bequemt sich nach einem ausgiebigen Gähnen zu einem gesprochenen Satz: »Kaffee wär klasse, aber von uns hat heute echt niemand Lust, ein Feuer anzumachen oder einen Gaskocher zu entzünden.« Sie lässt ihren Kopf wieder an Ricardos Schulter sinken, der daraufhin seinen rechten Arm um sie legt und zärtlich ihre Flechtzöpfe streichelt. Ihr sogar einen Kuss auf den Kopf drückt, ohne dass Fenja die Krallen ausfährt.

»Ich kann dir Kaffee machen«, sagt er liebevoll.

»Dich lass ich nicht mal mehr in die Nähe eines Streichholzes, du hast gestern genug mit dem Feuer gespielt«, entgegnet sie mit gespielter Strenge und kuschelt sich noch enger an ihn.

Donnerwetter aber auch!

Spontan versiegt Kantereits Kaffeedurst. Dieser Anblick belebt auch ohne Koffein. So viel Vertrautheit, ja, Zuneigung zwischen den beiden ist völlig neu und erstaunlich, aber, fügt er nach kurzer Überlegung hinzu, auch erfreulich. Ja, durchaus erfreulich, befindet Kantereit.

Bei den beiden muss es in der Feuernacht gefunkt haben. Der schreckliche Brand hat sozusagen ihre Liebe entflammt, albert Kantereit für sich, ihre Leidenschaft entfacht und brennende Gefühle, macht es in ihm weiter.

Jetzt aber Schluss damit, ruft er sich schmunzelnd zur Ordnung und fragt sich stattdessen, ob die verliebte Fenja inzwischen auch weiß, wer genau Ricardo ist. Kennt sie tatsächlich seinen wechselvollen Lebenslauf und seine Familiengeschichte? Es gibt da entfernte Parallelen zu ihrer eigenen, und außerdem müsste sie sich von Ricardo doch ein wenig hinters Licht geführt fühlen. Oder sogar sehr? Etwas, das bei Fenja gewöhnlich Weißglut gefolgt von einem epischen Trotzanfall auslöst, wie er aus leidvoller Erfahrung nur allzu gut weiß. Unaufrichtigkeit, Täuschungen und selbst Schwindeleien, die zu ihrem Besten sind, hasst sie wie die Pest.

Kantereit kraust kurz und besorgt die Stirn. Seine Hochstimmung bekommt Kratzer. Es steht zu befürchten, dass Ricardo seinem Mädchen Teile der ganzen Wahrheit und nichts als der Wahrheit noch immer nicht offenbart hat.

Wie auch immer, falls sie noch nichts Näheres weiß, dann wird sich das schon richten lassen, beschließt Kantereit mit einem verstohlenen Blick auf das kuschelnde Paar. Die beiden sind sichtbar schwer verliebt, und Ricardo ist alles in allem ein Prachtexemplar von Mensch.

Außerdem: *Omnia vincit amor*, wie es bei den alten Minnesängern so schön hieß – *die Liebe überwindet alles*. Und Ricardo hat in Kantereits Augen deutlich mehr mit einem edlen Ritter als mit einem zwielichtigen Piraten gemein.

Nach derart viel Gedankenarbeit am frühen Morgen kehrt Kantereits Blick zu dem armselig gedeckten Tisch zurück. Die unermüdliche Dagmar hätte so eine schlampige Tafel sicher nicht zugelassen. Aber sie und ihr Küchengeneral Ariane schlafen sicher noch in den ihnen zugeteilten Blockhütten. Fern von Rauchgeruch und Brandtrümmern. Saganash schiebt ihm einen weiteren Brotkanten zu und zaubert doch tatsächlich einen Schinken hervor, den er neben sich auf der Bank verwahrt hat. Mit einem Klappmesser säbelt er eine dicke Scheibe ab, reicht sie Klaus auf dem Messer.

»*You need this*«, sagt er und säbelt auch sich eine Scheibe ab.

In der Tat, so was braucht er jetzt. Der Schamane wird Kantereit immer sympathischer; zweifellos verfügt er über eine gewisse Hellsichtigkeit. Zufrieden kauend gönnt sich Kantereit einen weiteren Gedankenausflug. Wo war er eben stehen geblieben? Ach ja. Bei der abwesenden Dagmar und seiner schlafenden Schwägerin.

Ariane hat sich weit nach Mitternacht mit Nashoba in Felix' ehemalige Hütte zurückgezogen. Dagmar hingegen ruht in Bert Feinings Domizil. Ob es die erste Nacht ist, die die zwei gemeinsam verbringen? Hm, möglich. Verdient haben sie ihre Ruhe jedenfalls alle. Und wie! Selbst seine Schwägerin, die bei der unermüdlichen Suche nach Nashoba über sich selbst hinausgewachsen ist. Jeden Winkel und Zentimeter des Hauses hat sie abgesucht, danach bei vollkommener Finsternis und nur mit einer Taschenlampe bewaffnet die Gärten hinter dem Haus durchkämmt, die Obstbaumhänge durchforstet, und sie ist sogar noch einmal in den Wald zurück, in der Hoffnung, den unberechenbaren Streuner dort aufzuspüren. Eine erstaunliche Laufleistung.

Tja, und am Ende war es Nashoba selbst, der Ariane gefunden hat. Oder besser gesagt: Er ist erst aus seinem Versteck im angekokelten Traktorschuppen hervorgekrochen, als er Arianes Stimme bei deren Rückkehr aus dem Wald vernommen hat. Dabei hatten Harry, Bert und Ricardo den Schuppen lange zuvor schon nach ihm durchkämmt. Doch wie es scheint, wollte der eigensinnige Nashoba nur von Ariane gerettet werden.

Kaum zu glauben, aber wahr.

Der Hund hat einen Narren an Ariane gefressen. Nun, vielleicht gilt in diesem Falle die Regel: Gleich und gleich gesellt sich gern, gönnt Kantereit sich einen müden Scherz. Ariane kann schließlich auch das wilde Raubtier geben, und was Eigensinn angeht ist sie unschlagbar.

»Schläft Harry noch?«, fragt er nach einem weiteren Bissen Schinken und einem Schluck Ziegenmilch. Bah. Wirklich gruselig der Geschmack.

Fenja löst sich energisch aus Ricardos Armen. »Wo denkst du hin?«, empört sie sich.

»Er war noch gar nicht im Bett«, ergänzt etwas milder Ricardo. »Harry hat sich nach den Löscharbeiten einen der Selbstversorger geschnappt, die gestern Abend auf dem Fest für ihre YouTube-Kanäle gefilmt haben. Der Mann behauptet, er habe Aufnahmen von einem Kerl im Indianeroutfit gemacht, der weit abseits des riesigen Holzhaufens für das Sonnenwendwendfeuer mit Brandpfeilen Schießübungen vollführt hat.«

»Und warum hat dieser Herr Selbstversorger diesen Idioten nicht angesprochen, anstatt ihn zu filmen?«

»Weil der Idiot immerhin klug genug war, die Biege zu machen, als ein Mann mit Videoausrüstung mit viel Geschrei auf ihn zukam. Beim Brand will er den Idioten übrigens auch kurz gesehen haben. Nur nicht beim Löschen.«

»Und der Idiot war Felix?«, forscht Kantereit interessiert nach.

Ricardo zuckt mit den Schultern. »Das versucht Harry gerade, mit dem Filmer herauszufinden. Sie sichten in seinem Wohnwagen das Material. Der Typ scheint ziemlich professionell zu sein, hat ein mobiles Schnittgerät und allen möglichen Videoklimbim dabei, wollte sein Filmchen übers Wochenende fertigstellen und von hier aus hochladen.«

»*There he comes*«, mischt sich Saganash ein und deutet mit der rechten Hand zum Weg, der von den Weiden zum Rondell führt. Alle an seinem Tisch wenden die Köpfe, halten nach Harry Ausschau. Aber da ist kein Harry, stellt Kantereit fest.

»*Listen*«, fordert ihn der Schamane auf.

Kantereit spitzt die Ohren, dann vernimmt er es endlich: das Trappeln und Klopfen von Pferdehufen. Jetzt geht es in galoppierende Geräusche über, und, ja, da taucht tatsächlich Harry auf dem Rücken von Hickory auf. *Wow, heute sieht er wirklich nach Chingachgook aus*, bemerkt Kantereit mit einem kleinen, klitzekleinen Stich von Neid. Kurz vor dem Rondell bringt Harry den Appaloosa mühelos zum Halten, gleitet – wieder ganz Chingachgook – geschmeidig vom Pferd.

Mit gewichtigen Schritten geht er auf die Biertische zu. Statt zu grüßen, fragt er nur: »Wo ist Ariane?«

Er fragt nicht zornig oder scharf, sondern übermüdet und erschöpft. Was kein Wunder ist nach seiner Nacht.

»In Felix' Blockhütte«, informiert ihn Fenja. »Sie schläft noch.«

Klaus Kantereit würde seinem Bruder gerne Kaffee anbieten, aber den gibt's ja nicht. »Lass sie schlafen«, empfiehlt er Harry stattdessen. »Sie dürfte noch komplett erschossen sein. Magst du etwas Ziegenmilch? Saganash hat auch Schinken aus dem Haus mitgebracht.«

Harry hört nicht hin. »Ich muss sofort zu Ariane«, knurrt er. »Mich entschuldigen.«

Alle Blicke fahren zu ihm herum.

»Entschuldigen?«, fragt Ricardo. »Heißt das, du weißt jetzt, wer hinter dem Brand steckt? War es Felix?«

»Ja, aber das wusste ich immer«, erklärt Harry schroff. »Was Ariane betrifft, habe ich mich getäuscht.«

»Das kannst du doch unmöglich durch die Sichtung des Filmmaterials herausgefunden haben«, wundert sich Klaus laut.

Harrys Blick sucht die Hütte, in der Ariane schläft. »Natürlich nicht. Aber ihre Suche nach Nashoba, ihre übergroße Sorge um meinen Hund, hat mich überzeugt. Ariane hat mit der Brandstiftung nichts zu tun!« Er dreht sich um. »Muss sie wecken«, entscheidet er und stapft auf die Hütte am anderen Ende des Platzes zu.

Saganash seufzt vernehmlich.

Warum das?, denkt Klaus verwirrt.

»Also ich würde die arme Frau schlafen lassen«, findet Fenja.

»Das kann er nicht«, entgegnet Ricardo. »Harry schämt sich zu sehr, und das ist ein Gefühl, das er kaum ertragen kann.«

Sie beobachten, wie Harry an die Hüttentür klopft. Zunächst sachte, dann härter, am Ende hämmert er geradezu gegen das Holz. Im Inneren scheint es keinerlei Reaktion zu geben, auch kein Bellen von Nashoba.

»Markiert der ein Überfallkommando?«, erregt sich Fenja. »Der sollte endlich aufgeben und der armen Ariane ihre Ruhe lassen.«

»He cannot give up«, merkt Saganash an.

Klaus fährt zu seinem Sitznachbarn herum. Dieser, dieser – nun ja – Schwindler, genau, Schwindler, versteht offenbar viel mehr Deutsch, als er bislang vorgegeben hat. Er will die friedliche Stimmung am Tisch im Moment nicht stören, aber darauf wird er den Schamanen noch ansprechen!

Vor der Hütte, besser gesagt: in der Hütte, tut sich was. Harry hat die Tür aufgestoßen und stürmt sozusagen die Festung. Kann eine Bitte um Verzeihung wirklich *so* dringlich sein? Noch dazu bei Ariane, die bei Gott kein Engel ist und Harry über Wochen wie ein leibhaftiges Monster behandelt hat?

Oh, das ging aber schnell. Harry stürmt aus der Hütte, stapft mit geballten Händen zu den Biertischen zurück. *»She's gone«*, wendet er sich direkt an Saganash und sieht dabei recht wütend aus.

»Ariane ist weg?«, fragt Fenja überrascht nach.

Harry nickt. »Mit Nashoba.«

»Dann führt sie ihn bestimmt ein bisschen Gassi«, tippt Kantereit. Er wundert sich zunehmend über Harrys eigenwilliges Gebaren. Sein Bruder scheint zwischen widerstreitenden

Gefühlen zu schwanken. Maßloser Zorn und – tja, was noch? – Verzweiflung? Nein, das kann's nicht sein.

»Quatsch, Gassi!«, blafft ihn Harry an. »Sie ist für immer weg. Zurück nach Köln, um ihre Millionen nachzuzählen, um ihr Happy End zu feiern, um wieder in die dämliche Villa einzuziehen –«

»Wovon, zum Kuckuck redest du? Das Geld ist weg«, unterbricht ihn Klaus.

»Nicht mehr lange«, zürnt Harry, öffnet die linke Faust und schleudert ein zusammengeknülltes Schreiben auf den Tisch. »Da steht alles drin. Ariane hat gestern im Wald einen Anruf ihres Anwalts bekommen. Dieser Eschberg, ihr Neffe, ist festgenommen und von Panama in die Staaten überführt worden. Einem Prozess gegen ihn steht nichts mehr im Wege, und Teile von Arianes Vermögen werden demnächst wohl wieder freigegeben. Lies!«

Kantereit starrt ungläubig auf die Papierkugel. Harry lässt sich erschöpft neben ihn auf die Bank fallen. Richtig bleich ist er, besorgniserregend bleich, erkennt Kantereit und tut das Naheliegende, tastet nach Harrys Puls, verlangt nach Wasser. Ricardo schiebt ihm eine Plastikflasche zu. Klaus zwingt seinen offensichtlich schwer dehydrierten Bruder zu trinken, während Fenja nach der Papierkugel schnappt, sie entfaltet und knisternd glatt streicht.

»Es stimmt«, ruft sie nach kurzer Lektüre. »Es stimmt alles.«

Harry ist mittlerweile unter die Lebenden zurückgekehrt, sein Gesicht hat wieder an Farbe gewonnen, energisch rappelt er sich auf. »Ich muss ihr sofort nach«, verkündet er.

»Du gehst jetzt nirgendwohin«, befiehlt ihm Kantereit ganz Arzt.

Harry will sich erneut von der Bank hochkämpfen.

»Bleib hier«, fordert auch Ricardo. »Du kannst jetzt nicht weg, Mann.«

»Ha, willst du mich vielleicht aufhalten?«, rebelliert Harry, ballt beide Fäuste und springt mit einem Satz und zornesfunkelnden Augen von der Bank auf.

Klaus kommt nicht mehr mit, was soll denn das jetzt? Will Harry einen Schlagabtausch mit einem versierten Kampfsportler wie Ricardo provozieren? Warum?

»*You must let her go*«, meldet sich endlich auch mal Saganash zu Wort. Der Mann ist schließlich – zumindest angeblich – ein Experte in Sachen friedfertiger Umgang. »*I told you before!*«

Wie? Was? Klaus Kantereit kommt nicht mehr mit. Saganash hat seinem Bruder bereits geraten, Ariane gehen zu lassen? Wann und weshalb? Was steckt da nur wieder hinter?

Etwas ziemlich Ernstes, wie es scheint.

Harrys Schultern sinken herab, er wirft dem Schamanen einen schmerzerfüllten Blick zu, fasst sich. »*I cannot*«, *murmelt er.* »*She is not ready.*«

Er kann Ariane nicht gehen lassen, weil sie noch nicht fertig ist?

Fertig womit? Ist Harry so wütend und verzweifelt, weil er Ariane nicht von ihrem üblichen, geldgierigen Ich kurieren konnte? Na, das hätte er seinem Bruder von Anfang an sagen können. Aber ist das wirklich alles?

Die fragenden Gesichter in der Tischrunde beweisen Kantereit, dass jetzt wirklich niemand mehr weiß, worum es hier genau geht.

»*Let her go*«, wiederholt Saganash sehr sanft. »*She'll find her way alone.*«

Na, darauf kann man eine Wette abschließen, dass Ariane ihren Weg sehr gut allein findet, weiß Klaus, vor allem mit ihren zurückgewonnenen Millionen im Rücken.

»*She took my dog*«, trotzt Harry auf.

Ist das Harrys ernst gemeinte Begründung für sein extrem blödes Benehmen? Mann-o-Mann, sein Bruder ist wirklich ein seltsamer Vogel!

Saganash scheint Harry weiterhin ernst zu nehmen. Er schüttelt leise den Kopf. »*No, Nashoba followed her.*«

Das dürfte der Wahrheit nahekommen. Der Hund hat alle Nase lang bewiesen, dass er nur denen folgt, die er seiner Zuneigung für würdig hält. Oh, könnte es sein, dass Harry schlicht eifersüchtig auf Ariane ist? *Wegen eines Hundes?* Vom stolzen Chingachgook seiner Kindertage ist wirklich nichts mehr übrig geblieben. Wahrscheinlich gab es den nie. Eine ziemlich herbe Enttäuschung, bemerkt Kantereit.

»*Nashoba chose Ariane, Harry. Like you this dog loves strong women and lost souls!*«

Kantereit braucht ein Weilchen, bis er das Gesagte begreift.

Fenja ist schneller. »Ist das wahr, Herr Professor?«, fragt sie aufgeregt. »Sie *lieben* Ariane van Endert?«

»Oh, wie wunderbar, wie fabelhaft, dann wird ja alles gut«, mischt sich wie aus dem Nichts Dagmar Pöpsel ein und hält hinter Harrys Rücken eine Kanne hoch. »Kaffee jemand? Ich habe ihn gerade frisch gekocht.«

Der Kaffee ist Kantereit willkommen, aber Dagmars unerschütterlicher Betriebsoptimismus ist hier gelinde gesagt fehl am Platze. Ein Happy End zwischen Harry und Ariane wird es im Leben nicht geben. Kämpferisch strafft er den Rücken. Er wird Harry aus diesem Schlamassel heraushelfen. Als Bruder und als Arzt. Mit der erfolgreichen Behandlung von depressiven Verstimmungen im Alter kennt er sich nun wirklich aus. Er kann durchaus noch ein Weilchen auf dem Sonnenhof bleiben, Harry seelisch aufrichten, ihn zur Arbeit am Hof motivieren, ihn zu Unternehmungen mit den anderen animieren. Nicht zuletzt wird er die Erinnerungen an ihre wunderbaren gemeinsamen Kindheitserlebnisse beleben.

Zur Not gibt's gegen Harrys Anflug von Schwermut natürlich auch hervorragende Tabletten. Okay, und Saganash. Ja, den auch.

Epilog

Baumaschinen rattern, Kreissägen fressen sich kreischend in Holz, Hammerschläge hallen über das Hofgelände. *Wie immer wird irgendwo in der Ferne gebohrt*, stellt Fenja fest, als sie gegen acht nach einem hastigen Frühstück vor das Haupthaus tritt. Ziemlich übernächtigt verharrt sie auf der Schwelle.

Neben Klaus, Harry und Dagmar wohnen auch Bert, Ricardo und sie mittlerweile in dem schönen ehrwürdigen Gebäude. Ganz einfach deshalb, weil es stets etwas zu besprechen und zu planen gibt. Harrys Arbeitszimmer fungiert als Büro der Bauleitung. Außerdem wurden im Rahmen der Brandsanierung Küche und Stube so zusammengefasst, dass sie einen herrlich urigen Gemeinschaftsraum bilden. Sämtliche Blockhütten werden indessen für die freiwilligen Helfer – zumeist Selbstversorgerkollegen und Harrys Studenten – gebraucht, die regelmäßig eintrudeln, um mitanzupacken.

Der Hofherr hat den Dreh raus, Menschen für seinen Sonnenhof zu begeistern. *Selbst bei mir hat's geklappt*, findet Fenja. Na ja, halbwegs. So schön Harrys Hof auch ist, ist er nicht die Endstation ihrer Sehnsüchte. Nein.

Der Baulärm mischt sich mit gebrüllten Kommandos, Pfiffen, herzhaften Scherzen und Handwerkerflüchen. So geht das – mit den auf Baustellen üblichen Zwangspausen wegen ausbleibender Handwerker oder Materialanlieferungen – bereits seit sieben Wochen. Der Sommer ist mittlerweile in seine goldene Augustphase eingetreten, und neben Gemüse und Obst wächst auch der Gebäudekomplex auf dem Hofgelände.

Fenja reckt sich gähnend. Sie braucht noch ein Weilchen, um ihre Müdigkeit abzuschütteln. Ihre Mitbewohner sind längst ausgeflogen, gehen den kleinbäuerlichen Aufgaben nach oder assistieren bei den diversen Bauarbeiten.

Sie ist heute spät dran, weil sie einmal mehr bis in die frühen Morgenstunden über den ellenlangen Anträgen für Studienbeihilfen und Stipendien gesessen hat. Sehr zum Leidwesen Ricardos, der ihren Eifer in dieser Hinsicht nicht verstehen will. *Verstockter Kerl!* Fenja verzieht kurz den Mund. Bei aller Liebe – und ja, die ist groß und gedeiht –, warum kann und will er sie in diesem Punkt nicht endlich verstehen, sie einfach machen lassen?

Eine kleine Steilfalte bildet sich über Fenjas Nasenwurzel. Richtig ungemütlich ist Ricardo diesmal wegen ihrer Nachtsitzung geworden, regelrecht wütend. Er hält das alles für komplette Zeitverschwendung. Zu Wortgefechten ist es nicht gekommen, aber statt Kuschellaune hat extrem dicke Luft zwischen ihnen geherrscht, und Ricardo scheint tödlich beleidigt zu sein. Dumm gelaufen, aber lieben heißt eben immer auch streiten. Zumindest gelegentlich. Obwohl … Sich feindselig anzuschweigen hat eigentlich wenig mit Streiten zu tun. Es belastet lediglich. Sie wird mit ihm reden müssen.

Fenja lässt sich seufzend auf die Bank vorm Eingang plumpsen. Vor ihrer gemeinsamen Sizilienreise zu Ricardos italienischer Familie werden sie sich hoffentlich wieder versöhnt haben. Wäre schade, die wunderschöne Insel und Ricardos Verwandtschaft mütterlicherseits mit schlechter Laune zu besuchen, sie mit Groll oder Streitigkeiten zu behelligen.

Laut Ricardo handelt es sich bei der weit verzweigten Verwandtschaft seiner früh verstorbenen Mutter um sagenhaft herzliche und gastfreundliche Menschen – von einigen verbohrten Knurrhähnen abgesehen. Darunter sind Wein- und

Gemüsebauern, vor allem aber Altarschnitzer und Schreiner aus einem auf diese Handwerkskünste seit Jahrhunderten spezialisierten Bergstädtchen nahe Ragusa und Syrakus.

»Reich ist nie einer von ihnen damit geworden. Sie arbeiten oft mit einfachsten Mitteln, aber mit professioneller Leidenschaft. Eben darum sind sie wahre Meister ihres Fachs und in Sachen Lebenskunst unschlagbar«, sagt Ricardo.

In beiden Punkten glaubt Fenja ihm aufs Wort, ebenso seinen ansteckenden Schwärmereien über Siziliens unfassbar vielfältige Bauschätze aus antiker, byzantinischer, arabischer, normannischer, gotischer, barocker und weiß Gott noch welcher Stil- und Bauepoche. Eine Bilderrecherche im Internet beweist rasch, dass die halbe Welt über die Jahrhunderte hinweg auf der Mittelmeerinsel zu Gast gewesen sein muss und Spuren hinterlassen hat. Von den prachtvollen Kirchenbauten und Tempelruinen ganz zu schweigen. Ja, inzwischen kann auch Fenja sich für sakrale Architektur erwärmen.

Vier Wochen will Ricardo ihr seine Insel und – wie er sagt – »die Herzensheimat meiner Mutter« zeigen. Auch Ausgangspunkt seiner eigenen seelischen Gesundung und Wandlung vom verwirrten, aufbegehrenden siebzehnjährigen Streuner zum ernsthaften Wandergesellen soll die Insel gewesen sein. Seine Meisterprüfung als Schreiner und Zimmermann, die er demnächst ablegen will, war ein Grund für seine Rückkehr nach Köln.

Die Messerstecherei am Ebertplatz hat ihn nur kurz zurückgeworfen und hatte nichts mit seinen dämlichen Haschisch- und Ecstasydealereien in längst vergangenen Gymnasiastentagen zu tun, die zu seinem Schulrausschmiss und dem endgültigen Zerwürfniss mit seinem deutschen Vater, einem waschechten Kölner, geführt hatten. Mit gerade mal sechzehn Jahren, knapp ein Jahr nach dem Tod seiner Mutter und kurz vor der eiligen Wiederverheiratung des Vaters mit seiner Buchhalterin, war er ausgebrochen. Sein Vater, ein Arbeitstier und – so Ricardo – »emotionaler Analphabet« ist seine zweite Ehe mehr aus pragmatischen als aus emotionalen Gründen und seinem heiligen Betrieb zuliebe eingegangen. Das war nicht schön und für Ricardos Seelenleben eine Katastrophe, weshalb er sich als Ausreißer zur Familie der Mutter durchgeschlagen hat. Kann man nachvollziehen.

In gewissem Sinne hatten auch die Ebertplatz-Episode und die Messerstecherei mit Ricardos frühen Erfahrungen zu tun. Heroisch, aber reichlich unbedacht hat er sich in einen eskalierenden Streit zwischen einer kriminellen Bande und einem unzufriedenen, noch jugendlichen Kunden eingemischt. Als er seine Martial-Arts-Künste zugunsten des aufbegehrenden Jungen einsetzte, wurde er selbst umgehend zum Hauptangriffsziel. Was die bekannt fatalen Folgen hatte. Seine Beherztheit spricht für Ricardo, wie Fenja findet, mal abgesehen von all dem anderen, was sie verbindet.

Sei's drum. Einen Weg, ihr Studium aus eigenen Kräften zu finanzieren, will sie trotzdem finden. Almosen von Klaus will sie nicht nehmen, erst recht keine von Ricardo. In diesem Punkt möchte sie festbleiben. Gleichgültig, über wie viel Geld, Beziehungen und Mittel dieser ausgemachte Heimlichtuer seit der behutsamen Versöhnung mit seinem Vater verfügt, sie wird keinen Cent von Ricardo anrühren.

Ausgerechnet von Ricardo, denkt Fenja sich in Rage. So ganz hat sie sich denn doch nicht in ihm getäuscht. Er kann sehr unehrlich sein, geradezu kriminell unehrlich. Wie konnten er – und natürlich auch mal wieder Klaus Kantereit – ihr nur vorenthalten, dass sein Vater …

Wieder kreischt eine Kreissäge. Sie frisst sich nicht nur durch Holz, sondern auch in Fenjas vagabundierende Gedanken, lenkt ihren Ärger auf die Geräuschquelle und die Arbeit. Himmel, auf dem Sonnenhof sind derzeit wirklich nur wenige Oasen der Ruhe zu finden! Allenfalls im Wald und auf den höher gelegenen Hangweiden, die – so durchblitzt es Fenja im selben Moment – spätestens Ende des Monats gesenst werden müssen. In jedem Fall, solange das trockene Wetter anhält.

Harry weiß wie die alteingesessenen Bauern des Tales nur allzu gut, dass das Wetter hier oben häufig just zur Heuernte umschlägt und abrupt Kurs auf Herbst und Sturzregen nehmen kann. Dann ist die Ernte hin. Das hat er ihnen oft genug gesagt.

Automatisch fährt Fenjas Blick zum Himmel. Noch scheint die Augustsonne. *Hoffentlich bleibt das so, und hoffentlich werden die diversen Neubauten zügig fertig*, sinniert sie, denn die zu pflegende Tierschar des Sonnenhofes wächst. Außerdem muss sich das ebenfalls wachsende Hofteam endlich wieder ganz der kleinen, aber aufwendigen Selbstversorgerwirtschaft zuwenden.

Fenjas Zorn verfliegt wie von selbst, sie ruft sich zur Ordnung. Die Frage der Studienfinanzierung wird sie schon klären. Jetzt gilt es, den Tag anzugehen und ihrer liebsten Baustelle, ihrem ersten Bauprojekt, einen Besuch abzustatten. Nicht nur planerisch war sie beteiligt, nein, sie hat auch bei der Fundamentlegung und diversen Holzarbeiten tatkräftig mitgeholfen und dabei mehr gelernt als in so mancher knochentrockenen Kölner Vorlesung.

Natürlich vor allem von Ricardo. Daneben selbstredend von Harry und von diversen Fachkräften, vor allem von dem grandiosen, auf Holzbauten spezialisierten Statiker. Oh ja, das Bauwesen ist eindeutig ihr Ding. Deutlich aufgemuntert erhebt Fenja sich von der Bank und tritt den Weg zu Hickorys großzügigem Stallrohbau an.

Nach vielen Seiten grüßend passiert sie das neue Schuppen- und Ställeareal beim Haus. Heute Morgen scheinen sämtliche Handwerker und Bauarbeiter an Deck zu sein. darunter auf ökologisches Bauen spezialisierte Zimmerleute, Lehmputzer, überdies Trockenbauer, Elektroinstallateure und Klempner. Der Werkzeug- und Gerätepark wächst, und die anfangs meterhohen Materialstapel – allem voran Holz und Bruchsteine – schwinden. Keine Frage: Der neue Fahrzeugschuppen, ein luftiger Hühnerstall und die Unterkunft für eine auf vierzig Ziegen erweiterte Herde plus zugehöriger Melkanlage nähern sich ihrer Vollendung.

Fenja schlägt den Weg zu den Ententeichen und der Pferdekoppel ein, muss dabei an Harrys jüngsten Plan denken. Der Hofherr träumt vom Bau eines kleinen, aber feinen Winter-Kuhstalles mit großem Auslauf und Kälberkindergarten. Wohnen sollen dort natürlich nicht nur Sassafraß und Pimpinelle, sondern auch vier oder fünf echte Hinterwälder, eine kleine rehbraune Kuhrasse mit hübsch gebogenen Hörnern, die unter dem volkstümlichen Namen Hirschvieh im Schwarzwald einst typisch war. Sie gilt als besonders geländegängig auf Steilhängen und in Bergwäldern.

Harrys Eifer ist kaum zu bremsen, er ist von wahrer Schaffenswut gepackt. Saganash, der vor wenigen Tagen nach Kanada zurückgekehrt ist, hat Harrys Pläne begrüßt. Im Frühjahr will er wiederkommen, um ihre Fortschritte in der Pferde- und Kuhhaltung zu begutachten. »*Big changes will happen*«, hat er orakelt.

Dagmar vermutet, dass Saganash mit den zu erwartenden großen Veränderungen nicht die Kühe und Pferde gemeint hat und dass hinter Harrys Tatkraft mehr als nur Begeisterung und der Wunsch nach Erweiterung des Sonnenhofes stecken. »Der arme Mann muss sich ablenken«, argwöhnt sie. »Der endgültige Verlust unserer Ariane setzt dem lieben Professor fürchterlich zu. Nun ja, vielleicht ist er ja doch nicht endgültig. Die Frau hat ja Herz. Viel Herz.«

Kann das stimmen?, fragt sich Fenja einmal mehr. Vielleicht wittert die schwer verliebte Dagmar einfach überall Verliebte. Kennt man ja von werdenden Müttern, die plötzlich lauter Schwangere, junge Eltern und Menschen mit Kinderwagen entdecken. Ganz einfach, weil sich ihr Lebensfokus und damit ihr Blickwinkel gewaltig verschiebt. *Ja, so wird's sein.* Sie jedenfalls glaubt nicht daran, dass Harry unter gebrochenem Herzen leidet. Allenfalls Nashoba vermisst er. Aber Ariane? Nein, das haut nicht hin.

Auch bei Fenja hat sich Frau van Endert seit ihrer nächtlichen Flucht vom Hof nicht gemeldet – woher auch? Aber den Zeitungen konnte man entnehmen, dass Ariane ihre Villa und Teile ihres Vermögens inzwischen zurückerhalten hat und wieder in altem Glanz in Marienburg residiert. Fenja schüttelt den Kopf. Nein, um eine Ariane van Endert oder deren Herz muss man sich keine Sorgen machen. Die hält zäh und störrisch wie eh und je an ihren Zielen und – noch wichtiger – an ihrem Vermögen fest. So viel Zielstrebigkeit und Beharrungsvermögen sind schon bemerkenswert.

Fenja schenkt im Vorbeigehen Pimpinelle und Sassafraß ein flüchtiges Lächeln und kehrt in Gedanken zur Kuhstallplanung zurück. Klaus begrüßt die Idee von ganzem Herzen, hat sich ins Thema eingelesen und als Hirte und Melkkraft angeboten.

»Endlich mal was anderes als Ziegenmilch und dazu eigene Butter, das wäre fantastisch«, schwärmt er, sobald sein Bruder Harry das Gespräch auf seinen Stallbauplan bringt. Geld will Klaus dafür ebenfalls zur Verfügung stellen. Das aber will Harry nur akzeptieren, wenn Klaus sich entschließt, dauerhaft auf dem Sonnenhof zu bleiben und einen Anteil am Besitz anzunehmen.

»Wir sind ein Joint Venture, Klaus«, wird Harry nicht müde zu betonen. »Und keine Bange: Als Arzt wirst du hier oben ebenfalls genug zu tun haben.«

Die Verhandlungen laufen noch.

»Die Entwürfe erwarte ich selbstverständlich von dir und Ricardo«, hat der Herr des Sonnenhofes ihr derweil mitgeteilt. Nun, man wird sehen. Reizvoll wäre ein weiteres Bauprojekt schon, aber so viel Spaß es auch macht, Ställe zu entwerfen, Fenja hat nicht vor, sich auf Viehunterkünfte zu spezialisieren. Schon gar nicht als halbstudierte Laiin.

Endlich erreicht sie ihren liebsten Bauplatz bei Hickorys Weide. Der Appaloosa grast gemächlich, während nebenan unter beständigem Gehämmer und Geschrei die hölzerne Dachträgerkonstruktion vollendet wird. Wie es ausschaut, dürfte sie heute fertig werden. Einem baldigen Richtfest steht damit nichts mehr im Wege, und hernach kann die Dachfläche aufgebracht werden.

Mit knappem Kopfnicken grüßt Fenja Klaus Kantereit, der bereits als Zaungast eingetroffen ist und an einem hüfthohen Absperrgitter lehnt. Dagmar und Bert Feining haben sich weiter vorgewagt, stehen Arm in Arm und mit Sicherheitshelmen ausgestattet direkt vor dem Stallgebäude, das bald die neue Heimat von Hickory und drei hübschen Stuten, echten Schwarzwaldmädeln, sein wird. Bert kann es kaum erwarten, dass seine neuen Schützlinge eintreffen und er sie und Hickory mit viel Fingerspitzengefühl aneinander gewöhnen kann. Ein wenig erinnern er und Dagmar an werdende Eltern.

Fenja legt den Kopf in den Nacken und verfolgt gebannt die Arbeiten am Holzgestühl. Wiewohl Ricardo vornehmlich Schreiner ist und sich auf maßgefertigte Vollholzüren und Fensterrahmen sowie sein Steckenpferd Kirchensanierung spezialisiert hat, klettert auch er im Dachgerüst herum, schlägt

Seite an Seite mit Harry Nägel ein. Beide gehorchen dem örtlichen Dachdeckermeister aufs Wort.

»Dächer sind dessen Spezialität. Ich will mich hier auf gar keinen Fall als nassforscher Alleskönner oder Bauherr aufspielen«, hat Ricardo Fenja ein ums andere Mal erklärt. Dabei ist er genau das: der Bauherr. Schließlich bezahlt er den ganzen Summs, so wie alle anderen Bauprojekte auf dem Sonnenhof, zum größten Teil. Zudem will er hier in der Gegend bald seine eigene Firma gründen. Dass er für all diese Vorhaben aus dem Vollen schöpfen kann, hat er seinem Vater zu verdanken, einem deutschen Pionier in Sachen Thermopenverglasung und Fassadendämmung, der seinen wiedergefundenen, zuvor verlorenen Sohn überreichlich mit privaten Darlehen und Zuschüssen segnet.

Ein ärgerlicher Schatten huscht über ihr Gesicht. Das alles gefällt ihr immer noch nicht. Sie kann sich schlecht mit dem Gedanken anfreunden, dass Ricardo väterlicherseits ein Sohn aus vermögender Familie, noch dazu aus einer europaweit tätigen Kölner Handwerkerdynastie ist, also mit goldenem Löffel im Mund geboren wurde. Noch weniger behagt ihr, dass Ricardo auch ihr »Gönner« sein und ihr Architekturstudium finanzieren will. Alternativ hat er ihr eine sofortige Festanstellung in seiner zukünftigen Firma angeboten.

All das ist natürlich komplett indiskutabel. Fenjas Miene verfinstert sich spürbar. Liebe hin oder her – an dieser ganz persönlichen Baustelle müssen Ricardo und sie gewaltig arbeiten. Sie lässt sich nicht kaufen.

Gestern hat Ricardo ihr als Kompromiss ein rückzahlbares Studiendarlehen angeboten. Fenja verschränkt abwehrend die Arme vor der Brust. Kann er machen, annehmen wird sie es von ihm trotzdem nicht. Genauso wenig wie von Klaus, der längst mit einem ähnlichen Angebot aufgewartet hat. Vielleicht als Ricardos Strohmann? Kurz streift sie ihren Ziehvater mit einem argwöhnischen Seitenblick. Zuzutrauen wäre es den beiden.

Steht zu hoffen, dass ihre diversen Anträge auf Studienbeihilfe und Stipendienbewerbungen zu einer Lösung führen. Denn eins ist sicher: Ihre Leidenschaft für Architektur kann und wird sie nicht noch einmal aufgeben, und sie will eine verdammt gute Architektin werden. Eine, die sich mit Theorie und Praxis gleich gut auskennt.

Ihr grimmiger Blick findet zu Tausendsassa Ricardo auf dem Dach zurück, wird unfreiwillig milder, verfinstert sich erneut. Dieser Pirat, na ja Ex-Pirat, hätte bei Gott ehrlicher zu ihr sein müssen. Von Anfang an. Sie hasst es nun einmal, belogen zu werden.

»Immer noch wütend auf deinen sizilianischen Goldschatz?«, fragt wie aufs Stichwort Klaus.

Goldschatz, pah! Der kann's nicht lassen. Und frech schmunzeln tut er auch. Ganz leicht nur, aber sie sieht es trotzdem.

»Ricardo ist nur mütterlicherseits Sizilianer und ganz sicher nicht mein Goldschatz. Okay?«, fährt Fenja ihren Ziehvater an. »Ebenso wenig wie du!«

Kantereit hebt abwehrend die Hände. »Keine Bange, ich werde dir nie wieder anbieten, dein Studium zu finanzieren. Bin ja lernfähig, außerdem brauche ich mein Geld selbst. Ich will schließlich in den Sonnenhof investieren.«

»Du willst also hierbleiben?«, entfährt es Fenja verblüfft und zu ihrer eigenen Überraschung sogar erfreut. »Ich meine, für immer?«

Klaus nickt. »Ja, ich will.«

Fenja muss griemeln, das klingt fast, als würde er eine Ehe eingehen. »Glückwunsch«, sagt sie und fragt trotzdem: »Bist du dir sicher, die richtige Entscheidung getroffen zu haben? Glaubst du tatsächlich, du kannst hier zufrieden alt werden?«

»Danke und ja«, entgegnet Klaus knapp. »Meine Zufriedenheit wäre natürlich entschieden größer, wenn du Ricardos Angebote nicht samt und sonders ausschlagen würdest. Zumindest ein Darlehen könntest du annehmen. Er würde sicher auch Zinsen akzeptieren. Sogar Wucherzinsen, wenn du elender Sturkopf nur endlich nachgibst.«

Fenja hebt zu einem Protest an. Klaus bringt sie mit einer energischen Handbewegung zum Schweigen. »Lass mich ausreden! Ricardo bietet dir seine Hilfe aus gutem Grund und aus voller Überzeugung an. Er weiß aus leidvoller Erfahrung, wie verbohrt und dumm es ist, den unversöhnlichen Deppen zu geben und die harte Tour zu wählen, statt sinnvolle Chancen und ernst gemeinte Hilfsangebote aus der eigenen Familie zu akzeptieren.«

»Ricardo hatte gute Gründe, das nicht zu tun«, verteidigt Fenja ihren Liebsten, obwohl sie weiß, dass sie Klaus Kantereit damit mal wieder eine Steilvorlage für weitere Argumente gibt.

Die ihr Ziehvater prompt nutzt. »Fenja, du erkennst doch sicher gewisse Parallelen in euer beider Lebensläufen, oder?«

»Nein, tue ich nicht. Ich bin komplett anders als Ricardo«, trotzt sie auf.

Klaus Kantereit nickt. »Das stimmt, mein Kind. Du bist vor allem noch verbohrter und weniger lernfähig. Ricardos Vater hat sich sein Leben lang schwer damit getan, seinem Sohn oder seiner ersten Frau seine Liebe zu zeigen. Inzwischen ist es ihm sehr ernst damit, er will seine Versäumnisse unbedingt wiedergutmachen, und Ricardo spürt das. Dein Freund hat kapiert, dass Groll lähmt und das eigene Leben vergiftet. Du hingegen … Ach, was soll ich noch sagen?« Er bricht ab, schüttelt resigniert den Kopf. »Manchen Menschen ist eben bei aller

Liebe nicht zu helfen. Sagt sogar Saganash. Er hat mir zum Abschied ans Herz gelegt, es bei dir bleiben zu lassen. Recht hat er, und ich habe Besseres zu tun.« Sagt's und wendet sich ab. *Wer will lustige Handwerker sehen* pfeifend stapft er zurück in Richtung Haupthaus.

Wie bitte? Fenja kann's nicht glauben. *Das ist ja ganz neu.* Ach, egal, wahrscheinlich will ihr Ziehvater ihr nur beweisen, dass er sich – im Gegensatz zu ihr – grundlegend zu verändern und dass er zu vergeben weiß. Etwa Harry. *Pah, wer's glaubt!* Die werden sich auch wieder in die Wolle kriegen.

Fenjas Blick kehrt – leicht verunsichert – zum Dach und zu Ricardo zurück. So was, der winkt und lacht sie an. So als wäre alles in bester Ordnung. Na ja, sie will mal nicht so sein. Fenja hebt die rechte Hand, winkt zurück.

»Dein Freund ist einfach sa-gen-haft«, zirpt es neben ihr. »Wirklich einzigartig.«

Oh nein, nicht schon wieder! Dagmar muss sich regelrecht angeschlichen haben, um einmal mehr Lobgesänge auf Ricardo anzustimmen. Wie Klaus nimmt sie regen Anteil an ihrem Liebesleben.

Auch jetzt. »Ein so gut aussehender junger Mann, dabei so begabt und großzügig«, fährt Dagmar fort. »Und so unermüdlich. Hast du ihm eine Brotzeit mitgebracht? Er ist heute schon seit fünf Uhr auf dem Dach, sagt er. Ohne Frühstück! Genau wie Harry. Die beiden sind wirklich kaum zu bremsen, dabei brauchen sie doch ihren Schlaf und regelmäßige Mahlzeiten. Mein Bert ist da vernünftiger –«

Verärgert wendet Fenja ihr den Kopf zu. »Ich bin kein Butterbrotlieferant. Wenn Ricardo sein Frühstück ausfallen lässt, ist das seine Entscheidung«, unterbricht sie Dagmar schneidend. »Ich habe hier nur eine Verabredung mit dem Statiker.«

»Oh, oh, natürlich, ich Dummerchen«, rudert Dagmar

betroffen zurück. »Selbstverständlich hätte ich mich darum kümmern und einfach etwas von unserem Frühstück einpacken sollen. Da will ich gleich mal wieder los und im Haus was zurechtmachen. Für mittags wage ich mich übrigens an einen Kessel Gulaschsuppe à la Ariane. Falls ich das hinbekomme, denn ein Rezept hat sie leider nicht hinterlassen, aber Ricardo und Harry und die Studenten brauchen was Kräftiges. Von den jungen Leuten bringt ja nicht jeder eine vernünftige Brotzeit mit, die …«

Fenja wendet sich missmutig ab, hört nicht weiter hin.

Falls Ricardo hier den leidenden Hungerkünstler geben will, um sie zu bestrafen, kann dieser Kindskopf das gerne tun. Aber er soll doch bitte nicht die überfürsorgliche Dagmar in die ganze Sache hineinziehen. *Seit fünf auf dem Dach. Unermüdlich bei der Arbeit.* Was für ein Held und dann auch noch rumerzählen, er habe nicht gefrühstückt. Was fällt dem Kerl ein? Da muss Dagmar doch auf dumme Gedanken kommen.

Fenja zuckt zusammen. Neben ihr jauchzt und jubelt es plötzlich und ohrenbetäubend schrill. Sogar die Hammerschläge sind dagegen ein Witz.

Dagmar packt sie am Arm. Mit Klammergriff, sodass es wehtut. »Das gibt's nicht. Fenja, guck mal, wer da sitzt! Hinter dir. Ist es zu fassen? Das ist ein Wunder. Ein wahres Wunder!«

Fenja guckt. Und fasst es zunächst tatsächlich nicht. Kann das sein? Ist das möglich?

»Wuff«, bestätigt schwanzwedelnd Nashoba und klingt nicht ganz wie er selbst. Er sieht auch nicht ganz wie er selbst aus. Was an seinem Luxuslederhalsband liegen könnte und daran, dass sein Fell wie frisch gekämmt aussieht und prachtvoll glänzt. Oder daran, dass er mit geradezu treuherzigem Blick zu ihr aufschaut.

»Harry!«, schreit Dagmar. »Dein Hund ist zurück.«

Nicht nur der, stellt Fenja nach einem suchenden Blick über den Weidepfad fest.

Ariane van Endert strafft den Rücken, muss sich sammeln. Gleichgültig, wie oft sie sich ihre Rückkehr auf den Sonnenhof ausgemalt, sich vorgenommen hat, souverän Haltung und Distanz zu bewahren: Als ihr der neue Stallbau und die vertrauten Gestalten am Zaun und auf dem Dachstuhl in den Blick kamen, hat ihr Herz begonnen, Galopp zu schlagen. Und ist dabei sogar ins Stolpern geraten. Bedauerlicherweise neigt es inzwischen zu derartigen Eskapaden.

Aufgeregte Herzen sind eine denkbar ungünstige Voraussetzung für vernünftige Gespräche oder sachliche Verhandlungen. Erst recht für Verhandlungen mit Professor Sterzenbach. Sie muss es zur Ruhe bringen, erst einmal das Terrain sondieren, die Stimmung abklopfen, an erster Stelle die des Hofherrn. Vor allem deshalb, um im Falle eines Misserfolges einen raschen Rückzieher machen und ihr Gesicht wahren zu können. Wenigstens das.

Etwa zwanzig, dreißig Meter vom Bauzaun entfernt und bevor jemand sie bemerken konnte, hat sie zunächst Nashoba entleint und ihm den Vortritt gelassen. Als Vorhut quasi. Ihr vierbeiniger Liebling ist erwartungsgemäß wie ein Blitz zum Zaun und damit auf Dagmar und Fenja losgetobt. Dagmar hat den Hund rasch, Fenja mit leichter Verzögerung entdeckt. Sie schienen und scheinen noch immer pure Freude zu empfinden. Zumindest, was Nashobas unverhoffte Rückkehr angeht.

Und Professor Sterzenbach? Der kraxelte in einem unmöglichen Karohemd und Shorts auf dem Dachstuhl herum und hat erst auf Dagmars gellendes Geschrei reagiert. Das dann allerdings sehr fix.

Keine fünf Sekunden hat er gezögert, schon ist er über die

Dachbalken zu einer bedenklich hohen Leiter gekrabbelt, die er jetzt flink, überflink, hinabklettert. Herrje, der sollte sich ein wenig bremsen! In seinem Alter muss man Bauleitern umsichtiger hinabsteigen, sollte man weder zwei Sprossen auf einmal nehmen noch die letzten ganz auslassen, um in einem Satz hinabzuspringen. Muss der immer den Teufelskerl geben? Das geht doch auf die Knochen!

Puh, er hat's geschafft. Himmel! Ariane kann es kaum fassen. Jetzt legt der sogar einen Sprint ein, reißt den Bauzaun zur Seite, lässt sich von Nashoba ohne Gegenwehr anspringen, scheint das sogar zu genießen. Dabei hatte sie dem Hund derartig umwerfende Begrüßungen so schön abgewöhnt, nachdem er in Marienburg drei ihrer Nachbarn und den Briefboten fast zu Fall gebracht hätte. Erstere, um sie zu ärgern, Letzteren aus purer Zuneigung.

Einen Riesen wie Harry bringt man natürlich nicht so leicht zu Fall, und dass Nashoba den Hofherrn liebt, ist mehr als offensichtlich und ... Oje, oje, jetzt wird's ernst. Für sie.

Harry löst Nashobas Pfoten energisch von seiner Brust, schiebt den Hund zur Seite und bedeutet Dagmar und Fenja, diesen an Ort und Stelle zu bewachen. Kurz fixiert Harry sie über die knappe Entfernung. Dann setzt er zu einem zweiten Sprint an, hält direkt auf sie zu. Ihr unbelehrbares Herz antwortet erneut mit temporeichem Galopp. Verräterisches Ding! Das hier ist ganz sicher nicht Hollywood und keine glückliche oder einfache Heimkehr. *Wie wahr, wie wahr.* Denn Harry sieht wütend aus. *Mörderisch wütend.*

Ariane hebt hilflos und wie zur Abwehr beide Hände. Harry macht knapp dreißig Zentimeter vor ihr Halt, schaut aus seinem sonnenverbrannten Gesicht zornfunkelnd wie ein aufgebrachter Zeus auf sie herab. Und da soll man nicht in sich zusammenschrumpfen? Zumindest ein wenig den Mut verlieren?

Sie öffnet den Mund, um etwas zu sagen, doch Harry kommt ihr mit Donnerstimme zuvor.

»Was hast du dir dabei gedacht, einfach abzuhauen und meinen Hund zu entführen?«, herrscht er sie an. »Ich verlange eine Antwort, aber dalli!«

Arianes Herz setzt für einen Schlag aus. So was. Der Kerl wagt es, sie anzubrüllen, als sei sie ein dummes Schulmädchen? So nicht! Sie kontert mit eisigem Blick und in betont ruhigem Ton, denn wie heißt es so schön: *Wer gehört werden will, muss leise sprechen.*

»Guten Morgen Herr Sterzenbach. Es freut mich, Sie wiederzusehen. Allerdings erinnere ich mich erstens nicht daran, Ihnen das Du angeboten zu haben, und zweitens musste ich den Hund nicht entführen. Er ist mir nachgelaufen. Sie wissen selbst, wie eigensinnig Nashoba sein kann, wenn es darum geht, wen er mag. Mich mag er. Sie natürlich auch, aber in der Nacht meiner Abreise hat er mich vorgezogen. Dieser Hund folgt nun mal seinen Gefühlen.«

Harry legt den Kopf schief. In seinen Augenwinkeln bilden sich, wenn sie sich nicht täuscht, winzige Lachfältchen. Was bedeutet das nun wieder? Sie hat wahrlich nichts Komisches gesagt. Forschend, aber ohne jede Regung, zumindest was ihren Gesichtsausdruck betrifft, erwidert sie Harrys Blick, hält ihn mit den Augen fest. Ganz fest. Der Professor erwidert mit ebenso festem Blick. Sie liefern sich ein kurzes Duell ohne Worte. Das Harry beendet.

Ha! Ein Sieg, frohlockt Ariane.

Ganz ohne Gebrüll bemerkt Harry: »Soso, Nashoba ist dir also nachgelaufen und du –«

»Sie duzen mich schon wieder«, unterbricht ihn Ariane. »Das ist unhöflich!« Das zumindest sagt ihr Verstand, ihr Herz spricht – mal wieder – eine andere Sprache.

»Noch unhöflicher ist es, meinen Hund zu klauen. Und warum hast du *sieben Wochen* gebraucht, um ihn nach Hause zurückzubringen? Zumindest eine kurze Nachricht über seinen Verbleib und sein Befinden wäre angebracht gewesen, oder? Man macht sich doch Sorgen um einen heißgeliebten Gefährten. Dagmar war regelrecht krank vor Sorge.« Harry macht eine kurze Pause. »Seltsamerweise sogar um dich.«

Dagmar? Wie schmeichelhaft. Aber, na ja, das will nichts heißen. *Dagmar sorgt sich eben gern*, ärgert sich Ariane, ohne recht zu wissen, warum es sie ärgert. Schließlich ist es mehr als großzügig, dass Dagmar an ihr zu hängen scheint. Ach, egal, sie ärgert sich sicher einfach deshalb, weil Gespräche mit Harry über kurz oder lang immer ein Ärgernis sind. Zeit, zum geschäftlichen Teil zu kommen.

»Ich hatte in Köln viel um die Ohren, wie Sie sich vielleicht denken können«, erklärt sie kühl. »Die Wiedererlangung meiner Vermögenswerte zog sich in die Länge, es handelte sich um ein ausgesprochen komplexes rechtliches Verfahren.«

»Das du mit Erfolg abgeschlossen hast«, seufzt Harry gelangweilt und nunmehr ganz ohne Lachfältchen.

»Nicht ganz«, entgegnet Ariane und ist erleichtert, endlich sicheres Terrain zu betreten. »Und genau darum bin ich hier. Wir müssen etwas Geschäftliches besprechen.«

Harry lupft eine seiner beeindruckenden Altmännerbrauen in James-Bond-Manier: leicht spöttisch und ganz so, als sei *er* hier der Überlegene. Ist er aber nicht. Nicht in geschäftlichen Fragen. Sie hat das Geld, das er braucht.

Ariane reckt das Kinn. »Meine Anwälte und mein neuer Vermögensberater haben mir nach dem Debakel am amerikanischen Markt dringend zu nachhaltigeren Anlagestrategien geraten. Ich möchte in etwas Substanzielles, in Realwerte mit erkennbarem Wachstumspotenzial investieren, und das möglichst im hiesigen Raum. Überseegeschäfte, die ich nicht überprüfen oder persönlich in Augenschein nehmen kann, sind mir inzwischen zu gewagt. Um genau zu sein, möchte ich in so etwas wie den Sonnenhof investieren. Großzügig investieren, auch in deine, also natürlich Ihre, Mitarbeiter. Mir gefällt das Konzept: Menschen verschiedener Altersgruppen, die ein wenig aus dem Tritt gekommen sind, in ein Selbstversorgungsprojekt einzubinden, scheint zu funktionieren. Von Felix einmal abgesehen, der ist unverbesserlich. Aber keine Bange, ich habe dafür gesorgt, dass er niemals wieder hier auftaucht.«

Harry hebt verwundert beide Brauen.

Tja, da bist du baff, frohlockt Ariane. Sie ist verdammt stolz auf ihre Lösung. Der flüchtige Brandstifter Felix war dumm genug, sich an sie zu wenden und um Hilfe zu bitten. Er hat sie – in bescheidenem finanziellen Rahmen – bekommen. Für einen Neuanfang fern von Deutschland und gegen die Unterzeichnung eines vollumfänglichen Geständnisses, das ihre Anwälte sicher verwahren und nutzen werden, sobald Felix auf dumme Gedanken kommt. Was Harry wohl sagen wird, wenn sie ihm das erst erzählt? Oh ja, auch sie kann großherzig sein.

Aber was ist das? Harrys Stirn runzelt sich zur Gewitterfront, seine Brauen werden zu einem durchgehenden harten Strich, so eng zieht er sie zusammen. »Du willst also den Sonnenhof kaufen?«, grollt er. »Mach dich nicht lächerlich, meine Liebe. Klaus und ich brauchen dein verdammtes Geld nicht. Wir kommen sehr gut ohne zurecht.«

Ganz schön übermütig, der Mann. Ariane deutet mit spitzem Finger in Richtung der Baustelle in Harrys Rücken. »Willst du«, hoppala falsche Anrede, »ich meine, wollen *Sie* mir weismachen, dass die Zimmerleute, Maurer und Dachdecker hier und am Hauptgebäude allein für Gottes Lohn tätig sind? Dazu die Baumaterialien und die Planungskosten. So etwas geht gewaltig ins Geld. Welche Summe mussten Sie aufnehmen? Mehr, als Sie stemmen können, nehme ich an. Also hören Sie zu, ich werde die Kredite, die Sie aufgenommen haben, allesamt abbezahlen, zudem will ich eine Art Studienstiftung für den Sonnenhof und dessen Erweiterung gründen. Es gibt ja so viele Menschen, denen man mit ein wenig Ermunterung viel ermöglichen kann. Nehmen wir etwa Fenja, ich werde ihr selbstverständlich das Studium finan…«

Harry hört längst nicht mehr hin, das erkennt Ariane. Wahrscheinlich braucht selbst ein hochdekorierter Professor wie er ein Weilchen, um solch ein unschlagbares Hilfsangebot mental zu verarbeiten. Sie malt ihr Vorhaben in zwei, drei weiteren Sätze aus, erwähnt Ricardo, Bert und Dagmar, für die sie ebenfalls Pläne hat. Dabei wird ihr selbst richtig warm ums Herz.

Nachdem sie geendigt hat, ist Harrys Miene zunächst unergründlich, dann wirft er den Kopf in den Nacken und lacht.

Der lacht!

Und kriegt sich gar nicht wieder ein.

Lacht der sie etwa aus?

Arianes Blick fährt über Harrys Schulter hinweg zum Bauzaun. Zu ihrem Entsetzen hat sich neben Dagmar, Fenja und Ricardo ein kleines Publikum aus Handwerkern und Bauarbeitern eingefunden, das ihre scheiternden Verhandlungen interessiert verfolgt. Einige der Zuschauer feixen. Selbst Nashoba, ihr Nashoba, sieht aus, als grinse er. Oh ja, Nashoba kann grinsen, wie sie inzwischen weiß. Lediglich Dagmar trägt eine leicht verdrossene Miene zur Schau. *Nur Dagmar?*

Okay, damit weiß Ariane endgültig, was es zu wissen gibt. Plan A, ihr Herzensplan, die Hollywoodvariante, unter allgemeinem Jubel und Rührung heimzukehren, ist – nicht ganz unerwartet – flachgefallen. Doch auch Plan B, eine – zunächst –

rein geschäftliche Beziehung zu Harry aufzubauen, aus der mit der Zeit unter ihrer Führung hätte mehr werden können, ist nunmehr indiskutabel. Harry ist kein Krampendonck, kein Eschberg, kein Josef Kantereit … *Nanu, warum ist es auf einmal so still?*

Weil Harry endlich aufgehört hat zu lachen.

»Und jetzt sag mir endlich, warum du wirklich hergekommen bist«, verlangt er und versenkt seinen amüsierten Blick tief, so tief, in den ihren.

Ariane will seinem Blick ausweichen, doch das verhindert Harry, indem er beide Hände schwer auf ihre Schultern legt. Gott, es fühlt sich an, als säße sie in einem Schraubstock fest.

Ariane windet sich. Harry fixiert sie ohne Gnade. »Ariane«, sagt er, »du spürst doch so gut wie ich, worum es dir, worum es zwischen uns beiden geht. Und das hat nichts mit Geld und Geschäften zu tun, sondern mit Gefühlen. Weiß der Teufel, wie das passieren konnte, aber so ist es nun einmal. Und glaub nicht, ich hätte es mir freiwillig ausgesucht, eine Frau wie dich zu lieben. Ich schätze, dir geht es ähnlich.«

»Das … Das ist nicht wahr …«, stammelt Ariane und bricht ab. Selten – das ist selbst ihr klar – hat sie so ungeschickt gelogen. Und noch seltener hat sie sich nach ihrem Liebesdebakel als blutjunges Mädchen danach gesehnt, von einem Mann in die Arme genommen zu werden, sich einfach anzulehnen, zu vertrauen, tief zu vertrauen in sich, in einen Mann und in … nun ja … in ihr verdammtes Herz, das sich zu einer harten kleinen Faust verkrampft, als Harry unvermittelt seine Hände von ihren Schultern löst.

»Also, was meinst du?«, fragt er. »Sollen wir es wagen?«

Ariane beißt sich auf die Lippen, senkt den Kopf. Sie kann Harry nicht anschauen, während sie antwortet. Sie tut es sehr leise.

Und was macht Harry? Dreht sich einfach weg und geht in Richtung Baustelle davon. Wie kann er ihr das antun? Ariane schließt beschämt die Augen. *Das darf nicht wahr sein, einfach nicht wahr sein.* Wie kann Harry sie einfach so stehen lassen? So verzweifelt, so gedemütigt, so allein … Und das, wo sie Ja gesagt hat.

»Willkommen zurück!«, schreit es vor ihr. »Ich wusste es, ich habe es immer gewusst. Habe ich es nicht gewusst, Fenja? Ariane und Harry sind füreinander geschaffen. Wie schön, dass Sie endlich Ja zu ihm gesagt haben!«

Ariane reißt die Augen auf, und Dagmar reißt sie an ihre Brust, umarmt sie mit ganz erstaunlicher, geradezu überwältigender Kraft.

»Harry sagt, wir sollen Ihre Dachkammer wieder zurechtmachen«, mischt sich Fenja in Dagmars Jubel ein. »Ich kann Ihnen gar nicht sagen, wie sehr wir uns alle auf Ihre Hilfe freuen.«

Kann das wahr sein? Das Mädchen sieht wirklich erfreut aus. In Arianes Kehle wird es ein wenig eng.

»Und ich freue mich auf Ihre Kochkünste«, ergänzt Dagmar strahlend. »Ich hätte da eine Frage, wegen Ihres einmaligen Gulasch–«

»Haben Sie viel Gepäck dabei?«, unterbricht Ricardo Dagmars drohenden Redeschwall. »Übrigens können Sie auch direkt zu Harry ins Schlafzimmer ziehen, wenn Sie mögen. Es ist sehr geräumig. Er hat es gründlich entmistet und neu gestrichen.«

Arianes Kehle wird enger und immer enger. Sie muss sich energisch räuspern. Sehr energisch. Endlich fängt sie sich. »Danke, danke, aber für's Erste wird die alte Dachkammer genügen, wir wollen ja nichts übereilen.«

»Das wird Harry aber gar nicht recht sein«, mutmaßt Dagmar und schüttelt den Kopf, während Ricardo in Richtung Haus enteilt.

Ariane holt tief Luft. »Ich war mein Leben lang der Ansicht, dass man nie kampflos aufgeben darf. Und gerade in Sachen Liebe werde ich da keine Ausnahme machen.«

»Wie meinen Sie denn das?«, fragt ausgerechnet Fenja.

Ariane muss innerlich schmunzeln – vor allem über sich selbst. »Nun, ich werde mit Harry sicher noch über einige Einrichtungsfragen verhandeln müssen, speziell über mein Himmelbett. Vermutlich ist er kein Freund solcher Möbelstücke.«

»Sie haben ein Himmelbett«, seufzt Dagmar verzückt. »Wie romantisch!«

»Noch nicht, meine Liebe, aber ich werde eins kaufen. Ein schönes, antikes Stück, etwas, das zu Harrys Sonnenhof passt. Wissen Sie, als ich sehr jung war und vom Heiraten träumte, wollte ich in jedem Fall ein Himmelbett für die Hochzeitsnacht. Es war für mich ähnlich unverzichtbar wie für Sie die Veilchen im Brautstrauß, und ich denke es ist an der Zeit, mir diesen Traum endlich zu erfüllen.«

»Sagen Sie bloß, Sie wollen Harry heiraten«, erkundigt sich vollends verblüfft Fenja.

»Nein«, sagt Ariane und reckt das Kinn, »ich nehme aber an, dass Harry mich heiraten wollen wird. Ach, wissen Sie was, wir drei sollten uns einmal in Ruhe über solche Dinge austauschen. Nur wir Frauen, meine ich, so etwas habe ich jahre-, ach was, jahrzehntelang nicht getan.«

Fenja guckt skeptisch, dann nickt sie langsam. »Okay. Heute Abend?«

Ariane nickt. »Das wäre mir sehr recht.«

»Ein echter Mädelsabend!«, jubelt – wie nicht anders zu erwarten – Dagmar. »Und das, wo heute Nacht Vollmond ist!«

Dank

Ganz herzlich bedanken möchte ich mich an dieser Stelle bei Uli Kievernagel, einem kölschen Stadtführer der ganz besonderen Art.

An einem zauberhaft schönen Maiabend hat er mit mir einen höchst lehrreichen, amüsanten und schöpferisch enorm inspirierenden Spaziergang durch das Kölner Viertel Marienburg und seine farbige Geschichte unternommen.

Selten habe ich auf solch lebendige Weise so viel über die wechselvolle Historie und so einige Histörchen meiner Heimatstadt dazugelernt und dabei oft gelacht – nicht nur, aber auch!

Jedem Interessierten empfehle ich von ganzem Herzen eine Führung mit und von Uli Kievernagel, der auch den Rest von Köln gut kennt, liebt und seinen reichen Wissensschatz und Geschichte lebendig zu machen weiß.

Wer mehr über ihn und seine Angebote erfahren möchte, der stöbere im Internet unter folgender Webadresse: https://www.koeln-lotse.de/

Nicht vergessen möchte ich außerdem die hilfsbereiten Mitarbeiterinnen der Touristeninformation Münstertal im Schwarzwald sowie ungezählte Einheimische, die mir wertvolle Hinweise und Tipps gaben.

Im Kloster St. Trudpert/Münstertal, meinem Ausgangspunkt für viele Wanderungen, Recherchefahrten und Ausflüge, durfte ich interessante Gespräche führen, echte Stille und frühsommerlichen Abendfrieden bei Kirchen- und Kuhglockengeläut mit Blick auf eine malerisch sanfte Bergwelt genießen.

Nein, Harry Sterzenbach habe ich nicht getroffen, es gibt ihn nicht im Münstertal, aber es gibt andernorts ein Vorbild, das nicht genannt werden will, wiewohl ich es stark verfremdet habe.

In Münstertal und im gesamten Schwarzwald finden sich ältere und jüngere Traditions- und Bio-Landwirte und Landwirtinnen, Winzer und Winzerinnen, Käsereien, Metzgerskünstler und viele weitere Foodspezialisten, die mit Leidenschaft und großem Einsatz begnadet gute Lebensmittel, Weine, natürlich die bekannten Torten und viele, viele andere Köstlichkeiten naturnah produzieren. Auch das sei mit großer Dankbarkeit und mit noch mehr Respekt vermerkt.

Eins ist klar: Da fahr ich wieder hin.

Es ruckelt ein bisschen, wenn das Leben in den nächsten Gang schaltet

Ella Rosen
SIEBEN TAGE AM MEER
Roman

288 Seiten
ISBN 978-3-404-18346-3

Seit Schulzeiten sind Gitta, Marlies und Cornelia Freundinnen. Inzwischen sind sie Anfang 50 und ziemlich unzufrieden mit ihrem Leben. Während ihres Mädelswochenendes auf Sylt stoßen sie deshalb ordentlich mit Gin Tonic an und beklagen, was nicht nach Wunsch gelaufen ist: die ausgebliebene Karriere, den unerfüllten Kinderwunsch, den weggelaufenen Ehemann. In der Nacht haben sie eine denkwürdige Begegnung: Ein Engel trägt ihnen auf, dankbar für das Schöne in ihrem Leben zu sein und anderen zu helfen. Am nächsten Morgen sind die drei überzeugt, zu viel getrunken und alles nur geträumt zu haben. Oder etwa nicht?